KB205429

복 있는 사람

오직 여호와의 율법을 즐거워하여 그 율법을 주야로 묵상하는 자로다.
저는 시냇가에 심은 나무가 시절을 좇아 과실을 맺으며 그 잎사귀가 마르지 아니함 같으니
그 행사가 다 형통하리로다.(시편 1:2-3)

가르치고 배우는 일은 인간 삶의 본질적인 과제다. 개인도 그렇고, 공동체도 그렇다. 예수님은 "내게 와서 배우라"고 하셨다. 가장 탁월한 교사의 자신 있는 초청이다. 오늘날 교회는 이 훌륭한 교사를 모시고도, 왜 성도로 형성되는 일과 교회 되는 일에 실패하고 있는가?

이 문제를 부여안고 가장 치열하게 고민하고, 씨름하고, 실천한 이가 달라스 윌라드다. 그의 평생의 노력은 그를 탁월한 교사로 만들었다. 그는 "교사에게 중요한 것은 머릿속에 모든 답을 밀어 넣는 것이 아니라 아이디어를 주고 그들을 느슨하게 만드는 것"이라고 한다. 우리는 너무 많은 '정답'을 외우고 변호하는 데 몰두하지 않았나? 목적지에 도달하는 일보다 오답을 피하는 데 급급하여 제자리에 머물고 있지는 않은가?

내 머리에 뭔가를 밀어 넣으려는 선생보다 느슨하게 해줄 선생이 필요하다. 달라스 윌라드가 학생을 느슨하게 만드는 도구는 예수님의 비유다. 그는 예수님의 비유에 '스캔들'이라는 제목을 붙인다. 스캔들이란 깜짝 놀라게 하는, 고개를 갸우뚱하게 하는, 쉽게 동의할 수 없는 소식이다. 그러나 쉽게 잊어버릴 수도 없다. 회사원들은 출근하자마자, 학생들은 등교하자마자 스캔들에 대해 이야기한다. "그 소식 들었어?" 하며 핸드폰을 드는 사람도 있다. 심지어 예수님은 "나에 대하여 이야기하지 말라"고 당부하기도 하셨다. 그러나 그 스캔들은 걷잡을 수 없이 퍼져 나갔다. 많은 사람들의 생각을 뒤흔들어 느슨하게 만들었다. 그렇게 생긴 틈에서 이전과는 다른 모습으로 빚어져 갔고, 세상은 그 모습에 매료되기 시작했다. 한 번도 보지 못했던 낯선 삶이지만, 오랫동안 꿈꾸어 왔던 삶이었음을 직감했기 때문이다.

하나님 나라를 갈망하는 모든 이들에게 이 책의 일독을 권한다. 머리에 많이 집어넣으려 하기보다, 가끔씩 책을 덮고 생각하고, 숙고하며 읽어 보자. 예수님의 이야기가 어떻게 우리를 느슨하게 만들고, 그 느슨함이 어떤 치열함으로 이어질지 기대하는 마음으로!

박영호, 포항제일교회 담임목사

예수님의 비유는 흥미롭고 신비하며, 때로는 충격적이기도 하다. 달라스 윌라드는 이 비유들의 아름다움을 기막힌 솜씨로 우아하게 풀어내어 하나님의 위대하심과 선하심에 사로잡히게 한다.

리처드 J. 포스터, 『영적 훈련과 성장』 저자

오랫동안 달라스 윌라드의 글을 읽고 강연을 들으면서 나는 그가 예수님의 '하나님 나라' 가르침을 어떻게 이해했는지를 좀 더 섬세하고 명확하게 알고 싶었다. 그러한 나의 갈망이 예수님의 비유에 담긴 하나님 나라 가르침에 대한 그의 상세한 탐구를 읽으며 비로소 충족되는 것 같아 감격스럽다. 『하나님 나라의 스캔들』에서 그는 예수님이 가르치신 모든 것을 삶의 변화에 초점을 두어 탁월하게 설명함으로써 자신의 하나님 나라에 대한 신선하면서도 귀중한 이해를 실제 삶의 열매와 연결한다.

스캇 맥나이트, 노던 신학교 신약학 교수

나는 달라스 윌라드의 예언자적 상상력에 깊이 영향을 받은 많은 독자들 중 한 명이다. 그의 다른 작품들이 그랬던 것처럼 『하나님 나라의 스캔들』은 익숙해 보이던 성경 구절 속에서 숨겨진 의미를 드러내고, 땅에 발을 딛고 서 있는 언어, 때로는 도발적인 언어를 사용하며, 지성의 통찰을 몸의 실천으로 전환할 수 있는 길을 제시한다. 위대한 지성과 위대한 삶에서 나온 또 하나의 위대한 작품이다.

타일러 스테이턴, 『기도하고 싶지 않은 당신에게』 저자

하나님 나라의
스캔들

Dallas Willard

The Scandal of the Kingdom

: How the Parables of Jesus Revolutionize Life with God

하나님 나라의 스캔들

달라스 윌라드 지음

노종문 옮김

DALLAS
WILLARD

예수의 하나님 나라 비유는
어떻게 우리 삶을 변화시키는가

THE SCANDAL OF THE KINGDOM

복 있는 사람

하나님 나라의 스캔들

2025년 2월 3일 초판 1쇄 인쇄
2025년 2월 10일 초판 1쇄 발행

지은이 달라스 윌라드
옮긴이 노종문
펴낸이 박종현

(주) 복 있는 사람
주소 서울특별시 마포구 연남동 246-21(성미산로23길 26-6)
전화 02-723-7183(편집), 7734(영업·마케팅) 팩스 02-723-7184
이메일 hismessage@naver.com
등록 1998년 1월 19일 제1-2280호

ISBN 979-11-7083-239-3 03230

The Scandal of the Kingdom
by Dallas Willard

제인 레이크스 윌라드에게

구원의 복 외에 내가 받은 가장 큰 복은
나의 아내 제인이다.
하나님께서 제인 안에 거하시며
우리를 놀랍게 인도해 오셨다.
그녀가 없었다면
지금까지의 내 모습은
대부분 존재하지 않았을 것이다.

차례

서문

스위스의 심리학자 엘리자베스 퀴블러-로스는 "아름다운 사람은 그냥 생겨나는 것이 아니다"라고 했다.[1] 당신은 이런 아름다운 사람을 알고 있는가? 내면의 빛으로 빛나는 사람, 도덕적 아름다움 같은 것을 발산하는 사람을 본 적이 있는가? 이런 사람들은 우연히 "그냥 생겨나는 것이 아니다." 오랜 기간의 고난과 아픔의 불길이 그들을 사랑의 사람으로 **형성하거나** 빚어낸다.

달라스 윌라드는 그런 아름다운 사람 중 한 명이었다. (우리가 그의 삶을 생각한다면 지금도 그는 **여전히** 그런 사람이다.) 그는 고통에 낯설지 않은 사람이었지만, 그럼에도 불구하고 굴하지 않는 기쁨의 사람으로 성장했다. 그의 친구와 가족은 지금도 그의 깊은 사랑의 능력에 대해 이야기하며, 그를 "세상이 감당하지 못하는"[2] 성자로 기억하고 있다.

달라스는 아름다움을 "감각으로 명확히 인식할 수 있는 선함"이라고 정의했다.[3] 자신의 정의대로 나는 그를 아름다운 영혼이라고 말하고 싶다. 그의 육신은 이 땅에서 떠났지만 글들은 그의 정신이 남긴 살아 있는 유물로 여전히 존재하고 있다. 하지만 조심하라. 그의 글들은 내게 그랬던 것처럼 당신에게도, 삶의 궤적을 바꾸어 놓는 힘을 발휘할지 모른다.

학문 세계에서는 어느 작가나 사상가의 작업을 통해 배우고 그의 어깨 위에 서게 되었을 때, 그를 일종의 정신적 멘토로 삼고 지성의 아버지나 어머니라고 부르는 일이 종종 있다. 내게는 달라스 윌라드가 바로 그런 존재다. 그가 예수님이 누구인지에 대한, 그리고 그분을 따른다는 것(달라스의 말로는, 그분 아래에서 제자가 되는 것)의 의미에 대한 나의 관점을 얼마나 깊이 형성했는지는 말로 다 표현하기가 어려울 정도다.

그러나 나의 정신에 깊이 각인된 것은 그의 탁월한 지성(즉, 그의 고도로 독창적인 사고, 폭넓은 지식 기반, 철학·심리학·영성을 하나로 온전하게 통합한 사상)뿐만이 아니다. 그는 또한 온전한 인격에서 드러나는 영혼의 아름다움을 소유한 사람이었다. 그는 항상 기뻐하며, 온유하며, 영적으로 겸손하면서도 권위를 지녔으며, 몸으로는 항상 느긋하게 행했다. 그를 잘 아는 사람들은 그가 온종일 찬송하는 것을 종종 들었다고 한다. 내게는 놀랍지도 않은 일이다.

한편 그는 수수께끼 같은 인물이기도 했다. 그는 하나님을 사랑하며 행복을 누리는 사람이었고, 삼위일체의 아름다움에 사로잡혀 있었고, 하나님의 깊은 내적 성품으로서의 사랑을 알았지만, 또한 최근 수 세기 동안 가장 타협 없는 목소리로 순종과 훈련된 제자의 삶을 강조하여 디트리히 본회퍼의 말처럼 "와서 죽으라"[4]는 메시지를 외쳤던 사람이다. 나는 그처럼 평온함을 유지하면서 하나님과 함께하는 삶을 위한 훈련을 열정적으로 추구하는 사람을 거의 만나 보지 못했다. 달라스는 십자가가 예수님이 **우리를 위해 행하신** 일일 뿐 아니라, **우리가 그와 함께 행하는** 일이라고 말하기를 두려워하지 않았다.

예수님의 말씀을 액면 그대로 받아들인다면 이러한 사고방식에 놀라운 점은 없을 것이다. 그러나 현재의 기독교 영성의 분위기에서는 이것이 고대의 사상이며 우리 시대의 멜로디와는 어울리지 않는 생각으로 여겨질 수도 있다. 달라스는 현명하게도, 서구 교회에서 **예수님의 복음**(하나님이 행하신 일)과 **예수님을 향한** 제자도(우리가 행하는 일)가 비극적으로 분리된 이유는, 적어도 부분적으로는 예수님이 실제로 말씀하시고 행하신 것에 대한 심각한 오해 때문임을 이해했다. 즉, 예수님이 실제로 선포하신 복음과 예수님이 그의 제자들에게 따르라고 요구하신 길을 그들이 잘못 이해하고 있다는 것이다.

달라스는 우리가 많은 기독교 설교에서 듣는 것과 복음서 속 예수님의 입술에서 나오는 말씀을 읽는 것 사이의 불협화음에 대해 성찰하면서, 이 책에서 가장 중요한 문장 중 하나를 썼다. "우리 기독교계의 많은 사람들이 **그리스도의** 메시지를 **그리스도에 관한** 메시지로 대체했다. 그리고 구원하는 믿음에 대해 가르칠 때도, 우리는 **그리스도의** 믿음을 **그리스도에 대한** 믿음으로 대체했다."

현대 서구 교회에 속한 우리 중 많은 사람들은 퀴블러-로스의 통찰과 정반대로 생각하는 듯하다. 즉, 교회에 정기적으로 출석하고 올바른 것들을 믿기만 하면, 그리스도를 닮은 아름다운 인격에 접근하는 일이 저절로 일어나리라고 생각하는 것이다. 하지만 우리의 교회에는 우리의 삶에서와 마찬가지로 그와 반대되는 증거들이 가득하다.

달라스는 부드럽지만 확고하게 그 이유를 우리에게 상기시킨다. 우리는 예수 그리스도 자신의 **인격**을 믿어야만(또는 신뢰해야만) 한다. 단지 그의 죽음이 아니라 그의 **생명**을, 그의 대속적 속죄만이 아니라 그의 비유와 가르침을 믿고, 하나님 나라 안에서 그와 어떻게 함께 살아가야 하는지를 배워야 한다. 우리는 그가 우리에게 길을 보여주실 것을 믿고, 그분 안에 우리의 확신을 두어야 한다. 이렇게 할 때 우리는 하나님 나라의 삶 속으로 한 걸음씩 꾸준히 들어갈 수 있다.

그러나 이런 종류의 이야기는 흔하지 않다. 현대 교회의 지형을 살펴보라. 그러면 당신은 달라스가 얼마나 혁신적이며 독특한 '광야에서 외치는 자의 소리'[5]였는지 알게 될 것이다.

나는 달라스 윌라드가 남긴 유산의 무게를 우리가 온전히 깨닫기까지 앞으로도 많은 시간이 필요할 것이라고 생각한다. 마치 우리가 존 웨슬리, 로욜라의 이냐시오, 테레사 수녀의 삶을 돌아보듯이 나의 증손자들이 달라스 윌라드의 삶을 돌아보게 되기를, 그래서 그를 예수님의 사람들 이야기 가운데 중요한 등장인물로 기억하게 되기를 기도한다.

우리는 여전히 그에게서 배워야 할 것들이 많다. 그리고 감사하게도 그렇게 할 수 있다. 『하나님 나라의 스캔들』이라는 소중한 선물 때문에 우리는 『하나님의 모략』 다음 단계가 무엇인지 추측할 필요가 없게 되었다. 우리는 이 책을 (달라스가 늘 그랬듯이) 천천히 깊이 생각하며 읽을 수 있기 때문이다. 그리고 그것을 우리 삶 속으로 흡수할 수 있다.

이 책의 모든 페이지가 내 영혼을 살아 움직이게 한다. 나 자신이 예수님을 더욱 깊이 사랑하게 되었고, 그의 비유와 가르침을 더욱 명확하게 이해하게 되었으며, 그의 사랑을 완전히 새로운 방식으로 경험하게 되었다.

달라스의 말들을 읽으면 읽을수록 나도 그가 살았던 것처럼 **살고** 싶다는 갈망을 품게 된다. 더 나아가 그가 알았던 것처럼 하나님을 **알고** 싶어진다. 나는 달라스의 영혼 속에서 예수님의 아름다움에 가까이 다가간 무언가를 보고 있으며, 인생에서 그런 경험보다 내가 더 원하는 것은 없기 때문이다.

존 마크 코머

머리말

"그들에게 천국을 주라"

"그들에게 천국을 주라."

이 단순한 한마디는 달라스 윌라드가 세상을 떠나기 직전에 손녀에게 남긴 말로, 그의 마음과 이 책의 핵심을 표현해 내고 있다. 이 단어들은 예수님의 성육신과 삶, 그리고 비유를 설명하는 데도 사용할 수 있다. 그런데 "그들에게 천국을 주라"는 말은 무슨 의미인가?

이 질문에 대한 답은 우리가 예수님의 비유를 탐구할 때 발견할 수 있다. 비유는 신학과 교리가 결코 할 수 없는 방식으로 하나님 나라를 드러내기 때문이다. 비유는 겉보기에 단순하지만, 그 안에서 우리는 하나님의 마음과 천국의 속성을 발견한다. 불순종하는 아들의 이야기를 잠시 듣고 있었는데, 다음 순간 아버지의 무조건적인 사랑이 충격을 주어 우리를 혼란에 빠뜨린다. 한 농부가 자신의 품꾼들에게 일당을 지급할 때 일한 시간에 상관없이 같은 금액을 주었다는 이야기는 공정과 정의에 대한 우리의 선입견을 뒤집어 놓는다. 그리고 씨앗들의 신비로운 작용은 우리 마음속에서 자라는 하나님 말씀에 대한 정교한 은유가 된다.

이 비유들은 우리를 아름다운 사랑의 현실로 인도하는 통로로 드러나지만, 한편으로는 하나님과 천국에 대한 안일한 관념을 뒤흔들어 놓는다. 일단 비유들을 듣고 그것에 대해 생각하기 시작하면, 그 비유들은 우리 삶의 내면을 혁신하고 재구성한다.

비유는 천국으로 이끄는 온유한 안내자로서 계시하는 능력을 지닌다. 예수님은 그것들을 사용하여 청중에게 그들의 믿음을 위한 더 단단한 발판을 마련해 주셨다. 달라스는 우리가 예수 그리스도의 긍휼의 마음, 지혜, 믿음을 이해하고, 그분이 이야기를 사용하고 가르치는 방식에 이런 덕목들이 어떻게 영향을 미쳤는지를 이해하기를 바랐다. 2장에서 보게 되겠지만, 그는 우리가 예수님의 가르침 내용을 온전히 수용하려면 예수님의 가르침 방식을 이해하는 것이 필수적이라고 믿었다.

왜 '스캔들'인가?

『하나님 나라의 스캔들』이라는 제목은 달라스의 가르침에서 유래한다. 그는 예수님의 비유가 종종 스캔들(걸림돌—옮긴이)로 여겨졌으며, 하나님 나라에 대한 예수님의 묘사는 듣는 사람들이 예상했던 것과는 전혀 달랐다고 말한다. 비유를 이런 식으로 설명하는 것은 베드로가 인용한 이사야 8:13-15 예언의 성취와 연결된다. 베드로전서 2:4-8에서 베드로는 믿는 사람들에게는 예수 그리스도가 "택하심을 입은 보배로운 산 돌"이시며 "보배로운 모퉁잇돌"이 되시지만, 믿지 않는 사람들에게는 "걸려 넘어지게 하는[헬. *skandalon*] 바위가" 되시는데, 그들이 말씀에 순종하지 않기 때문이라고 말한다. 우리는 이 책 8장에서 예수님이 자신을 믿지 않은 건축자들(이스라엘의 지도자들)이 버리기로 선택한 모퉁잇돌이라고 언급하신 것을 보게 될 것이다.

어떤 이들에게는 비유가 삶을 변화시키는 지혜가 되어, 우리가 하나님의 풍성한 사랑과 그의 나라의 능력으로 살기 시작할 때 무엇이 가능해지는지를 드러낸다. 그러나 하나님을 부리고, 규제하고, 통제하려는 사람들에게는 비유가 정말로 스캔들, 즉 걸림돌이 된다. 은혜는 우스꽝스럽게 여겨지고, 무제한의 수용은 충격적인 것, 세상이 그런 식으로 작동하지 않으므로 순진한 것이 된다. '하나님 나라의 스캔들'은 죄 많은 인류에게 하나님이 이해할 수 없을 정도로 넘치도록 사랑과 자비를 쏟아부어 주시는 것이다(엡 2:4-7). 세상은 종종 하나님 나라의 방식이 충격적이고, 우스꽝스러우며, 위협적이고, 심지어 낭비적이라고 비난한다(서기관과 바리새인들은 분명히 그랬다). 그러나 하나님 나라 안에서의 놀라운 삶의 방식들을 탐구하고 배우는 데는 큰 기쁨이 있다.

하나님 나라 비유들

달라스는 모든 비유를 낱낱이 다루고자 하지는 않았다. 대신에 그는 지금 들어갈 수 있는(가까이 있는) "하늘들의 나라"(이 명칭에 대해서는 1장 참조—옮긴이)에서 발견되는 특별한 방식의 삶을 설명해 주는 비유들에 초점을 맞추었다. 이 이야기들은 평범한 사람들이 종종 예상치 못한 일을 하는 이야기들인데, 하나님 나라와 그 왕이 지닌 매력적인 환대의 특성을 드러내어 그 나라에 들어오라는 초대를 거부할 수 없게 한다. 예수님은 참으로 뛰어난 이야기꾼이셨다.

이 비유들 속에서 발견되는 하나님과 그의 나라에 대한 비전은 우리의 신앙을 깊어지게 하고 우리 삶을 인도할 것이다. 이 비유는 우리가 하나님과 그의 나라의 찬란한 아름다움을 볼 수 있게 해주며 '여호와를 항상 내 앞에 모실' 수 있도록(시 16:8) 도와줄 것이다. 비유는 마음과 영혼과 생각과 힘을 다해 하나님을 사랑하기 위한 우리의 능력에 필수적으로 기여한다. 비유는 우리로 하여금 하나님을 열정적으로 사랑하고, 끊임없이 그분을 생각하며, 끈질기게 그분의 뜻을 추구하며 행하게 만든다.

윌라드의 가족, 친구, 편집자들

일러두기

이 책에 인용된 성경 구절은 『개역개정』을 사용했으며, 다른 번역본일 경우 별도로 표기했다. 성경 구절에 있는 모든 강조체는 저자가 강조한 것이다. 저자가 사역하거나 의미를 살려 풀어낸 성경 구절의 경우, '저자 사역'으로 통일하여 표시했다.

1장

그리스도의 믿음

> 말씀이 육신이 되어 우리 가운데 거하시매 우리가 그의 영광을 보니 아버지의 독생자의 영광이요 은혜와 진리가 충만하더라. 요한이 그에 대하여 증언하여 외쳐 이르되 내가 전에 말하기를 내 뒤에 오시는 이가 나보다 앞선 것은 나보다 먼저 계심이라 한 것이 이 사람을 가리킴이라 하니라. 우리가 다 그의 충만한 데서 받으니 은혜 위에 은혜러라. 율법은 모세로 말미암아 주어진 것이요 은혜와 진리는 예수 그리스도로 말미암아 온 것이라. _요한복음 1:14-17

젊은 시절 목회자로서 성경을 공부하는 동안, 내가 아는 교회의 삶이나 사역과 비교할 때 예수님의 삶과 사역에서 뭔가 아주 다른 일이 벌어지고 있음을 깨닫게 되었다. 그 차이는 단순했다. **우리는** 사람들이 교회에 오게 하려고 수천 달러를 쓰고 지칠 때까지 애를 쓰는 반면, **예수님은** 사람들을 피해 다니셨다는 것이다. **우리는** 사람들에게 애원하고 회유하고 간청했지만, **예수님은** 이런 식으로 말씀하셨다. "나를 따라다니지 마라. 나에 대해 말하지 마라. 내가 이런 일을 했다는 사실을 아무에게도 알리지 마라."

때로 예수님은 사람들이 자신을 따르지 못하도록 막기까지 하셨다. 그들이 "주님, 어디로 가시든지 저는 당신을 따르겠습니다"라고 하자, 예수님은 "여우도 굴이 있고 공중의 새도 둥지가 있지만 인자는 머리 둘 곳이 없다. 너희도 그렇게 살고 싶은가?"(마 8:20, 저자 사역)라고 대답하셨다. 그의 말씀은 종종 사람들에게 충격이나 불쾌감을 주어 사람들을 쫓아 버리곤 했다. 사람의 살을 먹고 피를 마신다는 것보다 더 혐오스러운 말은 없을 텐데, 예수님은 그런 말씀을 하셨다(요 6:54-56).

나는 이런 차이들이 나타난 이유를 탐구하면서, 우리 기독교계의 많은 사람들이 **그리스도의**(of) 메시지를 **그리스도에 관한**(about) 메시지로 대체하고 있음을 점차 발견하게 되었다. 그리고 구원하는 믿음에 대해 가르칠 때도, 우리는 **그리스도의** 믿음을 **그리스도에 대한**(in) 믿음으로 대체해 버렸음을 알게 되었다. 내가 지금 이 작은 단어들(~의, ~에 관한, ~에 대한)에 지나치게 비중을 두고 있음을 알지만, 이제 그 차이를 설명해 보겠다.

그리스도'의' 믿음

마태복음과 마가복음은 예수님과 제자들이 갈릴리 호수에서 배를 타고 가던 중 엄청난 폭풍을 만났던 밤의 이야기를 들려준다. 폭풍이 거세게 몰아치는 동안 예수님은 계속 주무셨다(막 4:38). 평화롭게 잠드신 예수님의 모습은 그의 하나님 나라에 대한 믿음을 얼마나 아름답게 보여주는가. 여기서 우리는 **그리스도의** 믿음을 본다. 예수님은 폭풍 한가운데서도 누워서 주무실 수 있으셨다.

바로 그 시간에 제자들은 무엇을 하고 있었을까? 그들은 **소리치고** 있었다. "주님! 우리를 구해 주십시오!" 그들은 당장에 죽게 될 것이라고 생각했다. 그들은 예수님을 깨우며 소리쳤다. "선생님! 뭐라도 좀 해주십시오!"(막 4:35-41; 마 8:23-27; 눅 8:22-25을 보라) 제자들은 **그리스도에 대한** 믿음이 있었다. 그래서 예수님께 소리친 것이다. 비록 그가 누구신지를 아직 완전히 이해하지는 못했지만, **예수님에 대한** 큰 믿음이 있었다.

예수님이 일어나서 폭풍을 잠잠하게 하신 후 말씀하셨다. "어찌하여 무서워하느냐. 믿음이 작은 자들아"(마 8:26). **그리스도에 대한** 그들의 믿음은 좋은 것이었지만, 그것은 모든 두려움을 충분히 물리칠 수 있었던 **그리스도의** 믿음은 아니었다. 그들의 마음이 하나님의 뜻, 하나님의 성품, 그리고 세상을 다스리시는 하나님의 통치에 대해 예수님이 그러셨던 것만큼 통합되어 있지 않았던 것이다. 그들은 아직 이해하지 못하고 있었다. 예수님과 같은 정도의 믿음을 얻게 될 것이고, 그러기 위해서 예수님이 사셨던 그런 방식의 삶 속으로 들어가게 되리라는 것을.

예수님이 바다를 잠잠하게 하신 후 제자들은 경외감에 휩싸였다. 그들은 '예수님이 어떤 분이시기에 바람과 바다가 그의 말씀에 순종하는가' 하며 놀라고 있었다(막 4:41). 이 사건은 **그리스도를** 믿는 것과 **그리스도의** 믿음을 갖는 것의 차이가 왜 중요한지를 잘 드러낸다.

사도 바울은 갈라디아서에서 이 중요한 차이에 대한 또 다른 예를 보여준다. 킹제임스 번역은 이 문장의 헬라어 구조를 가장 잘 반영하고 있다.[1]

> 사람이 의롭게 되는 것은 율법의 행위로 말미암음이 아니요 오직 예수 **그리스도의**(of) 믿음으로 말미암는 줄 알므로 우리도 그리스도 **예수를**(in) 믿나니 이는 우리가 율법의 행위로써가 아니고 **그리스도의**(of) 믿음으로써 의롭다 함을 얻으려 함이라.……내가 율법으로 말미암아 율법에 대하여 죽었나니 이는 하나님에 대하여 살려 함이라. 내가 그리스도와 함께 십자가에 못 박혔나니 그런즉 이제는 내가 사는 것이 아니요 오직 내 안에 그리스도께서 사시는 것이라. 이제 내가 육체 가운데 사는 것은……하나님 **아들의**(of) 믿음으로 사는 것이라(갈 2:16, 19-20, KJV).

바울은 **그리스도를** 믿는 믿음이 **그리스도의** 믿음의 일부이며, 그런 믿음으로 들어가는 **입구**임을 가리키고 있다. 당신과 나는 그리스도가 가지셨던 믿음을 우리 자신 안으로 가져와서 그가 우리에게 의도하셨던 모습의 사람이 되어야 한다. 그러면 그 내면의 믿음이 우리 존재의 모든 차원을 통해 빛나게 되고, 우리가 예수님의 제자로 살아갈 수 있게 하는 든든한 토대가 된다.

새 생명을 나누어 줌

그리스도의 메시지에서 표현된 것은 바로 이러한 그리스도의 믿음이다. 만일 우리가 예수님이 얻으신 결과를 얻으려면, **그리스도가 가르치신 것을 그가 가르치신 방식으로 가르쳐야** 한다.

예수 그리스도는 하나님 나라를 선포하셨고, 그것이 신약성경의 통일된, 그리고 모든 것을 통합하는 복음이다. 하나님 나라의 중심에는 그리스도의 공로가 되는 대리적 고난의 삶과 죽음이 있으며, 그것은 십자가, 부활, 그리고 이후 그가 교회 앞에 나타나심을 포함한다. 이 모든 것이 함께 작용하여, 예수님은 하늘로 올라가신 후 교회의 살아 계신 머리로서 일하시며 교회는 지상에서 그리스도의 몸으로 기능하게 되었다. 이 모든 것에서 우리는 예수 그리스도의 온전한 복음을 볼 수 있다.

이 복음의 **목적**은 새로운 사람들을 창조하는 데 있다. 그 **방식**은 생명을 나누어 주는 것이다. 그 **도구**는 새 생명을 나누어 주는 하나님 나라의 말씀이다. 그 나라의 말씀은 예수님이 사용하신 도구이며, 우리가 이 새 생명을 나누어 주기 위해 사용해야 할 도구다.

우리가 하나님 나라를 선포할 때, 그 나라를 예수님의 비유와 삶과 지혜를 통해 가르칠 때, 그리고 우리의 행동과 말로 복과 악을 제어함으로써 그 나라의 능력을 보여줄 때, 우리는 생명을 나누어 주고 새로운 사람들을 창조하는 방식으로 하나님 나라를 표현하게 된다.

그리스도의 제자로서 우리는 예수님이 우리를 위해 성취하신 일(그의 탄생과 죽음, 장사 됨과 부활, 속죄와 구원 사역)에 **관한** 복음을 선포한다. 왜냐하면 **그리스도에 대한** 우리의 믿음과 그가 행하신 일이 영원한 기초로 남아 있기 때문이다. 그 자리에서 시작하여 우리의 믿음은 온전한 신약성경의 믿음, 즉 **그리스도의** 믿음을 포용하는 데까지 자라가며 **그리스도의** 메시지를 선포한다.

예수님이 가르치신 메시지이자 신약성경의 유일한 메시지는 바로 하나님 나라의 경험 가능성(availability)과 그 나라의 속성(nature)이다. 하늘들의 나라는 이제 모든 사람에게 동일하게 경험 가능한 실체가 되었다.

하나님은 바로 여기 계시다

내가 "하늘들의 나라"라고 말하는 이유는, 우리가 신약성경에서 보는 '하늘'이라는 단어는 헬라어로는 복수형인 '우라노이스'(*ouranois*), 즉 '하늘들'이기 때문이다. 복수형 '하늘들'은 우리로 하여금 하나님을 우리 머리 위 공중에도 계시며 우리가 상상할 수 있는 가장 먼 곳에도 계시는 분으로 볼 수 있게 해준다. "하늘에 계신 우리 아버지"라고 기도할 때처럼 복수형을 생략하면 우리는 종종 '저 먼 곳 하늘에 계신 우리 아버지'로 생각하게 된다. 그러나 예수님은 우리가 하나님을 '항상 우리 가까이에 계신 우리 아버지'로 이해하기를 원하신다. 하나님은 바로 우리 주위의 공간에서 우리를 지켜보시고 행동하신다.

예수님의 선포와 비유와 치유 사역은 하나님과 그의 나라가 우리를 둘러싸고 존재한다는 사실에 근거했다. 예수님은 우리의 생존을 위한 기본 요소인 음식, 음료, 의복, 기타 삶의 필요가 늘 공급될 것이라 확신하셨는데, 그런 확신은 전적으로 선하시고 능력이 많으신 하나님이 바로 여기에, 우리와 함께 계셔서, 우리를 돌보심을 명료한 눈으로 보고 있을 때에만 가능하다. "하늘들"이라는 말이 전달하려는 바는 정확히 하나님의 임재이며, 이는 성경 기록 안에서뿐 아니라 기독교 역사의 많은 부분에서도 마찬가지다. 그리고 어떤 인간이나 제도, 시간, 공간, 영적 존재, 사건 등 그 무엇도 하나님과 그를 신뢰하는 사람들 사이에 끼어들 수 없다.[2] 이러한 이유로 나는 이 책 전체에서 "하늘들의 나라"라는 용어를 사용할 것이다.

지금 있는 나라

세례 요한이 왔을 때 그의 메시지는 "회개하라. 천국이 가까이 있다"(마 3:2, 저자 사역)였다. 예수님도 이 땅에 오셨을 때 같은 표현의 메시지를 전하셨다. "회개하라. 돌이키라. 천국이 여기에 있다. 천국이 가까이 있다"(마 4:17, 저자 사역). 많은 사람들은 이 말이 "하나님 나라가 곧 여기 올 것이니 죄를 뉘우치라"는 뜻이라고 생각한다. 이런 생각은 종종 "회개하라! 종말이 가깝다!"고 적힌 팻말을 들고 다니는 사람과 연관되어 있다. 하지만 마음속에서 그런 이미지를 깨끗이 지우는 것이 큰 도움이 된다.

예수님은 하나님 나라가 이제 경험할 수 있게(available) 되었다고 선포하셨다. 그것은 곧 **일어날** 일이 아니라 이미 **일어난** 일이었다. 예수님이 권세와 영광을 가지고 재림하실 때 실현될 하나님 나라의 미래적 차원이 무엇이든 간에, 하나님 나라는 예수 그리스도 안에서 **이미 와 있다**. 그 나라는 역사상 가장 완벽한 순간에 그 임금과 함께 왔다.

결정적으로 중요한 것은, 예수님이 그 나라가 "가까이 있다"고 선포하셨을 때, 저녁 식사에 초대해 집에 온 손님에게 식탁이 있는 쪽으로 손을 내밀며 "여기에 상을 차렸다"고 하듯이 그 나라를 말씀하셨다고 이해하는 것이다.

예수님은 우리가 그처럼 쉽게 돌아서서 하나님 나라로 걸어 들어가기를 바라셨다. 그것은 지각 변동과 같은 엄청난 전환이다. 세례 요한의 메시지는 그 나라가 **오고 있으니** 회개하라는 것이었다. 그러나 예수님은 자신의 인격 안에서 하늘들의 나라를 가져오셨고, 자신을 둘러싼 사람들의 삶 속으로 그 나라를 가져오셨다. 그들은 예수님의 임재를 통해 그 나라를 그들의 삶에서 경험할 수 있게 되었다.

예수님은 하나님 나라에 얼굴을 입히셨다.

당신이 메시아입니까

나는 예수님과 요한이 평생 동안 하나님 나라의 도래에 대해 많은 대화를 나눴다고 해도 놀랍지 않을 것 같다. 또한 그들이 다양한 가족 모임이나 연례 축제에서 함께 시간을 보내며 하나님 나라의 도래와 그 나라가 어떤 모습일지를 이야기했을 것이라고 상상한다.

사랑하는 친구이자 친척인 이 두 사람 사이의 감동적인 교류는 하나님 나라의 경험 가능성과 본성에 대한 이런 생각을 더욱 잘 설명해 준다. 요한이 감옥에서 쇠약해져 갈 때 예수님께 메시지를 보내어 애타는 마음으로 묻는다. "당신이 **정말** 그분이 맞습니까?" 예수님은 자신이 그 왕으로서 존재하시는 표적들로 응답하셨다.

> 너희가 가서 듣고 보는 것을 요한에게 알리되 맹인이 보며 못 걷는 사람이 걸으며 나병환자가 깨끗함을 받으며 못 듣는 자가 들으며 죽은 자가 살아나며 가난한 자에게 복음이 전파된다 하라(마 11:4-5).

마지막 표적은 특별히 좋은 것이었다. 마치 예수님이 "가난한 사람들이 **마침내** 무언가 좋은 소식을 듣는다"고 말씀하시는 듯하다.

예수님은 요한에게 진정한 하나님 나라의 권세가 어디에서 나타나는지 상기시켜 주고 계셨다. 사실상 이렇게 말씀하신 것과 다름없다. "요한, 그 나라가 왔습니다. 이 사람들의 삶에서 무슨 일이 일어나고 있는지 보고 있습니까? 이런 일들은 내가 하나님의 능력으로 일한다는 표시입니다. 바로 하나님의 통치가 사람들의 삶 속에 나타나고 있는 것입니다."

하나님 나라의 능력은 예수님 메시지의 표지가 되었고, 모든 사람이 그것을 느꼈다. "무리들이 그의 가르치심에 놀라니……"(마 7:28). 예수님이 말씀하실 때 그들은 그의 말씀을 믿을 수 없었다. 그리고 그가 놀라운 권위를 가지고 말씀하셨기 때문에 믿지 **않을** 수도 없었다. 그들은 이전에는 생각지도 못했던 자신에 관한 일들을 믿기 시작했다. 즉, 하나님의 세상에서 살 수도 있을 것이라는 가능성에 관한 것이었다. **가난한 사람들이 마침내 무언가 좋은 소식을 듣게 되었다.**

요한보다 더 위대한 사람

이 시점에 예수님은, 백성들이 존경하고 지도자들이 두려워하는 위대한 예언자였던 그의 사촌에 대해 흥미로운 말씀을 하셨다.

> 내가 진실로 너희에게 말한다. 여자가 낳은 자 중에 세례 요한보다 큰 이가 일어남이 없도다. 그러나 하늘들의 나라에서는 극히 작은 자라도 그보다 크니라(마 11:11, 저자 사역).

당신 자신이 세례 요한보다 더 위대하다고 생각해 본 적이 있는가? 성경은 당신이 정말로 더 위대하다고 말한다. 이것은 당신 개인이 어떤 사람이기 때문이 아니라, 하늘들의 나라에서 당신이 차지하는 위치 때문이다.

우리가 하나님 나라의 능력 안에서 행하면(그 나라는 예수 그리스도 안에 있으므로 그 안에서 행하면), 우리는 세례 요한이 가질 수 있었던 것보다도 더 큰 자원을 갖게 되고 더 큰 능력과 접촉하게 된다. 왜냐하면 하나님이 우리를 위해 계획하신 영원한 방식의 삶에 우리가 점점 더 통합되어 가기 때문이다. 이와 함께 우리는 그리스도의 몸의 핵심적인 한 부분이 되어 서로 보완하고, 강화하고, 자라게 하고, 격려한다. 이로써 하늘들의 나라에서는 지극히 작은 자라도 세례 요한보다 더 위대한 존재가 된다.

그러므로 당신의 욕실 거울에 "나는 세례 요한보다 더 위대하다"는 표어를 붙이기를 바란다. 그리고 그 말에 걸맞게 살아 보라.

모든 사람을 향한 초대

예수님은 계속해서 말씀하셨다.

> 세례 요한의 때부터 지금까지 하늘들의 나라는 침노를 당하나니 침노하는 자가 그것을 강제로 취하느니라(마 11:12, 저자 사역).

어떻게 침노가 예수님이 말씀하신 그 나라의 좋은 소식과 조화될 수 있을까? 예수님의 말씀은, 자신의 오심과 함께 평범한 남자들과 여자들이 예의나 올바른 절차나 의전 없이도 하나님 나라로 그저 걸어서 바로 들어갈 수 있다는 의미였다. 오직 그리스도를 따르고자 하는 진실한 마음의 의지만이 요구된다. 그것만 있다면 하나님의 은혜가 우리를 하나님 나라 안으로 인도할 것이다.

우리는 이 점을 예수님께 와서 낫기를 구하던 나병환자의 이야기에서 분명히 볼 수 있다. 나병환자들은 가까이 **오면** 안 되고, 멀리 **떨어져야** 하는 사람이었다. 그들이 가까이 오는 것은 나병 규정을 어기는 행위이므로, 그 남자는 다른 사람들에게서 멀리 떨어져 있어야만 했다. 그러나 그는 예수님이 산상수훈에서 하신 말씀을 들었기에 예수님께 바로 다가와서 "주여, 원하시면 저를……"이라고 말하며 낫기를 구한다. 그것이 바로 침노다. 그의 말은 **꼭** 해달라는 것이 아니라 **원하시면** 해달라는 간청이었다. 그는 거절당할 준비가 되어 있었다. 의심할 여지 없이 그는 수많은 거절을 경험했었기 때문일 것이다. 그래서 그는 "원하시면"이라고 말했고, 예수님은 "그래, 내가 원한다!"(마 8:1-3, 저자 사역)라고 말씀하셨다. 이것이 바로 침노로 그 나라를 차지한 사례다.

그 외에도 복음서 곳곳에서 많은 사례가 발견된다. 로마인 백부장이 예수님께 자신의 종을 고쳐 달라고 요청하자, 예수님은 이방인의 집에 들어가는 것이 유대인 관습에 어긋나는 일임에도 "내가 가서 고쳐 주리라"고 대답하셨다(마 8:5-13). 혈루증을 앓던 한 여인은 자신이 부정하며 누구라도 자신과 닿으면 부정하게 된다는 사실을 알면서도 군중들 사이를 비집고 들어갔다. 속으로 '내가 그의 옷자락에만 손을 대면 내가 나을 것이다'라고 생각했기 때문이다(막 5:25-34). 일반적인 관습을 무시한 이 행동은 '침노'인 것이다.

메시아의 오심과 함께 당신은 유대인이 되어야 할 필요도 없고, 다른 어떤 '적절한' 호칭을 가져야 할 필요도 없게 되었다. 당신이 건강하거나 지혜롭거나 똑똑하거나, 심지어 깨끗할 필요도 없다. 탕자의 이야기가 이 점을 아름답게 묘사한다. 아들은 "제정신이 들어"(눅 15:17, NIV) 진심 어린 사과의 말을 준비했지만, 어떤 말도 할 기회가 없었다. 아버지는 아들에게 달려가 돼지 냄새를 풍기는 그를 팔로 감싸 안았다. 그리고 그에게 필요한 모든 것을 마련해 주었다. 이것이 예수님이 말씀하신 침노이며, 바로 그것이 그리스도의 메시지다. 즉, 하나님 나라를 지금 경험할 수 있다는 것이다.

생명의 권세

예수님의 메시지에서 하나님 나라가 중요하므로 이 개념을 간략히 정리해 보자. '나라'(kingdom, 왕국)는 모든 시민이 충성과 봉사와 존경을 바치는 한 사람, 즉 왕이나 여왕이 통치하는 사람들의 사회다. 이 관계에서 주권자(왕) 편의 역할은 사람들의 선을 위해 돌봄과 보호와 봉사를 행하는 것이다. 지도자의 복지가 국민의 복지에 달려 있다는 것은 항상 받아들여져 온 사실이다.

하나님 나라도 이와 똑같다. 사람들의 사회로서, 왕에 대한 사랑과 섬김과 존경이 있고, 돌봄과 보호와 섬김이 그 왕국에 사는 사람들에게 주어진다. 하나님 나라란 마치 가정이나 잘 기능하는 동네와 같이 사람들이 서로를 진심으로 **사랑**하고 돌보는 사회라는 의미다. 이 나라는 하나님의 효과적 의지(간단히 말해 하나님이 이 세상에서 하시는 행동)가 이루어지는 범위(range)이며, 하나님이 원하시는 것이 행해지는 곳이다. 예수님의 가르침은 하나님 나라가 시간과 장소의 문제가 아니라 마음의 문제라는 것을 보여주었다. 하나님 나라는 하나님과의 생명력 있는 연결 속에서 살아가는 삶이다.

하나님 나라와 달리 인간 정부는 힘, 속임수, 잔인함, 죽음의 권세와 같은 원리들에 기초해 작동한다. 모든 인간 정부는 죽음의 권세를 가지고 있지만, 그들에게는 **생명의** 권세가 없다. **생명의 권세**, 이것은 하나님 나라가 소유한 권세다. 인간 정부는 죽일 수 있다. 하나님의 정부는 **생명**을 준다. 이 생명은 거듭남에 기초하며, 거듭남은 하나님의 나라로 들어가는 사건이다.

우리는 하나님의 영원한 나라 안에 있는 그의 영원한 생명 속으로 우리의 삶을 가지고 들어오라고 초대받는다. 명심해야 할 것은, 이 영원이 이미 진행 중이며 나중에 시작되는 어떤 것이 아니라는 점이다. 영원한 생명에 대한 유일한 성경의 정의는 이것이다. "영생은 곧 유일하신 참 하나님을 알고, 또 아버지께서 보내신 예수 그리스도를 아는 것입니다"(요 17:3, 저자 사역). '하나님을 아는 것'은 상호 교류가 일어나는 관계이며, 우리가 그 관계 안으로 가져오는 모든 것이 영원한 것이 되는 그런 관계다.

우리가 하나님의 영으로 하나님 나라 안에서 살 때, 우리 삶에는 끊임없이 선함과 자비함이 넘쳐흐른다. 그것은 우리가 만들어 내는 것이 아니다. 그것은 선물이고 우리는 받을 뿐이다. 그것은 "먹는 것과 마시는 것이 아니요 오직 성령 안에 있는 의와 평강과 희락"(롬 14:17)으로, 인간의 힘으로는 가능한 것이 아니다. '어떻게 천국에 가는가'에 관한 가장 좋은 조언은, 하나님과 함께하는 삶을 살면서 **지금 당장 가라**는 것이다. 그것이 바로 예수님이 "회개하라. 천국이 가까이 있다"(마 4:17, 저자 사역)고 선포하셨을 때 말씀하신 것이다.

하나님 나라는 우리를 끊임없이 새롭게 한다. 우리가 있는 이곳에 다가온다. 그 나라는 항상 "가까이" 우리와 함께 있다. 성경에서 하늘에 대해 말할 때, 그것은 이 세상에서, 바로 여기에서, 바로 지금 행동하고 계신 하나님을 말하는 것이다. 이것이 현실이다. 그래서 예수님은 "너희는 먼저 하나님의 나라와 의를 구하라. 그리하면 그 외의 모든 것을 더하실 것이다"(마 6:33, 저자 사역)라고 말씀하신 것이다.

RSVP(응답해 주시지요)

이스라엘 백성은 이스라엘 역사에서 하나님이 행하신 일들을 잘 알고 있었지만, 하나님을 그들의 왕으로 받아들이는 데 어려움을 겪었다. 하나님의 백성이 시내산에서 하나님과 직접 대화하기를 거부하고 그들을 대신해 모세가 해주기를 고집했던 것처럼(신 5:24-27), 그들은 하나님이 율법을 통해, 그리고 특정한 상황에서 필요에 따라 주요 인물(주로 사사들)을 통해 그들을 직접 다스리는 것을 거부했다.

결국 **하나님의 뜻과는 달리** 하나님은 그들에게 인간 왕을 주셨다(삼상 8:19-21). 이스라엘이 하나님을 왕으로 받아들이기를 거부한 후부터 구약성경에는 하나님의 "하늘에서의" 통치와 "하늘의 하나님"이라는 언어가 등장했다.[3] 이 새로운 언어는 세례 요한과 예수님의 극적인 선포의 길을 예비하고 있었다. "하늘들의 나라를 이제 경험할 수 있다. 그곳으로 돌아오라"(마 3:2, 4:17, 저자 사역).

사람들은 자신의 타고난 능력의 자원만을 사용하며 자기 힘으로 살아가야 한다고 생각한다. 그들은 생존하기 위해 애쓰고, 자신의 길을 찾기 위해 노력하며, 자기를 안전하게 만들고, 더 나은 삶을 위해 수고한다. 그러나 하나님 아래 있지 않고 자기 자신의 '왕국'(그들이 통제하는 것들)을 운영하려고 애쓰는 사람들로부터 엄청난 불행이 닥쳐온다.

그것은 힘든 일이다. 다른 사람들도 모두 자신의 왕국을 운영하려고 노력하지만, 탐내고 싸우고 화를 내는 것 외에는 별로 할 수 있는 일이 없다. 삶은 경멸로 가득 차고 사람들의 모든 의견 충돌은 그 경멸에 연료를 공급한다. "넌 나와 달라. 넌 우스꽝스러워! 내가 너보다 더 낫지. 그러니 저리 꺼져!" 예수님의 동생 야고보는 "너희는…… 다투고 싸우는도다. 너희가 얻지 못함은 구하지 아니하기 때문"(약 4:2)이라고 말한다. 구하는 것은 우리의 왕국을 하나님의 왕국에 복종시킨 후에 이루어지는 일이다.

그리고 예수님의 메시지가 이어진다. "좋은 소식이 있다! 누구나 올 수 있다. 더 이상 그렇게 살 필요가 없다. 이제 하나님 나라에 들어

와서 살 수 있다." 우리는 우리의 왕국을 하나님께 드릴 수 있다. 하나님 나라의 시민으로서 우리는 그분을 존경하고 그분의 뜻이 행해지도록 기도한다. 우리 자신의 삶에서부터 시작하여 하나님의 뜻이 모든 곳에서 행해지기를 기도한다. 언젠가는 그렇게 될 것이다. 예수님은 우리에게 단지 그분을 신뢰하고 그분이 우리를 대신하여 행동하실 것을 알라고 요구하신다. 이것이 바로 영원한 생명이다. 즉, 하나님이 우리와 함께하시는 것이다.

우리는 예수님과 그의 나라를 받으라는 초대를 수락한다. 그는 우리를 영접하여 그의 나라 안으로 이끄신다. 우리는 하나님 나라 안에서 온전히 누리며 사는 법을 배우면서 그분의 제자, 친구가 된다(요 15:15). 그것은 소중한 특권인데, 우리가 그분의 친구로서 일하게 되고 그 나라의 자원을 가지고 살아가게 되기 때문이다. 그것이 바로 그리스도 안에서, 그리고 그의 나라 안에서 살아가는 삶이다.

온유함의 매력

예수님의 행동과 비유 안에서 보게 되는 온유한 초대와 다가오심이 바로 예수님이 우리를 하나님 나라로 이끄시는 방식이다. 이 장을 마무리하면서 예언자 이사야가 전한 메시아의 온유함의 길을 묵상해 보자. 마태는 이 구절을 예수님에 대한 묘사로서 인용했다(마 12:18-21; 사 42:1-4).

보라, 내가 택한 종
곧 내 마음에 기뻐하는 바 내가 사랑하는 자로다.
내가 내 영을 그에게 줄 터이니
그가 심판을 이방에 알게 하리라.

그는 다투지도 아니하며 들레지도 아니하리니
아무도 길에서 그 소리를 듣지 못하리라(마 12:18-19).

예수님은 강압적인 분이 아니셨다.

상한 갈대를 꺾지 아니하며(마 12:20).

이것은 갈대를 지팡이로 사용할 때 부러질 수밖에 없는 모습을 언급한다. 만일 그렇게 되면 약해진 갈대를 꺾어서 던져 버릴 수도 있을 것이다. 하지만 예수님은 참으로 온유하셔서 심지어 그런 일도 하지 않으신다는 것이다.

꺼져 가는 심지를 끄지 아니하기를
심판하여 이길 때까지 하리니(마 12:20).

촛불을 끄고 나면 심지에서 연기가 나서 코를 자극할 수 있다. 그 연기를 멈추기 위해 손가락을 적셔 심지를 문질러 버릴 수도 있다. 하지만 예수님은 그렇게 하지 않으신다. "그는 연기 나는 심지를 눌러서 꺼버리지 않으실 것이다. 그가 정의를 승리로 이끄실 때까지"(NIV).

또한 이방들이 그의 이름을 바라리라(마 12:21).

온유하신 하나님의 독생자는 "다투지도 아니하며 들레지도 아니하리니 아무도 길에서 그 소리를 듣지 못"할 분이신데(마 12:19), 그가 우리를 향해 "나는 마음이 온유하고 겸손하니 나의 멍에를 메고 내게 배우라"고 초대하신다(마 11:29).

예수님의 비유들은 하나님 나라가 어떤 나라인지, 그리고 그 나라에서 어떤 일이 일어나는지를 계시해 준다. 그 비유들을 가르치는 방식 속에서도 우리는 자신의 청중을 사랑하고 돌보고 보호하고 섬기시는 한 왕을 알게 된다. 그는 자신의 성품을 반영하는 온유한 방식으로 그의 가르침을 전하시기 때문이다. 이 비유들을 공부하고 묵상하는 동안 그 말씀들은 당신의 삶을 변화시킬 것이다.

2장

예수님의 가르침 방식

예수께서 이 말씀을 마치시매 무리들이 그의 가르치심에 놀라니 이는 그 가르치시는 것이 권위 있는 자와 같고 그들의 서기관들과 같지 아니함일러라. _마태복음 7:28-29

예수님은 지금까지 살았던 사람들 중 가장 똑똑하고 유능하고 창의적인 교사였다. 그러므로 어느 누구도 그를 단순한 사람으로 취급해서는 안 된다. 예수님을 그저 우리가 지켜야 할 율법들을 던져 주신 분이라고 믿으면 그런 우를 범하게 된다. 예수님의 가르침은 율법보다 훨씬 더 깊으며 마음을 겨냥하고 있다. 그의 가르침은 행동에서 멈추지 않고 한 사람의 존재 중심으로, 그리고 그들의 전체 삶의 조건을 향해 나아간다.

예수님이 **어떻게** 가르치셨는지를 이해하지 못하면 그가 **무엇을** 가르치셨는지를 이해할 수 없다. 이 부분은 매우 중요하므로 이 장에서 신중하게 살펴볼 것이다. 예수님은 가르치실 때 하나님의 통치 아래 사는 삶이 어떤 것인지를 말씀해 주셨다. 그것은 전달하기가 어려운 것이다.

우리는 선생님이 사물을 **정확히** 있는 그대로 말해 주기를 기대한다. 그래야 우리가 그것을 제대로 이해했는지를 알 수 있기 때문이다. 우리는 예수님도 이렇게 가르쳐 주시기를 바란다. 그것이 우리가 자신의 의(righteousness)를 정의하는 데 도움이 되기 때문이다. 우리는 이렇게 말하고 싶어 한다. "예수님이 '이렇게 하라'고 말씀하셨다면 나는 그렇게 하겠다. 예수님은 '네가 나에게 짐을 1킬로미터를 들어다 달라고 하면 나는 2킬로미터를 들어다 주어야 한다'고 말씀하셨다. 그러므로 나는 짐을 2킬로미터까지 들어다 주어야만 한다." 하지만 그것은 예수님의 가르침 방식이 아니다.

하나님 나라에서의 삶에 대한 예수님의 가르침은, 우리가 날마다 순간순간 하나님의 돌보심 안에서 그에 대한 순종과 섬김 가운데 편안하게 살도록 도와주는 필수 불가결한 수단이다. 우리가 그의 가르침을 율법주의로 바꾸면 그런 도움은 차단된다. 예수님이 어떻게 가르치셨는지를 이해하지 못하면, 율법주의가 만연하게 될 것이다. 왜냐하면 우리가 그의 말씀을 율법으로 해석하게 될 것이기 때문이다. 이것은 특히 산상수훈(마 5-7장)과 평지설교(눅 6:17-49)를 대할 때 매우 흔하게 벌어지는 실수다.

정보를 제공하는 가르침

서구 문화권의 학교에서는 정보를 나누어 주기만 하고 학생들 쪽에서의 참여를 유도하지 않는 경우가 많다. 학생들은 수업에 와서 필기를 하는데, 나중에 시험 때에 복습을 하기 위해서다. 그리고 시험을 치르고 나면 그 주제를 다시 생각해 볼 필요가 없는 경우가 많다. 그렇게 습득된 지식은 가치가 거의 없으며, 학생들의 내면은 교실에 도착했을 때와 거의 똑같은 상태 그대로 남아 있다. 언젠가 한 언어학자가 말하는 것을 들었는데, 그는 전 세계에서 교사가 어떤 주제에 대해 이런 방식으로 강의할 것이라고 기대하는 곳은 서유럽과 미국뿐이라고 했다.

이런 가르침의 예로서 다리를 건설하는 법을 배우는 공대 학생들을 들 수 있다. 학생들은 다리 만드는 방법에 대한 일반적인 규칙을 배우기를 원한다. 학생들은 교사가 처음부터 끝까지 사실들과 데이터를 제시해 주고, 다리의 양쪽 끝이 가운데에서 만나게 하는 방법을 알려주기를 기대한다. 학생들은 교사가 출발 지점에서 시작하여 끝까지 가르쳐 주기를 원한다.

그러나 교사에게 중요한 것은 사람들의 머릿속에 모든 답을 밀어 넣는 것이 아니라, 아이디어를 주고 그들을 느슨하게 만드는 것이다. 우리는 법칙들과 일반화가 인생을 안전하게 살아가는 데 더 도움이 되리라고 생각할 수 있지만, 가장 중요한 문제는 진리의 본질과 그것이 어떻게 전달되는가 하는 것이다. 그래서 예수님은 그의 가르침 전반에서 지속적으로 논리적 통찰의 힘을 신중하고 창의적으로 사용하시면서, 사람들이 그들의 마음과 정신 속에서 그들 자신과 하나님에 대한 진리에 도달할 수 있도록 가르치셨다. 예수님의 제자로서 우리는 그가 우리에게 다가오시는 것을 경험하는데, 그 다가오심의 방식이 우리를 하나님 나라의 진리 안에서 성장하게 한다. 우리가 그 방식을 이해하고 받아들일 때, 우리는 우리의 다리를 건설할 수 있다.

변화를 위한 가르침

훌륭한 교사는 사람들의 삶의 방식을 변화시키는 데 가르침의 목표를 두어야 함을 알고 있으며, **그들의 삶의 능동적 흐름에 영향을 끼칠** 말과 경험을 제시하고자 한다. 예수님은 이 목표를, 평범한 직업과 일상 활동에서 가져온 예화를 사용하여 일상생활의 맥락에서 가르침으로써 성취하셨다. 예수님은 종교적 관념이나 거룩한 물건을 사용하는 대신에 돈, 과일, 포도나무, 절기, 씨앗, 동전, 나무, 양 등 일상의 사물을 사용하셨다. 누구나 예수님의 말을 이해하고 공감할 수 있었다. "그래, 나도 양 한 마리를 잃어버린 적이 있었지!" 예수님의 예화와 사례들은 사람들이 하나님 나라에 더 쉽게 접근할 수 있게 했다.

예수님이 "하늘들의 나라는 누룩과 같다. 한 여자가 그것을 가져다가 가루 세 말 속에 숨겨 두고 전체가 다 누룩이 될 때까지 기다렸다"(마 13:33, 저자 사역)고 말씀하셨을 때, 모든 사람이 누룩에 대해 알고 있었다. 예수님은 그들이 살았던 바로 그 장소에서 그들에게 말씀하신 것이다. 그들은 누룩이 빵을 부풀게 한다는 것을 알고 있었다. 그들은 누룩이 처음에는 작게 시작하지만 점점 커지고 조용히 반죽 전체에 스며드는 것을 인식하고 있었다. 좋은 가르침은 누룩처럼 마음속에 잘 감추어져 있다가 시간이 지날수록 확장되면서 더욱 의미 있게 된다. 그 이야기가 끝나면 빵은 하늘들의 나라의 본성을 상기하게 만드는 물건이 될 것이다.

좋은 교사는 자신의 가르침을 쉽게 기억할 수 있는 방식으로 말한다. 컴퓨터, 녹음기, 강의안, 심지어 펜조차 없던 시절, 예수님의 말씀을 듣는 사람들은 듣기만 해도 '이해할' 수 있어야만 했다. 그래서 예수님은 사람들이 이미 믿고 있는 것에 구멍을 뚫어서 그들을 조금씩 흔들어 놓는 방법들을 찾으셨다. 그들이 예수님이 말씀하신 것을 굳이 기억하려 할 필요가 없었는데, 그 말씀이 그들을 충분히 당황스럽게 해 자꾸 떠올리게 되었기 때문이다.

문화란 사람들이 별생각 없이 믿으며, 따로 설명이나 정당화 없이 행동하는 것이다. 예수님은 당시 문화에서 통용되던 전제들과 관습들의 핵심을 꿰뚫고 계셨다. 그는 사람들의 마음속에 생각을 심으셨는데, 그 생각이 계속 자라지 않을 수 없는 방식으로 그렇게 하셨다. "낙타가 바늘귀로 들어가는 것이 부자가 하나님의 나라에 들어가는 것보다 쉬우니라"(마 19:24)는 말씀을 들었을 때 사람들이 어떻게 느꼈을지 상상해 보라. 예수님의 가르침에 대한 사람들의 반응은 이 방법이 얼마나 효과적이었는지 보여준다(마 7:28; 눅 4:32).

일반적으로 예수님이 가르치신 방식은 둥둥 떠서 지나가는 문화의 풍선을 붙잡아서 바람을 빼는 것이었다. 예수님은 부유한 이웃과 친척들을 불러 집을 가득 채운 어떤 사람과 함께 저녁 식사를 하셨다. 그리고 이렇게 말씀하셨다. "네가 저녁 식사를 베풀 때에 친척이나 부유한 이웃을 초대하지 말라"(눅 14:12, 저자 사역). 상상해 보자. 그때 그 집주인이 "이 선생님이 떠난 후에도 이 말을 기억할 수 있도록 적어 두자"라고 했을까? 아니다. 그는 자신이 믿던 바와 충돌하는 이 말씀에 충격을 받았을 것이다. 그것이 바로 예수님의 가르침 방식이며, 사람들이 그것을 기억하는 이유다. 그들이 그것을 기억했기 때문에 그 말씀이 그들의 삶을 변화시켰다.

반전

예수님은 자신의 가르침을 통해 일반적인 오해들과 잘못된 문화적 전제들을 지적하고 하나님 나라의 성격에 맞게 재조정하고자 하셨다. 가난한 자, 온유한 자, 애통하는 자가 복이 있다는 예수님의 말씀은(마 5:3-12), 모든 사람이 하나님 나라를 누릴 수 있다는 선포다. 하나님 나라 안에 사는 사람은 **누구나** 복 있는 자다. 누구든지, 사람의 기준으로 아무리 낮은 지위에 있는 사람이라도, 예수 그리스도를 믿는 믿음을 통해 하나님 나라를 받아들인다면 복을 받지 못할 사람은 없다. 아무도 없다.

부유한 자, 배부른 자, 웃는 자, 다른 사람들로부터 칭찬받는 자들에게 '화'가 있을 것이라는 경고의 선포는(눅 6:24-26), 이 성경적 반전의 원리를 더욱 확장하여 적용한 것이다. 당신이 가난하지만 하나님의 나라 안에 있다면 복 있는 사람이다. 당신이 부유하더라도 하나님 안에 있다면 복을 받을 수 있다. 그러나 당신의 부를 신뢰할 수는 없다. 복은 그 나라를 통해 상대화된다. 그러므로 이것은 사람의 나라 질서와 하나님 나라 질서 간의 거대한 반전이다.

예수님은 때때로 전제를 뒤집기 위해 특정한 행동들을 강조하셨다. 예수님이 "너희가 ……라는 말을 들었으나 나는 너희에게 말한다"고 말씀하셨을 때, 일반적으로 받아들여지는 생각을 전한 다음, 그것을 하나님 나라의 방식과 대조하셨다(마 5:21-22, 27-28, 31-32, 33-34, 38-39, 43-44).[1] 이러한 창조적 반전들은 사람들로 하여금 잠시 멈추어 생각하게 했다. 예수님은 제자들을 소외시키려 하신 것이 아니라, 하나님 나라의 빛에 비추어 그들의 신념을 평가해 보도록 초대하고 계셨다.

보여주고 말하기

때로 예수님이 가르치실 때 사용하신 행동들이 명령으로 잘못 해석되는 경우가 있는데, 그 행동들은 단지 지배적인 전제를 뒤집기 위한 예시로 사용한 것일 뿐이다. 예를 들어 "네게 구하는 자에게 주며 네게 꾸고자 하는 자에게 거절하지 말라"(마 5:42)는 말씀은 모든 상황에 적용해야 할 일반적인 명령이 아니다. 그러나 어떤 사람들은 그런 식으로 해석해 왔다.

이로써 그들은 물건을 빌려주지 말아야 할 충분한 이유가 있을 경우에도 예수님이 빌려주라고 명령하셨다고 생각하게 되었다. 그래서 '이건 현실적이지 않아. 나는 이걸 할 수 없어. 그것이 나를 망칠 거야!'라고 생각하며 예수님의 가르침에서 한 걸음 물러선다. 또는 '이것은 다른 시대에나 적용되는 게 틀림없어'라고 생각하며 무시한다. 그 결과, 예수님의 가르침을 제쳐 두게 된다. 그 명령들을 마치 율법을 주는 것처럼 읽기 때문이다. 그러나 예수님은 하나님 나라의 마음이라면 그 상황에서 무엇을 행할지 사례를 보여주며 우리의 사고에 도전하신다.

이웃에게 베푸는 것이 명령으로 오해될 때 비논리적인 것이 된다. 누군가에게 나눔을 강요하는 것은 사랑의 법칙에 어긋난다. 그것은 심지어 사랑의 법을 **뒤집어 버릴** 수도 있다. 왜냐하면 강제하면 그것을 받은 사람을 원망하거나 심지어 미워하게 될 가능성도 있기 때문이다.

예수님의 예화들은 성경에서 반복되는 몇 가지 일반적인 명령들, 예를 들어 "네 마음을 다하고 목숨을 다하고 뜻을 다하여 주 너의 하나님을 사랑하라", "네 이웃을 네 자신같이 사랑하라"와 같은 내용(마 22:37-39; 막 12:29-31)을 투영하고 있다. 예수님은 항상 모든 일에서 하나님과 하나님의 길을 구하라는 일반적인 명령으로 돌아오신다(마 6:33).

그러므로 예수님의 가르침을 잘 살펴보고, 일반적인 명령을 하시는지 아니면 하나님 나라의 원리나 모습의 예시를 제시하시는지를 물어보는 것이 현명한 태도다. 만약에 그것이 예시라면, 예수님이 '어떤 일반적인 문화적 전제를 바로잡으려고 하시는지' 자신에게 물어보라.

모든 구하는 자에게 주라는 예시에서 문화적 전제는, 현명한 사람은 가능한 한 많이 소유하고 구하는 사람에게 거의 주지 않는다는 것이었다. 예수님은 모든 구하는 사람에게 주라는 놀라운 권고로 이러한 경향을 뒤집어 놓으셨다. 이 예시의 배경에 있는 일반적인 명령은 관대한 마음을 기르고, 관대하고 쾌활한 마음이 자랄 수 있는 그런 방식의 삶을 살라는 것이다(고후 9:6-8).

하나님 나라에 대한 현실 자각

성경을 읽으며 오늘날의 세상을 관찰하다 보면 하나님을 오해하는 여러 가지 방식을 보게 된다. 어떤 때는 심지어 사람들이 자녀를 제물로 바쳐 하나님을 기쁘시게 할 수 있다고 생각하기도 했다(레 20:2-5). 그런 신이 어떤 신일지 상상해 보라!

우리도 몇 가지 오해를 할 수 있다. 예수님이 찾아오신 사람들, 즉 이스라엘 백성은 그런 오해로 가득 차 있었다. 무엇보다도 그들은 메시아를 오해했다. 그들은 메시아를, 이스라엘을 온 세상 위에 존귀하게 만들 정치적 지도자요 지상의 왕으로만 생각했다. 이를 오늘날의 상황에 대입하면, 그들은 하나님이 보내신 메시아가 최고의 복지와 강력한 무기 개발 프로그램을 제공하리라고 생각한 것이다.

그들은 유대인 국가와 민족이 세상의 빛이 되어야 한다는 구약성경 구절들을 잘못 이해했다(사 49:6; 행 13:46-48). 이것이 자신들이 세상을 다스려야 하는 의미라고 생각했다. 그들은 하나님 나라가 잔인한 지상의 나라들, 곧 죽음을 주관할 수는 있지만 결코 생명을 주지는 못하는 나라들과 같아야 한다고 여겼다. 이스라엘 백성은 하나님 나라와 그 나라의 진리, 사랑, 자비, 용서, 온유의 권세를 이해할 수 없었다. 그들은 그러한 삶이 잘사는 삶이라는 사실을 파악할 수 없었다.

정의를 다시 정의하기

예수님의 가르침은 때때로 사람들의 신념과 의견에 정면으로 충돌했다. 그의 비유는 종종 **충격적으로** 들렸다. 하나님 나라에 대한 예수님의 묘사는 그의 말씀을 듣는 사람들이 기대했던 것과는 전혀 달랐다. 그 나라에서는 반항적인 아들이 환영받고, 부자가 하늘나라에 들어가기가 어려웠다(눅 15:20-24; 마 19:23). 포도원 품꾼의 비유에서는 한 시간만 수고한 사람들이 하루 종일 일한 사람들과 같은 품삯을 받는데(마 20:1-16), 사람들을 화나게 하기에 충분하다. 불공평하다! 하지만 예수님은 정의를 재정의하고 계셨다. 이러한 거대한 반전은 예수님의 이 말씀에 잘 표현되어 있다. "먼저 된 자로서 나중 되고 나중 된 자로서 먼저 될 자가 많으니라"(마 19:30).

예수님이 하나님과 인간의 삶에 대해 말씀하신 것은 너무나 혁명적이어서 오히려 사람들에게 "내가 율법이나 선지자를 폐하러 온 줄로 생각지 말라"(마 5:17)고 말씀하실 정도였다. 어떤 사람들에게 그런 말을 한다는 것은 그들이 그렇게 생각하고 있음을 알고 있기 때문이다. 그들은 예수님이 율법과 예언자들을 파괴하러 왔다고 생각했다. 하나님 나라에서는 사람 간의 구별은 전혀 중요하지 않다고 예수님이 선포하고 계셨기 때문이다. 그는 옛 찬송의 아름다운 가사처럼 "원하는 자는 누구든지 오라"[2]고 주장하셨다.

물론 예수님은 자신이 선포한 것을 실천하셨다. 그는 잘못된 사람들과 어울린다는 이유로 종교 지도자들과 끊임없이 갈등을 겪었다. "모든 세리와 죄인들이 말씀을 들으러 가까이 나아오니……"(눅 15:1). 그들이 바로 **잘못된** 사람들이었다.

당시의 많은 사람들이 볼 때 예수님의 행동 가운데 가장 거슬리는 점은 그가 죄인들, 곧 창녀와 세리를 환영하고 **그들이 손을 씻든 안 씻든** 그들과 함께 식사를 한다는 것이었다. 상상이 되는가? 당시 문화에서는 누구와 식사를 하느냐가 자신에 관한 모든 것을 말해 주었다. 그리고 이 사람들 중 몇몇은 꽤 악명 높은 사람들이었다. 그뿐만 아니라 예수님은 이런 사람들이 스스로 의롭다고 생각하는 사람들보다 먼저 하나님 나라에 들어갈 것이라고 말씀하셨다(마 21:31). 종교 지도자들은 예수님의 대담함을 도저히 감당할 수 없었다.

예수님의 환대하는 태도는 하나님과 하나님 나라의 놀라운 관대함이 어떤 것인지 보여주었다. 예수님은 하나님 나라 안에 확고하게 자리를 두고 계셨기 때문에 '잘못된 사람들'과도 편안하게 지낼 수 있었다. 그는 **누구와도** 함께할 수 있었고, **어디**든 갈 수 있었다. 우리도 반드시 이러해야 할 필요는 없지만, 우리가 예수님의 제자로 성장하고 그와 같은 삶 속으로 더 깊이 들어가면 점점 더 그를 닮게 되고, 하나님 나라 안에서 완벽하게 안전하고 강해질 수 있다.

비교와 대조

예수님은 문화적으로 용납받을 수 없는 자신의 행동 때문에 공격을 받았을 때 직접적으로 방어하지 않으셨다. 그리고 청중에게 하나님 나라의 매력적인 개방성을 보여주는 단순한 이야기를 들려줌으로써 반대자들의 방어벽을 살짝 우회하셨다. 목자가 잃어버린 양을 찾고, 여자가 잃어버린 동전을 찾으며, 아버지는 잃어버린 아들을 찾았다(눅 15:3-32). 그의 온유한 방식으로 예수님은 모든 사람에게 희망이 있고, 모두가 회복이 가능함을 보여주셨다.

예수님에게 비유는 당시 문화의 통념적 사고방식을 깨뜨리는 주요 방법 중 하나가 되었다. '비유'(헬. *parabole*)는 "옆에 놓거나 던져 두다"라는 뜻으로 두 헬라어 단어에서 유래했다. '파라'(*para*)는 "옆에"라는 뜻이고, '볼레'(*bole*)는 "던지다" 또는 "놓다"라는 뜻이다. 비유로 가르친다는 것은 두 가지를 나란히 놓고 대조와 비교를 통해 그것들에 대해 더 많은 것을 배우고자 하는 것이다.

인간의 마음이 무언가를 이해하려고 할 때, 마음을 가장 잘 작동하게 하는 방법은 비교하고 대조하는 것이다. 그림을 그리는 경우, 한 색을 단순히 그 색만 보고 판단하지 않고 다른 색과 비교해 본다.

예수님이 이런 기법을 사용하신 이유는 이것이 인간의 마음에 매우 적합하기 때문이다. 예수님은 가족 간의 싸움이나 일반적인 농사 상황과 같은 일상적 사건에 대한 이야기를 제시하면서, 그 이야기를 하나님 나라 옆에 놓고 하나님 나라가 어떤 나라인지를 명확하게 설명하셨다. 이러한 비교를 통해 하나님 나라의 성격과 작동 방식에 대해 더 깊이 이해할 수 있다.

예수님이 비유를 처음 말씀하셨을 때, 그의 제자들이 "어찌하여 그들에게 비유로 말씀하시나이까"라고 물었다(마 13:10). 제자들의 이 질문에 대한 예수님의 답을 이해하지 못하면, 우리는 성경과 하나님 나라의 작용들, 예수님의 메시지와 사역을 결코 이해할 수 없을 것이다.

> 대답하여 이르시되 천국의 비밀을 아는 것이 너희에게는 허락되었으나 그들에게는 아니되었나니 무릇 있는 자는 받아 넉넉하게 되되 없는 자는 그 있는 것도 빼앗기리라. 그러므로 내가 그들에게 비유로 말하는 것은 그들이 보아도 보지 못하며 들어도 듣지 못하며 깨닫지 못함이니라. 이사야의 예언이 그들에게 이루어졌으니 일렀으되
>
> 너희가 듣기는 들어도 깨닫지 못할 것이요
> 보기는 보아도 알지 못하리라.
> 이 백성들의 마음이 완악하여져서
> 그 귀는 듣기에 둔하고 눈은 감았으니
> 이는 눈으로 보고 귀로 듣고
> 마음으로 깨달아 돌이켜
> 내게 고침을 받을까 두려워함이라(마 13:11-15).

하늘들의 나라의 비밀을 받아들이는 두 가지 측면을 주목하라.

하나는 우리가 받은 것을 붙잡을 수 있는 능력(용량, capacity)이며, 다른 하나는 기꺼이 그 메시지를 들으려는 의지(수용성, receptivity)다.

조그만 물통

예수님은 '내가 주지 않겠다'고 하신 것이 아니라 '허락되지 않았다'고 말씀하셨다(마 13:11). **가진 자에게는 더 많이 주어질 것**(용량)이라는 말씀은 삶의 모든 영역에서 적용되는 하나님 나라의 놀라운 법칙이다. 예수님은 그들이 받을 수 있는 용량만큼만 그들에게 주신다.

이렇게 상상해 보라. 내가 물을 얻으러 당신에게 간다면, 당신은 내 물통에 담을 수 있을 만큼만 물을 줄 수 있다. 예수님이 가리킨 사람들은 큰 물통을 가지고 있지 않았기 때문에 많이 줄 수 없었다. 만일 내가 물통조차 없다면(**없는 자는**), 나는 손으로 물을 담으려고 하겠지만 결국 다 흘려 버리게 될 것이다(**그 있는 것도 빼앗기리라**).

예수님은 말씀을 듣는 사람들에게 그들이 감당할 수 있는 것보다 더 많이 주려고 하지는 않으신다. 왜냐하면 그들에게 도움이 되지 않기 때문이다. 예수님은 비유를 통해 사랑과 겸손으로 온유하게 다가가시며 강압을 사용하지 않으신다. 사람들이 받고 간직할 수 있는 방식으로 진리를 나누어 주셨다.

사람의 소중함

어떤 사람들은 예수님의 메시지를 거부하고 귀를 닫고 눈을 감았다. 이것은 우리에게 이런 의문을 품게 한다. '예수님은 그들을 치유하기를 원하지 않으셨을까? 하나님은 그들이 마음으로 돌이켜 하나님께 오기를 원하지 않으셨을까? 왜 하나님은 그들의 목덜미를 붙잡아 하

나님 나라에 던져 넣지 않으셨을까?'

그렇다. 예수님은 그들이 하나님 나라에 들어가고 치유되기를 간절히 바라셨다. 하지만 그것을 강제로 하지는 않으셨다. 이 첫 번째 비유에 대한 예수님의 설명은 모든 비유가 어떻게 기능하는지를 보여준다. 비유는 듣는 사람이 듣거나 듣지 **않을** 수 있고 보거나 보지 **않을** 수 있는 선택을 허락한다.

예수님은 "이 돼지우리에서 뒹굴고 있는 놈들아, 내가 너희에게 영적 폭탄을 떨어뜨려서 바로 하늘나라로 날려 버리겠다!"라고 말하는 대신에 작은 이야기를 들려주셨다. "어떤 사람에게 두 아들이 있는데, 그중 하나가 말했다. '아버지, 여기서 지내는 게 이제 지긋지긋해요. 이곳을 떠날 테니 재산 중에서 내게 돌아올 몫을 주십시오.' 그러자 그의 아버지가 일어나 그에게 재산을 내주었다"(눅 15:11-12, 저자 사역).

보다시피 비유는 때때로 우리의 마음이 완고할 때 우리에게 자비를 베푸는 행위다. 당신과 나는 마음이 완고한 사람에게 직접 권고하면 그 사람의 마음이 더 완고해진다는 것을 알고 있다. 그래서 예수님은 사랑과 자비, 연민의 마음으로 이야기를 들려주셨다.

예수님이 사람들의 지성을 공격하거나 감당하기에 너무 많은 이야기를 하지 않으셨기 때문에 사람들이 그의 말씀에 귀를 기울였다. 예수님은 그들에게 종교를 던져 놓지 않으셨다. 그들을 정죄하지 않으셨다(요 3:17). 사람들이 이미 자신과 모든 사람을 정죄하고 있다는 사실을 알고 계셨기 때문이다. 그리고 그 모든 정죄, 고함, 거부, 소란 속에서 흥미로운 이야기가 나왔다. 예수님은 사람들이 그의 나라에 대한 탐험을 시작할 수 있도록 비유들을 들려주셨다.

이러한 방식의 가르침은 온 세상에 승리의 소식을 전하실 예수님의 부드럽고 온유한 성품을 반영한다. 예수님은 칼이나 확성기를 사용하지 않으셨고, 그 일을 위해 인간의 수단들에 의지하지 않으셨다. 그러나 하나님 나라는 임하여 땅을 다스릴 것이다.

"왜 비유인가?"라는 질문에 대해 예수님은 다음과 같이 반응하셨다. 예수님은 인간의 존귀함에 대한 계시를 주셨다. 하나님은 모든 사람의 손에 그들 자신의 마음의 열쇠를 주셨다. 오직 안쪽에서만 문을 열 수 있는 열쇠다. 하나님은 이 진리를 그렇게 정하셨기 때문에 강제로 우리 마음을 열지 않으신다. 다만 우리가 그 문을 여는 데 도움이 되는 무언가를 제공하신다. 이것이 바로 예수님이 그러한 방식으로 가르치신 이유다.

열림과 닫힘

"왜 비유인가?"라는 질문에 답하기 위해 예수님이 사용하신 이사야의 예언은 원래 국가적으로 큰 고통의 시기에 주어진 예언이다(사 42:18-20, 44:18). 이사야는 성전에서 주 하나님과 대화하면서 말 그대로 땅이 흔들리는 경험을 했다(사 6:4). 하나님은 사실상 이사야에게 "들어라. 그러나 듣지 마라! 보아라. 그러나 보지 마라!"고 백성들을 향해 말하라고 하셨는데, 그것은 그들의 영적 청각과 시각에 문제가 있음을 경고하기 위한 것이었다. 많은 경우 우리는 듣지 않으면서도 듣지 않는 줄 모르고, 보지 않으면서도 보지 않는 줄 모른다.

예수님은 반복해서 "귀 있는 자는 들을지어다"라고 말씀하셨다(예를 들어, 마 11:15). 청소년 시절에 나는 이 말씀을 "자, 이게 이야기의 끝이야"라는 말처럼 세련된 장식용 표현이라고 생각했다. 그러나 이후에 나는 이 말이 여러 면에서 문제의 핵심이라는 것을 깨달았다. 모든 사람이 들을 수 있는 귀와 볼 수 있는 눈을 가진 것은 아니다. 많은 사람들은 주로 걸러 내거나 분류하는 장치로 귀와 눈을 사용한다.

교사들은 교실에서 이런 모습을 자주 본다. 학생이 어떤 주제를 자기가 이미 알고 있다고 생각하거나 '전에 다 들어 본 내용이야'라고 생각하면 더 이상 듣지 않는다. 교사는 학생들이 마음의 스위치를 꺼버린 상태에서 어떻게 파고들어 그들에게 다가갈 수 있을까 하는 딜레마에 직면한다. 교사가 다시 그 내용을 다루려고 할 때마다, 그 내용은 학생들에게 다시 신경을 끄라는 신호를 보낸다.

마찬가지로, 하나님이나 그의 나라에 대해 들어 본 사람들 중 일부는 그 주제가 나올 때마다 마음의 스위치를 꺼버린다. 교회에 있는 모든 사람은(교사를 포함하여) 이미 전에 다 들어 본 내용이라고 생각하기 때문에 "들을 귀"를 가지고 있지 않다. 그들은 듣지 않는다. 그들의 마음은 닫혀 있다. 그렇다면 이 문제를 어떻게 해결할 수 있을까?

듣지 않는 귀든, 보지 않는 눈이든, 이해하지 않는 마음이든, 마음의 무감각함이 문제다. 하나님은 이사야에게 "이 백성의 마음을 살찌게 하라"(사 6:10, KJV)고 말씀하셨다. 살찐 마음은 무감각한데, 지방이 심장을 둘러싸 버리기 때문이다.

하나님은 이스라엘 백성의 마음이 무감각해진 것을 보시고, 그들에게 마음에 "할례"를 행하라고 명령하셨다(신 10:16). 바울도 비슷한 상황을 경험하고는 "할례는 마음에 할지니"(롬 2:29)라고 썼다. 마음의 할례는 굳은살의 층을 잘라내어 듣고, 보고, 이해할 수 있게 한다. 유대 문화에서 할례는 본질적으로 취약함과 부드러움의 상징이었지만, 주로 부드러운 마음을 의미했다. 할례를 받은 마음은 하나님을 수용할 수 있는 마음이다.

마음을 부드럽게 만들기

예수님이 "그러므로 내가 그들에게 비유로 말하는 것은 그들이 보아도 보지 못하며 들어도 듣지 못하며 깨닫지 못함이니라"(마 13:13)

고 하셨을 때, 아마도 이런 생각을 하고 계셨을 것이다. '지금 이들은 듣거나 볼 준비가 되어 있지 않은 것 같다. 잃어버린 동전 하나를 찾기 위해 온 집을 뒤진 한 여자 이야기를 들려주면, 그런 것을 보고 들을 수 있을 것이다. 그들은 한동안 기억할 것이고, 시간이 지나면 더 깊은 의미가 스스로 드러날 것이다.'

예수님은 그들의 마음의 완고함이 그들의 의지와 연결되어 있음을 아셨다. 그들은 듣는 것을 **원하지** 않았다. 그들은 이해하기를 **원하지** 않았다. 그래서 "우리가 그냥 그들을 포기해야 할까요?"라는 질문이 나왔다. 예수님의 대답은 "아니다. 우리는 그들이 받을 수 있는 것을 줄 것이다"였다.

예수님의 비유는 사람들이 하나님 나라의 진리 안으로 성장할 수 있게 하는 방식으로 다가왔다. 예수님의 가르침 방식은 사람들에게 책임감을 가질 수 있는 기회를 제공함으로써, 그들이 마음의 문을 열고 진리를 추구하며 더 많은 진리를 찾을 수 있게 했다. 청중이 (강의만 듣는 것이 아니라) 진리를 스스로 분별할 수 있게 되었을 때, 그들은 진리를 감내할 준비가 되어 있을 것이다.

교사로서 예수님의 천재성은 그의 정중하고 자비로운 접근 방식에서 분명하게 드러난다. 그는 단순히 정보를 전달하는 데 그치지 않았으며, 그들에게 익숙한 삶과는 **다른 방식의 삶**을 사람들에게 제시했다. 비유로 가르치는 방식은, 예수님이 사람들에게 하나님 나라의 삶이 어떻게 일상적이고 평범한 삶에 적용되는지에 대한 시각을 제공하는 데 도움이 되었다.

이야기를 숙고하기

예수님은 사람들의 삶을 변화시키기 위해 이러한 탁월한 가르침 방식들을 사용하셨지만, 많은 사람들은 변화를 원하지 않았다. 인간은 일반적으로 변화를 두려워하기 때문에 변화에 저항한다. 그리스도를 제외한 모든 인간은 두려움과 교만에 지배당하고 있다. 어떤 경우에는 두려움이 자존심을 이기고, 어떤 경우에는 자존심이 두려움을 이긴다. 두 경우 모두 마음은 완고하게 된다.

예수님이 제시하신 비유와 역설은 처리 시간이 필요했다. 이러한 것들은 사람들이 처음에는 거부했을 만한 생각들을 받아들일 수 있도록 준비시켰다. 예수님은 사람들이 대립적인 투쟁에 빠져들지 않고 계속 생각해 볼 수 있는 무언가를 그들에게 주셨다.

만약 당신이 사람들과 맞서면서 그들에게 '그것은 이런 것이다'라고 하면, 그들 마음은 완고해지면서 누가 옳고 그른지 논쟁을 벌이자는 반응을 보일 것이다. 하지만 이런 이야기를 들려준다고 상상해 보라. 한 남자에게 두 아들이 있었고, 그가 두 아들에게 "포도 농장에 가서 일을 좀 해라"고 했다. 한 아들은 "네, 아버지"라고 말한 뒤 당구장으로 향했다. 다른 아들은 "싫습니다!"라고 하며 역시 당구장으로 출발했다. 그런데 중간에 길을 가다가 둘째 아들은 돌아서서 말했다. "아니지. 아버지를 위해서 농장에 가야겠어." 예수님이 "두 아들 가운데 누가 아버지의 뜻을 행하였느냐"라고 물으셨을 때 그들이 어떻게 시비를 걸 수 있겠는가?(마 21:28-31)

이제 예수님이 이렇게 말씀하시는 것을 상상해 보라. "이스라엘 자손들아, 잘 들어라. 너희는 너희가 무슨 짓을 했는지 알고 있다. **너희가 바로** 하나님께 '네, 가겠습니다'라고 말한 뒤에 당구장에 간 사람이다." 사실 그들은 그렇게 행동했다. 그들은 하나님에 대해 많은 이야기를 했지만 마음은 당구장으로 갔던 것이다. 이야기를 사용하자 딱딱했던 청중의 마음이 부드러워지기 시작했다. 이야기는 자신에게 '나는 저 형제 중 누구와 같은 사람인가'라고 물을 기회를 주었다. 심지어 바리새인들도 이렇게 할 수 있었는데, 그들 역시 압박을 받지 않았기 때문이다.

이러한 이야기는 사람들이 자존심이나 두려움으로부터 벗어나 잠시 생각할 수 있는 시간과 공간을 허락했다. 이야기는 논쟁이 아닌 성찰을 유도한다. 이것이 바로 우리가 비유를 묵상해야 하는 이유다. 비유에 담긴 교훈은 절대적으로 중요하고 근본적인 것이다. 비유를 묵상함으로써 우리의 이해가 자라고 꽃을 피우며 열매를 맺을 수 있다.

인도하심

성경은 성령의 인도하심과 무관하게 우리에게 주어진 지침서가 아니다. 하나님 없이 우리 스스로 성경을 이해하려고 하면, 그 문자는 우리를 죽이게 된다(고후 3:6). 예수님은 이 사실을 알고 계셨기에 사람들이 성령의 인도하심과 추론을 통해 실재의 영역, 즉 하나님 나라로 들어갈 수 있도록 가르치셨다. 성령이 생명을 주시기 때문이다(고후 3:6).

비유와 역설을 통해 가르치는 예수님의 방식은 우리 마음속에서 하나님의 영에 대한 반응을 이끌어 내는데, 그 방식이 하나님과의 **인격적** 관계에 의존하고 있기 때문이다. 하나님과의 관계에 주의를 기울임으로써 우리는 진리를 이해하는 과정에서 성령의 인도하심을 소중히 여기는 법을 배우게 된다. 내가 말하려는 것의 사례가 잠언에 나타나 있다.

> 미련한 자의 어리석은 것을 따라 대답하지 말라.
> 두렵건대 너도 그와 같을까 하노라.
> 미련한 자에게는 그의 어리석음을 따라 대답하라.

두렵건대 그가 스스로 지혜롭게 여길까 하노라(잠 26:4-5).

당신은 어리석은 사람에게 그의 어리석음에 따라 대답하는가, 아니면 그렇게 하지 않는가? 성경은 둘 다 하라고 말하지만, 둘 다 할 수는 없다. 따라서 상황에 따라 어리석은 사람에게 어리석음을 따라 대답할지 말지는 **하나님의 영의 인도하심에 의존해야** 한다.

예수님의 비유는 이것과 동일한, 성령을 의지하는 응답을 촉구한다. 두 아들(말과 행동이 일치하지 않았던 사람)의 비유는 상황에 따라 우리 자신을 이 아들 또는 저 아들로 보게 할 수 있다. 우리의 '예'가 왜 항상 '예'가 아니고 우리의 '아니요'가 왜 항상 '아니요'가 아닌지 우리 스스로 궁금해하도록 만들 수 있다. 예수님의 비유는 우리 안에서 누룩처럼 작용하여 우리가 하나님과 우리 자신과 하나님 나라를 바라보는 방식을 변화시킨다.

예수님이 비유로 선택하신 예화와 사례들은 듣는 이들의 마음과 영혼에 씨앗들을 심는다. 그리고 그 씨앗들은 서서히 싹을 틔우고 형태를 갖추어 **듣는 사람들을 다른 나라로 데려가는데**, 그곳은 다른 방식의 삶이 지배하는 나라다. 예수님은 우리의 현명하고 실제적인 스승이셨고 지금도 그러하시다.

당신이 비유를 공부하고 묵상할 준비를 할 때, 예수님의 가르침 방식을 요약한 다음의 목록은 각 비유에 담긴 가르침을 평가하고 적용하는 데 유익한 도구가 될 것이다.

성찰과 성장을 위한 도구들

예수님은 깊은 의도를 가지고 가르침 방식을 택하셨고, 청중이 진정으로 듣고, 기억하고, 깊이 생각하고, 그의 말씀을 받아들일 수 있도록 도왔다. 예수님의 비유에는 그 비유를 들은 뒤에도 오랫동안 영향을 끼치게 하는 다섯 가지 측면이 있다.

1. **문화적 관련성**. 예수님은 타락한 세상의 문화와 당시의 지배적인 전제들, 즉 사람들이 아무 생각 없이 믿고 살아가는 것들에 도전하고 그것들을 근본적으로 변화시키고자 하셨다.

2. **기억하기 쉬움**. 예수님의 이야기들은 평범하지 않아서 잊어버리기가 어려웠다.

3. **일상적인 삶의 맥락**. 예수님은 일상적인 사물과 활동, 즉 청중에게 친숙한 것들을 사용하심으로써 이야기에 쉽게 공감할 수 있게 하셨다.

4. **논리적임**. 예수님은 논리, 이성, 상식의 힘을 사용하여 사람들이 그들이 사는 세계에 대해 가진 전제들의 핵심을 정확히 파고드셨다.

5. **시간이 지날수록 더 의미 있음**. 비유는 시간이 지남에 따라 계속 확장되는 누룩과 같다. 사람들은 예수님이 말씀하신 내용을 온전히 이해하고 비유가 전달하려고 하는 진리 안에서 성장하기 위해 시간이 필요했다.

비유에는 두 부분이 있다. 그릇과 그 안에 담긴 보물이다. 예수님은 비유라는 그릇을, 긴 여정을 견디고 보물을 안전하게 지킬 수 있을 만큼 튼튼하게 설계하셨다. 비유들 안에 담긴 보물은 하나님 나라다. 이 책을 읽고 비유를 공부하면서, 비유가 얼마나 독창적이고 의도적인 모습으로 지어졌는지를 발견하는 즐거움을 누리기 바란다. 그러나 언제나 그 안에 있는 보물을 찾아야 한다는 것을 잊지 말라.

우리가 이 보배를 질그릇에 가졌으니……(고후 4:7).

3장

왜
비유인가?

그러므로 너희가 그리스도 예수를 주로 받았으니 그 안에서 행하되 그 안에 뿌리를 박으며 세움을 받아 교훈을 받은 대로 믿음에 굳게 서서 감사함을 넘치게 하라. _골로새서 2:6-7

예수님이 오셔서 사람들에게 말씀하신 내용의 본질은, 하나님에 대해 알고 있다고 생각했던 것을 잊으라는 것이었다. 아들과 또 아들의 소원대로 계시를 받는 자 외에는 아버지를 아는 자가 없기(마 11:27) 때문이다. 이것은 우리가 성경을 공부할 때 명심해야 할 중요한 개념이다. 달리 표현하면, 하나님이나 하나님의 말씀은 우리가 영리하고, 지적이고, 학문적이라고 해서, 심지어 아주 열심히 공부한다고 해서 이해할 수 있는 것이 아니라는 말이다. 하나님이 그의 말씀을 통해 우리와 상호작용하시는 것은 인격적인 문제이기 때문이다. 그것은 우리의 마음과 정신과 삶이라는 조건에 의존한다. 씨 뿌리는 자의 비유를 공부하면서 우리는 이것이 얼마나 중요한지를 보게 될 것이다.

첫 번째 비유

예수님이 지상 생애 동안 행하신 사역 세 가지는 가르침, 복음 전파, 치유였다. "예수께서 모든 도시와 마을에 두루 다니사 그들의 회당에서 **가르치시며** 천국 복음을 **전파하시며** 모든 병과 모든 약한 것을 **고치시니라**"(마 9:35). 마태복음 4장부터 12장까지의 흐름은 이러한 일이 어떻게 이루어졌는지를 보여준다.

마태복음 4장에서 예수님이 "회개하라. 천국이 가까이 있다"(마 4:17, 저자 사역)고 말씀하시며 하나님 나라를 **선포하시고** 그 나라의 사역을 행하시자 모든 곳에서 수많은 사람들이 모여드는 것을 우리는 보게 된다. 5-7장에서 예수님은 산상수훈을 통해 하나님 나라의 속성에 대해 **가르치셨다**.[1] 예수님은 산에서 내려오시자마자 **치유**를 시작하셨으며, 우리는 예수님이 치유 사역을 통해 어떻게 하나님 나라의 능력을 나타내셨는지에 대한 이야기들을 읽게 된다(마 8-9장).

이어서 10-12장은 예수님의 사역이 계속되는 과정과 그가 어떻게 제자들을 파송하여 자신이 행한 일을 하게 하셨는지에 대한 내용을 담고 있다. 예나 지금이나 제자들의 사역 방식은 예수님이 하신 일을 하는 것이다. 이것은 누가복음 10장에서 예수님이 제자들을 두 명씩 보내시며 "이제 가서 내가 했던 일을 하여라"고 말씀하신 것과도 일치한다. 제자들이 기뻐하며 돌아와서 "주의 이름이면 귀신들도 우리에게 항복하더이다"라고 하자, 예수님은 "그것 때문에 기뻐하지 말고 너희 이름이 생명책에 기록된 것으로 기뻐하라"(눅 10:17, 20, 저자 사역)고 답하셨다.

마태복음 13장부터는 예수님의 가르침, 특히 하나님 나라에 대한 가르침에 관한 자세한 기록이 시작되는데, 씨 뿌리는 자의 비유는 가장 먼저 기록된 비유로 등장한다. 예수님이 그 이전에 비유를 말씀하신 적이 없었다는 말은 아니지만, 이 비유는 그의 가르침 사역에 의미심장한 변화가 일어났음을 보여준다.

사역이 이 시점까지 진행되면서, 예수님은 자신의 말씀에 대한 사람들의 반응이 다양한 것을 알아차리기 시작하셨다. 모든 사람이 예수님의 말씀을 받아들일 수 있는 것도 아니었고, 받아들였다 해도 다양한 방식으로 받아들였다. 마음이 하나님을 반대하는 쪽으로 설정되고 그저 자기 방식에만 관심을 두는 사람들은 예수님의 메시지를 듣고 마음이 완고해졌다. 예수님은 그들의 저항을 감지하셨다. 씨 뿌리는 자의 비유는 그의 가르침에 대한 다양한 반응을 묘사하고 있다.

모든 곳에 뿌려진 씨앗

마태복음 13장 첫 부분에서 우리는 예수님의 가르침과 복음 전파와 치유 때문에 큰 무리가 예수님을 따르는 것을 보게 된다.

> 그날 예수께서 집에서 나가사 바닷가에 앉으시매 큰 무리가 그에게로 모여들거늘 예수께서 배에 올라가 앉으시고 온 무리는 해변에 서 있더니 예수께서 비유로 여러 가지를 그들에게 말씀하여 이르시되 씨를 뿌리는 자가 뿌리러 나가서(마 13:1-3).

씨를 '뿌린다'는 것은 씨앗을 **발아할 수 있는 곳에** 흩어 놓는다는 의미다. 그것은 예수님의 청중이 자주 볼 수 있는 흔한 일이었다. 모두가 씨를 뿌리는 것이 무엇인지 알고 있었다. 예수님은 계속 말씀하셨다.

> 뿌릴새 더러는 길가에 떨어지매 새들이 와서 먹어 버렸고 더러는 흙이 얕은 돌밭에 떨어지매 흙이 깊지 아니하므로 곧 싹이 나오나 해가 돋은 후에 타서 뿌리가 없으므로 말랐고 더러는 가시떨기 위에 떨어지매 가시가 자라서 기운을 막았고(마 13:4-7).

예수님은 이런 묘사들 사이에서 잠시 멈추셨을 것이다. 사람들이

고개를 끄덕이며 "네, 그게 뭔지 잘 압니다. 그런 일을 본 적이 있지요" 라고 말했을 것이기 때문이다. 예수님은 이렇게 끝맺으셨다.

더러는 좋은 땅에 떨어지매 어떤 것은 백 배, 어떤 것은 육십 배, 어떤 것은 삼십 배의 결실을 하였느니라. 귀 있는 자는 들으라(마 13:8-9).

이제 당신은 이 이야기에 종교적인 단어가 하나도 없다는 것을 알아챘을 것이다. 예수님은 여기서 성경을 읽지도, 기도를 하지도, 찬송을 부르지도 않으셨다. 그저 씨를 뿌리는 한 농부의 일상적인 삶의 상황을 담은 한 이야기를 들려주셨을 뿐이다. 제자들은 이에 대해 걱정했던 것 같다. 아마도 그들끼리 이렇게 말했을 것이다. "이게 무슨 일이야? 실수하신 것 같은데? 뭔가 잘못된 것 같아!" 그래서 나중에 예수님과 따로 모였을 때 그들이 말했다. "예수님, 어찌하여 그 이야기만 하셨습니까?"(마 13:10, 저자 사역) 예수님은 다음과 같이 설명하셨다.

씨앗 대 잡초

이 비유에서 "씨"는 하나님의 말씀이다.

그런즉 씨 뿌리는 비유를 들으라. 아무나 천국 말씀을 듣고 깨닫지 못할 때는 악한 자가 와서 그 마음에 뿌려진 것을 빼앗나니 이는 곧 길가에 뿌려진 자요 돌밭에 뿌려졌다는 것은 말씀을 듣고 즉시 기쁨으로 받되(마 13:18-20).

하나님의 말씀이 개인의 삶 속으로 들어왔을 때, 말씀은 그곳에 있는 토양에 뿌리를 내리기 시작한다. 이것이 바로 씨 뿌리는 자의 비유를 이해하는 것이 매우 중요한 이유다. 만일 그 사람이 다른 일로 너무 바빠서 하나님의 말씀을 받아들이지 못하면, 말씀은 뿌리를 내리지 못한다. 뿌리를 내리더라도 영양 부족에 허덕일 것이다.

나는 농촌에서 자라났기 때문에 심고 거두는 일을 많이 해보았다. 봄에 미주리 남부의 계곡 아래로 내려가서 개울가 땅에 쟁기질을 하고 옥수수를 심었던 기억이 난다. 그곳의 흙은 너무 검어서 마치 초콜릿 같았다. 그 안에는 **좋은 양분이** 아주 많았다. 하지만 잡초들도 그 기름진 흙을 잘 알고 있는 듯했다. 잡초들이 그 땅을 점령해 버렸다. 7월 중순이 되었는데, 옥수수 줄기와 잡초가 거의 구분이 안 될 정도였다. 옥수수 줄기가 영양 부족으로 가늘고 빈약하게 자랐기 때문이다. 좋은 옥수수는 전혀 생산할 수 없었다. 가을에 옥수수를 수확해 껍질을 벗겨 보니 옥수수 한 자루에 알맹이가 서너 알밖에 없었다. 옥수수 식물 자체가 죽어 가고 있었기 때문이다. 오늘날 **많은** 사람들이 그와 같이 죽어 가는 식물과 같다.

자유 의지

씨 뿌리는 자의 비유는 예수님의 하나님 나라 비유 중 가장 중요한 비유에 속한다. 이 비유는 "말씀, 즉 로고스가 왜 우리가 기대하는 사람들에게 영향을 끼치지 못하는가?"라는 질문에 답하고 있기 때문이다. 이 비유는 또한 "왜 하나님은 사람들을 변화시키지 않으시는가"라고 질문하게 한다.

이것은 하나님의 능력 부족의 문제가 아니다. 하나님이 나를 헬리콥터로 만들어 창밖으로 날려 보내고 싶으시다면, 그렇게 하실 수 있다. 하나님이 원하신다면 우리 모두를 개조하여 욥이나 한나, 다니엘 같은 신실한 사람들로 만들 수 있다.

이것은 하나님이 무엇을 **할 수 있으신지**의 문제가 아니다. 하나님이 무엇을 **하실지**에 관한 문제다. 또한 하나님이 자신의 목적을 달성하기 위해 정확히 어떻게 사람들과 상호작용하기로 결정하셨는지에 관한 문제다. 온 땅의 하나님은 하고 싶은 일은 무엇이든 하실 수 있다. 그러나 하나님이 하고 싶지 않으신 일도 많이 있다. 우리가 하나님 나라에서 하나님과 함께 일하려면 그가 일하시기로 선택한 방식을 찾아서 그 방식으로 일해야 한다.

하나님 나라는 사랑과 이해와 성숙함의 나라이며, 사람들이 모든 실재 중에서 가장 영광스러운 존재이신 하나님 자신의 통치를 받으며 함께 살아가는 곳이다. 그 나라는 결코 머리를 두들겨 맞거나 종교 로봇으로 개조되는 사람들의 나라가 아니다. 그 나라는 하나님이 자유롭게 배우고 성장하도록 만드신 피조물들의 나라다.

하나님이 자신과 자신의 왕국을, 역사의 긴 과정을 통해서 그리고 하나님의 아들의 충만함 안에서 어떻게 나타내셨는지 돌아보라. 하나님은 **마음을 얻고 생각을 사로잡는** 방식으로 자신을 나타내셨지만, 돌아서 떠나는 사람들에게도 그렇게 할 기회를 주셨다. 인간이 "내 방식대로 하고 싶어요!"라고 말할 때, 하나님은 "그래, 너는 네 방식대로 할 수 있다"고 말씀하신다. 슬프게도 인간에게 일어날 수 있는 최악의 일은 하나님을 포함시키지 않고 자신의 방식을 고수하는 것이다.

완고한 마음

마음의 완고함이 어느 정도를 넘어가면 하나님은 사람들에게 더 이상 다가가지 않으신다. 이 시점에서는 하나님의 말씀이 마음을 더 완고하게, 보지 못하고 듣지 못하게 하는 효과를 낸다. 이것이 바로에게 일어난 일이다. 우리는 하나님이 바로의 마음을 **완고하게** 만드셨다는 말씀을 듣는다(출 7-15장). 어떻게 그럴 수 있을까? 나는 하나님이 자신의 능력을 보여줌으로써 바로의 마음을 완고하게 만드셨다고 제안하고 싶다.

모세는 이스라엘 백성을 보내지 않으면 어떤 재앙이 일어날 것이라고 바로에게 반복해서 말했다. 바로는 항상 거절했고, 그때마다 열 가지 재앙이 한 가지씩 이집트에 내려졌다. 그러면 바로는 "제발 **멈춰다오**! 내가 항복하겠다. 이스라엘 백성은 떠나도 좋다!"고 했다. 하지만 하나님이 재앙을 **멈추시는** 순간, 바로는 이스라엘 백성을 내보내지 않았다. 이런 일은 열 번째 재앙이 일어나서 하나님이 이집트의 모든 장남들을 데려가실 때까지 계속되었다. 바로는 자신의 아들을 잃고 마음이 깨어졌고, 비로소 이스라엘 백성을 놓아주었다(출 12:31-32).

이 이야기에서 우리는 선함(매번 재앙을 거두는 것)이 항상 누군가의 마음을 부드럽게 하거나 깨뜨려 주는 것은 아님을 알 수 있다. 때로는 마음을 더 완고하게 만들기도 한다. 어떤 사람들에게는 하나님의 말씀과 복음의 메시지가 그들의 마음을 더 완고하게 한다.

말씀의 힘

이것을 염두에 두고, 씨 뿌리는 자의 비유에 대한 예수님의 설명과 그것이 사람들의 마음의 수용성을 어떻게 다루었는지 살펴보자. 이 비유를 들은 후 제자들이 예수님께 와서 "이 비유가 무슨 뜻입니까?"라고 질문(눅 8:9)했다는 사실을 기억하라. 이 비유는 다른 모든 비유를 이해하는 열쇠다(막 4:13). 예수님은 "들을 귀 있는" 사람들에게 가르치셨지만, 다른 사람들의 토양에도 충분히 침투할 수 있는 방식으로 가르치셨다.

예수님은 이 말씀으로 설명을 시작하셨다. "누구든지 말씀을 듣고……"(마 13:19, ESV). 여기서 **말씀**을 뜻하는 헬라어는 '로고스'(*logos*)다.[2] 로고스는 헬라어 단어 '레고'(*lego*)에서 파생된 말이며, 사물의 구조와 형성을 나타내는 강력한 용어다. 로고스는 이러한 형성이 현재시제로 이루어지고 있음을 나타낸다. 예수님이 '말씀'을 언급하실 때 로고스라는 단어를 사용하신 것은, 흘러나오는 인격적인 능력을 이야기하고 계셨기 때문이다. 예수님은 자신이 '로고스'라고 말씀하셨다. "태초에 말씀이 계시니라"의 그 로고스는 바로 예수님이셨다(요 1:1).

듣기로 결심하기

누구든지 이 **로고스**를 듣고 그것을 깨닫지 못하면(마 13:19, 저자 사역).

메시지를 듣고 깨닫는 데는 마음(mind, 지성, 정신)뿐만 아니라 **의지**도 중요하다. 의지는 그 자체로는 매우 제한된 힘을 가지고 있는데, 많은 사람들은 자신의 의지와 마음의 힘을 과대평가한다. 그들은 실제로 할 수 있는 것보다 훨씬 더 많은 것을 성취할 수 있다고 생각한다. 그러나 최고로 명석한 지성과 가장 확고한 의지일지라도 큰 한계가 있다.

하나님의 말씀이 우리 마음에 들어올 때, 우리는 그 말씀을 붙잡는 것이 얼마나 중요한지를 결정한다. 그렇기 때문에 가장 중요한 첫 번째 질문은 "내 마음에 들어온 말씀으로 나는 무엇을 하고자 선택하고 있는가?"다. 만일 당신의 의지가 하나님의 말씀과 반대되는 방향으로 설정되어 있다면, 당신은 그 말씀을 깨닫는 데서 한 발자국도 나아가지 못할 것이다. 이 비유는 의지가 하나님께 어떻게 반응하는지에 관한 이야기다.

의지의 주된 기능은 하나님을 신뢰하는 것이다. 의지의 설정은 하나님의 말씀이 마음에 영향을 끼치는 방식을 결정하는 열쇠가 된다.

의지와 마음은 깊이 통합되어 있기 때문이다. 한편으로는 마음이 무엇을 곰곰이 생각하느냐가 의지의 행동 선택을 결정한다. 다른 한편으로는 의지의 지향이 마음에 무엇을 머물게 할 것인지를 결정할 수 있다. 우리 자신에게 '내 마음이 무엇을 곰곰이 생각하고 있으며 왜 거기에 머물러 있는지' 물어보는 것이 중요하다.

우리는 성숙해 가면서 마음의 한계, 그리고 습관에 의존하는 것을 더 깊이 감지하게 된다. 마음은 때때로 오해의 소지가 있거나 거짓이거나 틀린 생각, 아이디어, 의견, 관념들로 꽉 막히게 된다. 타락한 상태에서 우리 마음은 종종 잘못된 것을 바라보고 해야 할 생각들을 전혀 하지 못하게 해 우리 의지를 하나님께로 향할 수 없게 만든다.

하나님과 동행하는 삶에서 필수적으로 투자해야 할 부분은 생각을 잘 가꾸면서 마음을 돌보는 것이다. 방치된 마음은 강박적이 되고, 그 혼란스러운 생각들의 영향을 받아서 의지가 작동한다.[3] 따라서 아무 생각이나 다 당신의 마음속을 통과하게 해서는 안 된다. 유혹을 받을 때 자신에게 이렇게 말해야 한다. "나는 아무 생각이나 하지는 않을 거야!"

처음 세 가지 토양

길가

> 씨를 뿌리는 자가 뿌리러 나가서 뿌릴새 더러는 길가에 떨어지매 새들이 와서 먹어 버렸고(마 13:3-4).

이 비유의 시작 부분에서 예수님이 처음으로 지적하신 것은, 적이 지켜보고 있으며 그가 다양한 방법을 활용해 마음으로부터 말씀을 빼앗아 간다는 사실이다. 이것은 말씀을 능동적으로 붙잡는 것이 왜 중요한지 말해 준다. 우리는 자신이 충분히 똑똑해서 성경을 공부할 필요도 없고 외울 필요도 없다고 생각할 수 있지만, 이런 실천들은 지극히 중요하다.

사탄은 우리 마음에서 말씀을 내보낼 다양한 방법을 찾고 있다. 간단한 방법 중 하나가 우리가 해야 할 좀 더 중요한 일이 있다고 믿게 만드는 것이다. C. S. 루이스는 『스크루테이프의 편지』에서 한 사람의 이야기를 들려준다. 그 사람은 어떤 생각을 해나가다가 하나님이 실재하신다는 결론을 막 내리려던 순간, 지금이 점심시간이라는 생각이 들었다. 그러자 그는 더 이상 처음의 생각을 추구하지 않았다.[4] 이것이 바로 마음이 작동하는 방식이다.

예수님은 씨앗을 빼앗아 가는 새들에 대해 이야기하면서, 마귀가 우리의 듣는 과정 가운데 활동하면서 사람들이 그 메시지를 진정으로 듣지 않기를 바라며 일하는 것을 설명하신다. 우리의 마음에는 계속 흘러들어오는 말과 생각이 가득하여 말씀을 듣지 못하게 만든다. "행복이란 혼자 사는 것이다", "네 방식대로 해라", "느낌이 좋으면 그걸 해라!" 같은 것들이다.

사탄의 또 다른 수법은 말씀을 왜곡하는 것이다. 예를 들어, 하나님의 초대를 하나님이 우리의 문제에 대해 쉬운 해결책을 주시겠다는 의미로 생각한다고 해보자. 그럴 때 우리는 우리의 목적을 위해, 우리의 문제를 해결하고 원하는 것을 얻기 위해 그 메시지를 이용하려 들 것이다. 여기에는 하나님을 향한 내면의 방향 전환도 없고, 자기로부터 타인을 향한 내적 방향 전환도 없다. 겸손도, 진리에 대한 항복도 없다. 그 결과, 우리는 여전히 피상적인 상태에서 단순히 하나님을 이용하기만 한다. 그리고 작은 어려움이라도 닥치면 불평한다. "이건 내가 생각했던 게 아니야. 됐습니다. 그만 갈게요."

사탄은 또한 외로움을 통해서 일한다. 콜카타의 마더 테레사는 이렇게 말한다. "서구에는 외로움이 너무 많다.…… 오늘날 서구의 가장 큰 질병은…… 원치 않는 존재가 되고, 사랑받지 못하고, 돌봄받지 못하는 것이다."[5] 사탄은 사람들을 서로 떨어뜨려 놓기 위해 바쁘게 움직이고 있다. 사람들은 직장, 가정, 학교, 심지어 교회에서도 어떤 사람들과 잘 어울릴 수 없으면 그들과는 아무런 관계도 맺지 않아야 한다고 단순하게 생각한다.

이런 생각들은 반복해서 우리를 찾아온다. 우리는 너무도 바쁜 나머지 감정이 우리 삶을 지배하게 내버려둔다. '내 방식대로' 일을 처리하느라 사랑, 하나 됨, 용서, 수용에 관한 메시지를 전혀 듣지 못한다. 이러한 관념들은 우리의 마음에서 순식간에 사라져 버린다.

돌밭

더러는 흙이 얕은 돌밭에 떨어지매 흙이 깊지 아니하므로 곧 싹이 나오나 해가 돋은 후에 타서 뿌리가 없으므로 말랐고(마 13:5-6).

돌밭 땅의 경우, 사람들은 말씀을 듣고 "와, 정말 놀라운 말씀이야!"라고 말한다. 그러나 그들은 말씀을 영혼의 깊은 수준까지 받아들이지는 않는다. 돌밭에 떨어진 말씀은 인격의 깊숙한 곳까지 침투하지 못한다. 그 사람의 인격 안에 씨앗이 붙잡을 만한 것이 없기 때문에 씨앗이 뿌리를 내리지 못한다. 사람의 성품이란 자아가 지닌 내면의 전체적인 구조이며 오랫동안 지속된 행동 패턴을 통해 드러난다. 행동은 성품으로부터 어느 정도는 자동적으로 발생하게 된다. 바로 성품이 우리 삶을 운영하는 것이다. 성품은 우리의 사고와 선택, 그리고 몸 안에 형성된 습관적인 행동 방식에서 드러나며, 관계 안에서 분명하게 나타난다. 우리가 진지하게 생각하는 내용은 우리의 인격이 어떻게 성장했는지를 보여주는 가장 강력한 지표 중 하나다.

우리의 생각이 어떤 방향으로 이끌리는지는 감정에 영향을 끼치는데, 우리 몸의 습관과 사회적 관계에 정착하기 **전에**, **그리고** 그 시점과 **상관없이** 일어난다. 좋은 소식을 들으면 기뻐서 몸이 들썩들썩하는 것은 우리의 감정이 생각에 의해 크게 결정되기 때문이다. 사람들이 복권에 당첨되었을 때 펄쩍펄쩍 뛰는 것도 같은 이유다. 그러나 종종 당첨금이 그들의 삶을 망치는 이유는 그들의 감정과 성품이 별개의 것이기 때문이다.

이것이 바로 두 번째 종류의 땅에서 일어나는 일이다. 감정이 하나님 나라 말씀에 대해 반응을 보였지만 진정한 회개는 없다. 이는 그들의 마음에 다른 것들을 품고 있었기 때문이다. 그들은 믿음을 잠시 유지하다가 말씀 때문에 시련이나 핍박이 닥치면 불쾌해한다. 그들은 돌아서며 "난 **이런 걸** 원한 게 아니야!"라고 말한다. 성품의 뿌리가 없으면 좋은 소식은 시들어 버린다.

가시덤불

더러는 가시떨기 위에 떨어지매 가시[들]가 자라서 기운을 막았고(마 13:7).

예수님은 가시떨기(가시덤불) 땅에서 로고스가 실제로 뿌리를 내렸다고 말씀하셨다. 그러나 다른 것들, 즉 "세상의 염려와 재물의 유혹"(마 13:22)이 로고스를 밀쳐 냈다. 마가와 누가는 "기타 욕심"과 "향락"을 추가했다(막 4:19; 눅 8:14).

누가복음의 비유에서는 이런 것들이 어린싹을 질식시켜 '온전히 결실을 하지 못하게' 한다(눅 8:14)고 말한다. 예수님이 **가시**들이라고 명명하신 것은 참 적절한데, 가시들은 로고스가 스스로 드러날 때 우리를 다른 것들에 정신 팔리게 하여 로고스에 대해 생각지 못하게 만드는 것들을 나타낸다. 이 세상의 염려들, 즉 전쟁, 사회적 긴장, 기근, 경제 시스템의 임박한 붕괴 등이 우리를 항상 염려 상태에 붙잡아 둔다.

재물은 그 자체로 가시는 아니지만, 그것이 위험한 이유는 기만성 때문이다. 재물은 하나님께만 속하는 권력, 안전, 가치를 소유할 수 있다는 환상을 만들어 낸다. 우리는 재물을 신뢰하고, 그에 대해 생각하고, 집착하고, 그것을 위해서라면 무엇이라도 하려는 경향이 있다. 예수님은 산상수훈에서 이 문제를 언급하시며 "너희가 하나님과 재물[맘몬]을 겸하여 섬기지 못하느니라"(마 6:24)고 말씀하셨다. 예수님은 하나님을 섬기고자 하는 깊은 갈망과 재물에 대한 깊은 갈망을 동시에 품는 것이 얼마나 혼란을 불러일으키는지를 설명하신 것이다. 단순히 그렇게 해서는 안 된다는 것이 아니다. 당신이 아무리 열심히 노력한다고 해도 어쩔 수 없다는 뜻이다.

재물을 섬긴다는 것은 물질적 상품들의 노예가 된다는 뜻이다. 음식과 옷을 포함한 물질적 상품들에 속박되었는지를 판단하는 한 가지 테스트는 우리가 얼마나 많은 시간과 생각을 이런 데에 쏟고 있는지 돌아보는 것이다. 우리 마음에는 종종 보물과 즐거운 것들이 너무 많이 쌓여 있으며, 그래서 잘 집중할 수가 없다(마 6:19-23). 예수님이 "목숨을 위하여 무엇을 먹을까 무엇을 마실까 몸을 위하여 무엇을 입을까 염려하지 말라. 목숨이 음식보다 중하지 아니하며 몸이 의복보다 중하지 아니하냐"(마 6:25)고 말씀하신 이유는 "옷을 다림질하지 말라"거나 "저녁 준비에 관해서는 생각하지 말라"고 말씀하려는 것이 아니다. 예수님의 이 말씀은 "만약 네 마음에서 음식과 옷과 물질적 상품들이 가장 중요한 자리에 있다면, 그에 관한 생각들이 너의 삶을 지배할 것이다"라는 의미다. 즐거움과 소유물에 대한 갈망은 물질적 상품들에 대한 속박을 만들고, 그 속박은 우리를 복잡하게 얽어매어 지치고 소모되게 할 수 있다.

계속해서 예수님의 설교는 물질적인 것에 대한 추구 앞에서 우리가 얼마나 무력한 존재인지에 대해 언급했다. "너희 중에 누가 염려함으로 그 수명을 한 시간이라도 더할 수 있겠느냐?"(마 6:27, NRSVue) 예수님은 무엇을 먹을까, 무엇을 마실까, 무엇을 입을까 걱정하지 말라는 말씀으로 결론을 맺으셨다. 하나님은 우리에게 이러한 것들이 필요하다는 것을 아시고 공급해 주실 것이다. "그런즉 너희는 먼저 그의 나라와 그의 의를 구하라. 그리하면 이 모든 것을 너희에게 더하시리라"(마 6:33). 인생의 가시들은 좋은 소식의 열매를 맺지 못하도록 방해한다.

비옥한 땅

> 좋은 땅에 있다는 것은 착하고 좋은 마음으로 말씀을 듣고 지키어 인내로 결실하는 자니라(눅 8:15).

"착하고 좋은 마음(heart)으로" 말씀을 받는다는 것은 말씀을 진정으로 들을 뿐만 아니라, 그 말씀을 붙잡고 그 말씀과 연결하여 행동하는 것을 의미한다. 즉 우리가 받은 말씀에 우리의 **의지**를 결합하는 것을 뜻한다. 같은 말씀이 전파되고 있고 이 책을 읽는 동안에도 그 말씀이 전달되고 있음에도 **효과**가 달라지는 것은 **마음**(heart)의 차이 때문이다.

이것은 의지가 우리가 듣는 방식에 영향을 미치는 방법 중 하나다. 의지는 우리가 도움이나 다른 사람을 필요로 하지 않고, 스스로 **잘**

하고 있다고 믿도록 설정될 수 있다. 하지만 겸손한 사람은 도움을 요청한다. 우리가 선택의 힘을 사용하여 **생각**(mind)을 하나님께로 돌리면, 우리는 하루 종일 하나님과 더 많이 접촉하게 되고 하나님과 대화하는 관계를 발전시키게 된다. 생각을 통해 하나님과 접촉함으로써 하나님의 실재를 우리 삶으로 가져온다. 그렇게 되면 우리의 행동이 그 접촉의 충만함에서 비롯된 이해에 기초하게 된다.

하나님 나라는 존재하며, 우리는 모두 그 안에 들어와 살도록 초대받고 있다. 우리는 그 실재를 경험함으로써 그 나라를 알 수 있다. 우리는 삶 속에서 그 왕의 임재를 매우 지속적이고 강력하게 알 수 있는데, 심지어 큰 고통을 겪거나 죽음을 기다리며 누워 있을 때에도 그 나라의 임재를 느끼고 알며 복을 누릴 수 있다.

하나님을 향한 우리의 내면적 방향 전환은 다른 사람들을 향해 방향 전환을 하도록 해준다. 구속을 경험하게 하는 그리스도의 몸의 교제는 이 나라에 사는 우리의 외로움을 치유한다. 이곳에서 우리는 짐을 혼자 짊어질 필요가 없다. 다시는 혼자라고 느끼지 않을 정도로 사랑받는다는 것은 놀랍도록 좋은 일이다.

여기에는 신비한 것이 없다. 이것이 생각, 그리고 우리의 생각이 향하는 대상이 우리 삶의 열쇠가 되는 이유다. 이런 삶은 삼십 배, 육십 배, 백 배 이상의 풍성한 열매를 맺는다(마 13:8).

주의를 기울임

비유에는 한 가지를 다른 것 옆에 던져 놓는 특징이 있음을 기억하라. 사물들 중 하나를 보는 것은 그 옆에 있는 사물을 더 잘 이해할 수 있도록 돕는다. 따라서 씨 뿌리는 자의 비유에서 씨앗이 어떻게 자라거나 자라지 못하는지를 살펴보면, 사람들이 왜 하나님 나라의 말씀에 그런 식으로 반응하는지를 알 수 있다. 길가, 돌밭, 가시덤불의 땅처럼 살아가는 사람들은 말씀이 그들의 영혼 깊은 수준에서 일하게 할 수 없다. 하나님은 그 나라의 말씀을, 자신의 귀를 듣기 위한 목적으로 사용하는 사람들이 들을 수 있도록 선포하신다. 그들은 그 말씀을 받을 특권과 책임이 있다.

만일 어떤 사람의 하나님을 향한 갈망이 처음 세 땅과 닮았다고 해도, 그가 그 땅 상태로 영원히 있을 것이라는 의미는 아니다. 예수님은 마음이 결코 변하지 않는다고 말씀하지 않으셨다. 우리는 자신과 다른 사람들에 대해 희망을 가질 충분한 이유가 있다. 어제 들을 수 없었던 것을 오늘은 마음을 활짝 열고 들을지도 모른다.

때때로 이 비유는 운명론적으로 읽히기도 한다. 씨앗에 일어나는 일은 아무도 어쩔 수 없다고 받아들이는 것이다. 그러나 그것은 예수님의 의도가 아니었다. 예수님이 그다음에 하신 말씀은 '등불을 켜고 나서 그릇으로 덮어 두는 사람은 없다'는 것이었다(눅 8:16). 이것은 하나님의 주도권이 작용한다는 사실을 보여준다. 하나님 나라의 말씀을 뿌리러 나온 씨 뿌리는 자(하나님)는 말씀의 등불을 덮어 두려고 하지 않는다. 하나님의 의도는 집 안의 모든 사람에게 빛을 주기 위해 그 등불을 들어 올리는(등경 위에 올려놓는) 것이다. 우리는 어디에 있든 세상의 빛이 되어야 한다. 하나님은 우리 각자를 위해 세상의 빛이 될 때와 장소를 정해 두셨다. 그런 일은 우리가 그 나라의 말씀을 우리 삶에 받아들이고 그 실재 안에서 살아갈 때 일어난다.

예수님이 책임을 지는 것에 관한 말씀을 어떻게 이어 가셨는지 주목하라. "그러므로 너희가 어떻게 들을까 스스로 삼가라. 누구든지 있는 자는 받겠고 없는 자는 그 있는 줄로 아는 것까지도 빼앗기리라"(눅 8:18). 이 가르침은 우리가 **어떻게** 듣는지에 세심한 주의를 기울이라고 권고한다. 진정한 회개는("회개하라. 천국이 가까이 있다") 겸손한 귀 기울임으로 표현된다. 이것이 바로 예수님이 우리에게 무언가를 계시하실 수 있는 자리에 우리 자신을 놓는 방법이다.

나는 어떤 나이 많은 설교자가 이렇게 말하는 것을 들었다. "개 한 마리가 마을에 와서 예수 그리스도의 복음을 전파한다면, 나는 그 개의 말을 경청할 것이다." 이 땅의 가장 비천한 피조물이 하나님 나라에 대해 말한다고 해서 우리가 그 앞에서 겸손할 수 없다면, 하나님 앞에서 겸손할 수 없다는 것을 강조하는 대목이다. 사실 우리는 어떤 것들에 대해 틀릴 수 있기 때문에 귀를 기울여야 한다. 다른 사람들이 틀린 적이 있으니 **우리도** 틀릴 수 있다. 우리의 집착이 우리를 잘못된 방향으로 몰아갈 수도 있다. 그러므로 우리는 멈추고 반성하며 그것에 대해 생각해야 한다. 그리고 무엇보다도 하나님 나라의 말씀에 귀를 기울여야 한다. 우리의 중심과 마음이 그분 앞에서 어디에 있는지 스스로 물어보아야 한다.

제자로서 우리는 씨 뿌리는 자의 비유가 우리 각자에게 항상 적용된다는 것을 이해할 필요가 있다. 씨 뿌리는 자는 예수님이시다. 그리고 그는 물론 사람들과 함께 일하시며 그들을 통해 하나님 나라의 말씀을 뿌리신다. 우리에게 씨를 뿌린 사람들로부터 받은 것은, 우리가 하나님 나라의 삶을 추구할 때 크게 더해질 것이다. 그러나 신중하게 듣지 않으면 들은 것조차 잃어버릴 수 있다. 하나님의 말씀은 귀 기울이는 삶 안에서 우리에게 다가온다. 그 삶은 성령 안에서 삼위일체 하나님께 마음을 조율한 삶이다. 우리가 원한다면 하나님의 말씀은 와서 우리 삶을 충만하게 한다. 그러나 우리가 그것을 원하고 찾아야만 한다. 우리가 원하지 않으면, 하나님은 우리에게 '하나님과 함께하는' 삶이 아니라 '나와 함께하는' 삶을 허락하실 것이다. 나와 함께하는 삶은 모든 괴로움의 근원인 반면에, 하나님과 함께하는 삶은 풍성함과 성장이 있는 삶이다.

하나님께 조율하기

하나님의 말씀을 찾기 시작하면 하나님의 음성을 들을 수 있는 사람이 될 것이다. 우리는 하나님의 말씀이 단순히 해야 할 일의 목록일 것이라고 상상해서는 안 된다. 하나님이 우리에게 말씀하시는 것들 대부분은 우리의 안팎에서 일어나는 일에 빛을 비추는 통찰력을 제공한다.

우리는 하나님의 온유한 말씀을 알아차리는 법을 점점 배워 나가게 될 텐데, 그 말씀은 주의를 기울여 듣지 않으면 들을 수 없다. 우리는 단지 그것을 알아차리지 못할 뿐이다. 영적인 삶에서 예수님이 보여주신 모범적 실천들은 우리 삶의 이 영역과 다른 영역에서 성장하는 데 중요한 수단이다. 그것들은 정말로 **듣기** 위해 경청하고 갈망하는 방법들이다.

하나님의 말씀을 듣는 일에 조율되고 그 말씀을 우리 삶의 비옥한 토양으로 받아들이는 것은 하나님과의 우정과 신뢰의 삶에서 나오는 일들이다. 우리와 하나님 사이의 인격적인 관계는 성경에서 그 사례들을 발견할 수 있는데, '하나님과 함께하는' 삶, 하나님과 대화하는 관계 속에서 살아가는 영원한 삶이다(요 17:3).[6] 그것은 예수 그리스도 안에 머물며 많은 열매를 맺고, 사람들 앞에서 빛을 발하여 우리의 행위로 하늘에 계신 아버지께 영광을 돌리는 삶이다(요 15:5; 마 5:16).

하나님 나라에 관한 요점 정리

- 씨 뿌리는 자의 비유는 예수님의 가르침에 대한 다양한 반응을 묘사하며, 우리의 마음이 하나님께 어떻게 반응하는지를 보여

준다. 우리가 너무 바쁘거나 다른 일들에 정신을 빼앗기고 있다면, 말씀이 뿌리를 내리지 못하게 된다.

- 하나님 나라는 사랑과 이해와 성숙의 나라이며, 사람들이 모든 실재 중 가장 영광스러운 존재와 대화하는 관계 속에서 함께 살아갈 수 있는 나라다.
- 하나님은 우리가 그의 말씀을 우리 마음의 좋은 토양 속으로 받아들이고, 그의 왕국이라는 현실 속에서 살아가기를 원하신다.
- 씨 뿌리는 자의 비유는 우리 각자에게 항상 적용된다. 우리에게는 매일의 삶이 하나님의 말씀을 받아들이고 마음의 토양을 가꿀 수 있는 새로운 기회가 되기 때문이다.

4장

하나님 나라의 비밀스러운 작용

> 우리 가운데서 역사하시는 능력대로 우리가 구하거나 생각하는 모든 것에 더 넘치도록 능히 하실 이에게 교회 안에서와 그리스도 예수 안에서 영광이 대대로 영원무궁하기를 원하노라. 아멘.
> _에베소서 3:20-21

예수님은 종종 아주 놀라운 말씀을 하셨다. 아무도 하나님 나라가 평범하고, 작은 씨앗과 같다고 생각해 보지 않았을 것이다. 예수님의 말씀은 우리가 하나님 나라를 음료수병 같다고 말하는 것만큼 놀라웠을 것이다. 그러나 예수님은 하나님의 성품과 그의 나라에 대한 사람들의 잘못된 인상을 바로잡을 필요가 있으셨다. 물론 그 일에 비유들을 사용하셨다.

> 하나님의 나라는 사람이 씨를 땅에 뿌림과 같으니 그가 밤낮 자고 깨고 하는 중에 씨가 나서 자라되 어떻게 그리되는지를 알지 못하느니라. 땅이 스스로 열매를 맺되 처음에는 싹이요 다음에는 이삭이요 그다음에는 이삭에 충실한 곡식이라. 열매가 익으면 곧 낫을 대나니 이는 추수 때가 이르렀음이라(막 4:26-29).

하나님 나라는 농부가 그의 정원에 그냥 던져 버린 씨앗과 같다. 예수님은 농부가 씨앗을 '심었다'고 말씀하지 않으셨다. 농부는 그냥 씨앗을 던져 버렸다. 마치 물러진 토마토를 뒷마당에 던졌는데 이듬해 봄에 토마토가 자라는 것을 보고 놀라는 것과 같다. 예수님은 하나님 나라의 말씀(*logos*, 로고스)이 그 자체로 힘과 생명을 가지고 있음을 가리키기 위해 씨앗의 이미지를 사용하셨다. 농부는 씨앗을 기르기 위해 아무것도 하지 않았고, 어떻게 싹이 터서 자랐는지 '알지 못했다.'

그러고 나서 예수님은 또 말씀하셨다.

> 우리가 하나님의 나라를 어떻게 비교하며 또 무슨 비유로 나타낼까. 겨자씨 한 알과 같으니 땅에 심길 때에는 땅 위의 모든 씨보다 작은 것이로되 심긴 후에는 자라서 모든 풀보다 커지며 큰 가지를 내나니 공중의 새들이 그 그늘에 깃들일 만큼 되느니라(막 4:30-32).

예수님은 이 가장 작은 씨앗이 뿌리를 내리고 큰 덤불로 자라서 새들이 그 속에 들어와 가지들 속에 집을 짓는다고 말씀하셨다.

누가는 예수님이 겨자씨 비유에 이어 비슷한 비유를 하나 더 말씀하신 것으로 기록하고 있다.

> 내가 하나님의 나라를 무엇으로 비교할까. 마치 여자가 가루 서 말 속에 갖다 넣어 전부 부풀게 한 누룩과 같으니라(눅 13:20-21).

반죽에 섞어 놓은 누룩은 반죽 전체가 생명을 품게 될 때까지 눈에 보이지 않게 작용한다. 그저 누룩을 집어넣기만 하면 누룩이 자라서 반죽을 점령한다. 하나님 나라는 겨자씨와 누룩처럼 계속 성장하는 일종의 생명이다. 하나님 나라는 우리가 종종 교회라고 부르며 떠올리는, 일요일 아침 한 건물에 모이는 사람들을 훨씬 넘어서 성장한다. 교회는 하나님 나라가 아니다. 교회는 하나님 나라가 나타난 특정한 한 가지 **표현**일 뿐이다. 하나님은 분명히 교회 안에서 일하신다. 그러나 하나님은 교회뿐 아니라 사업, 학문, 예술 등 삶의 모든 영역에 관여하신다.

힘 있고 강력한 씨앗

흥미롭게도 예수님의 비유에서 씨앗보다 더 자주 등장하는 것이 없다. 씨앗은 놀라운 존재다. 어렸을 때 나는 씨앗에 매료되었고, 지금도 종묘장과 종자 카탈로그에 애정이 있다. 나중에 와서야 카탈로그에 그려진 식물처럼 아름답게 키우기란 불가능함을 알게 되었지만, 그것을 보는 것 자체가 정말 경이롭고 신기한 경험이었다.

씨앗은 그저 바싹 마른 조그마한 물체로, 당신의 작은 손톱보다도 크지 않을 것이다. 그런데 그것을 땅에 심으면 곧 식물이 땅에서 솟아 나온다. 물을 주고 거름을 주면, 얼마 후 놀라운 것을 보게 된다. 그 조그만 씨앗에서 수박이 나오는 것이다.

씨앗은 실재를 조직하는 **능력**(power)이다. 잠시 생각해 보라. 당신은 그 작은 씨앗을 땅에 내려놓는다. 그런데 그 씨앗은 이미 강력한 물질로 가득 차 있다. 그 안에 담겨 있던 힘이 씨앗의 껍질에 틈을 내고 작은 뿌리를 내보낸다. 그 작은 뿌리는 흙을 먹기 시작하여 결국 작은 잎을 하나 낸다. 그리고 잎을 더 내고, 그다음에는 열매를 낸다. 씨앗은 흙, 물, 햇빛으로 수박을 만들어 낸다. 아주 구체적이고 명확한 방식으로 실재를 조직해 낸 것이다. 그래서 로고스(말씀)를 씨앗으로 묘사하는 것이 적절하다. 로고스는 실재를 조직하는 영적인 힘이다.

하나님은 창조 세계를 설계하실 때, 수박 씨앗을 심어 옥수수 줄기가 나오게 하지는 않으셨다. 모든 씨앗은 땅으로부터 무엇을 흡수하고 무엇을 남겨 두어야 하는지 정확히 알고 있다. 올바른 영양분을 선택하지 않으면, 제대로 기능하지 못하고, 아예 살지 못할 수도 있다. 씨앗에게는 또한 물과 햇빛도 필요하다. 씨앗은 이 모든 것을 함께 조직하여 즐길 수 있는 맛있는 음식과 아름다운 식물을 만들어 낸다. 씨앗의 은유가 정확히 들어맞기 때문에 예수님은 씨앗을 반복해서 말씀하신다.

예수님 자신도 "아브라함의 **씨**"(롬 9:7, 11:1; 고후 11:22)라고 언급된다. 아브라함은 믿음의 사람으로서 '자신과 같은 유의' 후손을 수 세기에 걸쳐 낳았고, 결국 **완벽한** 믿음의 사람 예수 그리스도, 하나님의 아들, 아브라함의 **씨**가 나타나기에 이르렀다.

예수님은 씨앗이다. 그는 하나님이 예비하신 세상에 심어져 실재를 조직하기 시작하셨고, 그 결과로 하나님 나라를 보여주셨다(갈 4:4). 예수님은 아담이 죄를 지었을 때 즉시 오지 않으셨고, 모세, 여호수아, 이사야의 시대에 오지도 않으셨다. 그가 오실 때까지 때가 **차서** 땅이 준비되어야만 했다. 그래야 그가 비옥한 역사의 땅에 씨앗으로 심겨지고, 주 예수 그리스도의 교회가 탄생할 수 있었기 때문이다. 만약 그가 좀 더 일찍 오셨다면, 교회는 하나님이 택하신 방식으로 형성될 수 없었을 것이다.

영혼과 영을 분리하는 말씀

마가는 이 일련의 비유를 이런 말로 마무리한다.

> 예수께서 이러한 많은 비유로 그들이 알아들을 수 있는 대로 말씀을 가르치시되(막 4:33).

제자들의 귀는 열려 있었다.

예수님이 그들에게 **말씀**(the Word)을 가르치실 때 비유를 사용하신 것에 주목하라. **한** 말씀을 **많은** 비유로 말씀하셨다. 그 말씀은 하나님 나라에 관한 말씀이다. 하나님의 말씀은 하나님의 말씀하시는 행위(God speaking)다. 마치 당신의 말이 **당신이** 말하는 행위인 것과 같다. 사람의 말이란 곧 **그 사람이** 말하거나 쓰는 행위다.

하나님의 말씀을 자세히 살펴보자. 히브리서 4:12부터 시작해 보자. 아마도 이 구절은 하나님의 말씀에 관해 가장 자주 떠올리게 되는 진술일 것이다. 이 구절은 성경에서 가장 **분석적인** 서술이며, 우리가 하나님의 말씀에 대해 이야기할 때 무엇을 **의미하는지**를 잘 설명해 준다.

> 하나님의 말씀은 살아 있고 활력이 있어 좌우에 날 선 어떤 검보다도 예리하여 혼과 영과 및 관절과 골수를 찔러 쪼개기까지 하며 또 마음의 생각과 뜻을 판단하나니(히 4:12).

하나님이 말씀을 하실 때 그 말씀은 독특한 성질을 가진다. 바로 **살아 있다**는 것이다. 오래된 영어 번역들은 'living'(살아 있는) 대신에 'quick'이라는 단어를 사용하는데, 이는 손톱과 살이 붙어 있는 민감한 부분을 지칭하는 'quick'과 같은 단어다. 살아 있다. 하나님의 말씀은 살아 있고, 인격적이며, 강력하다. 그것은 마음과 인격의 각 부분을 분리해 낼 수 있을 만큼 예리하다.

"영혼과 영의 분리"(개역개정은 '쪼개다'로 번역함—옮긴이)는 더 깊이 연구해 볼 만한 매력적인 표현 중 하나다. **영혼**(the soul)은 근본적으로 개인 안에 있는 생명 원리로서 하나님이 넣어 주신 것이며, 그들의 몸과 정신(mind)이 기능하게 만드는 것이다. **영**(the spirit)은 영혼과 몸을 하나로 결합하기 위해 하나님이 특별히 주신 요소다. 예수님은 돌아가실 때 "내 영을 아버지 손에 부탁합니다"(눅 23:46, 저자 사역)라고 말씀하셨다. '내 영혼'(my soul)이나 '내 몸'(my body)이 아니라 '내 영'(my spirit)이라고 하셨다. 하나님은 영혼도 몸도 아닌 영이시다(요 4:24). 하나님을 정의할 때, 그분을 '영'이라고 한다.

영혼과 영은 존재할 때 공간을 전혀 차지하지 않는다. 육안으로는 그것들을 볼 수 없다. 현미경을 가장 높은 배율로 설정하고 보아도 볼 수 없다. 아무리 예리하고 정교한 칼이라도 그것을 분리할 수 없다. 그러나 하나님의 말씀은 그 일을 할 수 있다.

하나님의 말씀이 한 사람의 삶 또는 어느 집단 가운데로 들어올 때, 그것은 너무나도 **예리하여** 영적인 것과 단순히 개인의 힘과 삶의 표현에 불과한 것의 차이를 구분하고 구별하고 명료하게 만들 수 있다. 이것은 매우 중요한 진리다. 하지만 사도들과 예수님 당시에 중요했던 것만큼은 오늘 우리에게 중요하게 보이지 않을 수 있다. 우리는 영의 실재와 작용에 대해 **익숙하지 않기** 때문이다.

우리는 사도 시대 교회의 상태가 대부분의 교회 역사와 비교했을 때와 큰 차이가 있음을 보게 된다. 그리고 그 차이는 무엇보다도 영의 실재를 이해하는 데서 나타난다. 초기 교회에서는 무엇이 영혼과 육체의 일이며 무엇이 그와 대조되는 영의 일인지 구별하는 것이 중요했다. 그들은 영의 일이 아닌 것은 아무런 도움이 되지 않음을 알고 있었다. 하나님의 말씀은 이 둘을 **구별할** 수 있다.

하나님의 말씀은 "관절과 골수의 경계 부분까지도 정확히 찌를 수 있고, 마음(heart)의 생각과 의도를 밝혀낼 수 있다. 그리고 어떤 피조물도 그의 시선을 피해 숨을 수 없고, 우리의 결산을 받으실 그의 눈앞에서 만물이 벌거벗은 상태로 드러난다"(히 4:12-13, 저자 사역). 하나님의 발언 행위로서의 하나님의 말씀이 한 개인이나 집단의 삶 속에 들어올 때, 분별이 존재하고 **모든 것이** 개방된다. 그러나 세상은 이 개방

됨으로부터 달아난다. 특히 죄와 관련해서는 더욱 그러한데, 그들은 죄를 어떻게 처리해야 할지 모르기 때문이다. 하나님의 영이 만지신 사람들, 예수 그리스도 안에 있는 하나님의 친절하심을 알게 된 사람들은, 이스라엘의 왕 다윗이 말한 것처럼 그들이 잘못을 저지를 때 주님의 손에 자신을 맡겨야 한다는 것을 안다.

다윗이 백성들의 숫자를 세는 죄를 범했을 때, 그에게 선택지가 주어졌다. 블레셋 사람들의 손에 넘겨질 것인가, 주님의 손에 넘겨질 것인가? 그는 대답했다. "내가 고통 중에 있도다. 청하건대 여호와께서는 긍휼이 크시니 우리가 여호와의 손에 빠지고 내가 사람의 손에 빠지지 아니하기를 원하노라"(삼하 24:14). 우리가 완벽하지 않다고 해도 하나님으로부터 숨을 필요가 없다. 엄마나 아빠의 사랑하는 마음을 아는 아이처럼, 우리는 잘못된 행동을 했을 때에도 하나님께 화해를 구한다. 하나님의 말씀이 존재할 때 모든 것이 열리고 드러난다.

살아 있고 목적이 있는 말씀

하나님의 말씀은 마음의 생각과 의도를 드러낼 뿐 아니라 세상 안에 존재하고 있는 **능력**이다. 성경에는 이 능력에 대한 생생한 묘사가 많이 담겨 있다. 시편 107편은 이스라엘 백성이 겪은 많은 시련과 고난 속에서 주님이 그들을 어떻게 다루셨는지를 보여주는 기록이다. 비록 그들은 어리석음 때문에 주님을 떠나고 반역했지만, 주님은 그들을 위해 말씀을 보내 주셨다.

여호와의 인자하심과
인생에게 행하신 기적으로 말미암아 그를 찬송할지로다.
그가 놋 문을 깨뜨리시며 쇠 빗장을 꺾으셨음이로다.

미련한 자들은 그들의 죄악의 길을 따르고
그들의 악을 범하기 때문에 고난을 받아……
이에 그들이 그들의 고통 때문에 여호와께 부르짖으매
그가 그들의 고통에서 그들을 구원하시되
그가 **그의 말씀을 보내어** 그들을 고치시고
위험한 지경에서 건지시는도다(시 107:15-17, 19-20).

하나님의 말씀은 살아 있기 때문에 스스로 무엇을 하고 있는지 알고 있다. 그것은 **목적을 가지고 있다**. "그가 그의 말씀을 보내어 그들을 고치셨다"는 것은 하나님이 자신의 왕국에서 말씀하신다는 것이다. 그리고 왕의 말씀이 있는 곳에는 능력이 있다(전 8:4). 그것이 예수님이 오셨을 때, 그리스도의 말씀이 탁월함을 가지게 된 이유다. 사람들은 그의 말씀과 가르침이 능력을 나타내는 것을 보고 놀라서 이전에는 이런 것을 들어 본 적이 없다고 말했다(눅 4:32). 그들은 무슨 일인지 알고자 시도했다. "이게 어찌된 일이냐? 참으로 **새로운** 가르침이다! 그가 권위를 가지고 명하시니 더러운 악령들도 순종하는구나!"(막 1:27, 저자 사역) 하나님은 다시 그 일을 행하셨다. 즉, **그의 말씀을 보내셔서** 그들을 고치셨다.

자연의 영역에서 하나님 말씀이 활동하는 것에 관해서는 시편의 마지막 몇 편에 잘 표현되어 있다. 시편 147편은 하나님의 선하심과 능력과 창조에 대해 이야기하면서 인간의 일과 하나님의 일을 대조한다.

상심한 자들을 고치시며
그들의 상처를 싸매시는도다.
그가 별들의 수효를 세시고
그것들을 다 이름대로 부르시는도다.

우리 주는 위대하시며 능력이 많으시며
그의 지혜가 무궁하시도다.
여호와께서 겸손한 자들은 붙드시고(시 147:3-6).

그리고 이것을 소위 인간의 힘과 대조한다.

여호와는 말의 힘이 세다 하여 기뻐하지 아니하시며(시 147:10).

우리는 이 고백에 빗대어 "그는 새로운 스텔스 폭격기를 기뻐하지 않으시며"라고 말할 수 있을 것이다.

사람의 다리가 억세다 하여 기뻐하지 아니하시고(시 147:10).

하나님은 사람의 힘을 보고 감탄하지 않으신다.

여호와는 자기를 경외하는 자들과
그의 인자하심을 바라는 자들을 기뻐하시는도다(시 147:11).

시편의 시인은 말씀에 관해 이렇게 말했다.

그의 명령을 땅에 보내시니
그의 말씀이 속히 달리는도다.
눈을 양털같이 내리시며
서리를 재같이 흩으시며……
그의 말씀을 보내사 그것들을 녹이시고……
그가 그의 말씀을 야곱에게 보이시며

그의 율례와 규례를 이스라엘에게 보이시는도다(시 147:15-16, 18-19).

시편의 시인은 시편 148편에서 하나님의 피조물에 대해 이렇게 말했다.

불과 우박과 눈과 안개와 그의 말씀을 따르는 광풍이며(시 148:8).

시인은 자연의 모든 현상을 주님의 명령을 지키고 있는 모습으로 보았다. 주님의 명령은 하나님이 말씀하시는 행위다. 그것이 그의 말씀이다.

물질로서의 말씀

우리가 마지막으로 이해해야 할 하나님의 말씀의 한 측면은 말씀이 **물질**(substance)이라는 것이다. 그래서 예수님은 말씀을 씨앗에 비유하셨다. 이스라엘 백성이 광야에서 만나(이 단어는 '이게 뭐지?'라는 의미다)를 먹었을 때, 그것은 응고된 하나님의 말씀이었다. 예수님이 광야에서 시험받으실 때 사탄은 예수님께 와서 사실상 이렇게 말했다. "네 어머니 마리아가 빵 굽던 때를 생각해 봐. 이 작은 돌들을 빵으로 만들지 그래?" 예수님은 배가 고팠지만 이렇게 답하셨다. "사람이 떡으로만 살 것이 아니요 하나님의 입으로부터 나오는 모든 말씀으로 살 것이라"(마 4:4).

예수님도 말씀을 물질로 언급하셨다. 제자들이 먹을 것을 구하러 사마리아성으로 갔다가 돌아왔을 때, 제자들이 그에게 음식을 드렸다. 그러나 예수님은 이렇게 말씀하셨다. "내게는 너희가 알지 못하는 먹을 양식이 있느니라"(요 4:32).

하나님의 말씀은 음식과 마찬가지로 생명을 유지하게 하는 물질이다. 우리는 두 가지 세계 안에서 살아간다. 물리적 세계와 보이지 않는 세계다. 우리가 금식할 때, 우리는 보이지 않는 세계로부터 물질을 섭취한다. 우리는 하나님 말씀의 영양분으로 살아가는 법을 배우고 있다. 우리는 하나님이나 다른 사람들에게, 심지어 우리 자신에게, 우리가 얼마나 선한지를 증명하기 위해 금식하는 것이 아니다. 예수님은 "금식할 때 슬픈 표정을 짓지 말라. 다른 사람이 알아채지 못하게 하라"(마 6:16-18, 저자 사역)고 말씀하셨다. 오히려 머리를 새로 하고, 새 옷을 입고, 친구들과 즐거운 시간을 보내라는 말씀이다. 금식은 영양이 풍부하고 물질적이며 살아 있고 강력한 하나님의 말씀을 먹고 사는 것이 어떤 것인지를 내면적으로 배우는 데 도움이 된다.

실재를 조직함

'거듭난다'(요 3:3)는 것은 하나님의 말씀으로 태어남을 의미한다. 다른 영역, 즉 영의 영역에서 태어난다. 새로운 생명, 다른 방식의 삶을 받는 것이다. 사람들은 거듭난다는 것을 흔히 새 출발을 한다는 의미로 오해한다. 그것이 아니다. 거듭남은 결코 새로운 시작이 아니다. 새로운 **삶**이다. 예전과 똑같은 일을 두 번째로 시도하는 것이 아니다. 무언가 새로운 것이 당신 안에 심어졌다.

에덴동산에서 하나님은 아담에게 "선악을 알게 하는 나무의 열매는 먹지 말라. 네가 먹는 날에는 반드시 죽으리라"(창 2:17)고 말씀하셨다. 아담과 하와가 불순종했을 때 그들이 죽었는가? 그들은 여전히 살아 있었다. 그러나 영적으로는 죽었다. 그들은 생명을 가지고 있었는데, 그것을 잃어버렸다. 그것이 죽음이다. 그들은 동산에서 쫓겨났으며 스스로의 힘으로 살아야 했다. 이 일 때문에 새로운 태어남, 추가적인 태어남, 위로부터 생기를 공급받는 생명이 필요하게 되었다.

다음 구절의 강조 표시된 부분을 보며 우리를 위해 위로부터의 생명이 준비되어 있음을 확인해 보라. "영접하는 자 곧 그 이름을 믿는 자들에게는 하나님의 자녀가 되는 권세를 주셨으니 이는 **혈통으로나 육정으로나 사람의 뜻으로 나지 아니하고 오직 하나님께로부터 난 자들이니라**"(요 1:12-13).

이제 하나님이 그 일을 어떻게 하셨는지 더 완전히 파악하기 위해 베드로전서 1:22-23을 살펴보자. "너희가 진리를 순종함으로 너희 영혼을 깨끗하게 하여 거짓이 없이 형제를 사랑하기에 이르렀으니 마음으로 뜨겁게 서로 사랑하라. 너희가 **거듭난** 것은 썩어질 씨로 된 것이 아니요 썩지 아니할 씨로 된 것이니 **살아 있고 항상 있는 하나님의 말씀으로** 되었느니라."

또한, 말씀은 우리 안에 심어져 굳게 세워졌다. "그러므로 모든 더러운 것과 넘치는 악을 내버리고 너희 영혼을 능히 구원할 바 **마음에 심어진 말씀을 온유함으로 받으라**"(약 1:21). 이 심어진 말씀은 씨앗과 같은데, 그것이 실재를 조직하는 힘이기 때문이다. 그것은 여러분의 삶 속에 있는 여러 가지 것들을 재배치할 것이다.

하나님 나라는 능력을 가져온다

이 장의 첫 번째 비유에 나온 농부가 씨를 땅에 뿌려 놓고 추수를 기다렸던 것처럼, 우리는 **올바른** 말씀을 뿌려야 한다. 예수님이 언급하셨던 하나님 나라의 효과를 일으킬 유일한 말씀은 하나님 나라의 복음이다.

성경에 담긴 하나님의 말씀은 기록된 하나님의 말씀이다.[1] 성경은 무오하며 항상 하나님의 손에 붙들려 하나님의 목적을 이룬다. 하지만 하나님 나라의 **복음**은 성경에 관한 복음이 아니다. 하나님 나라의 열매를 맺게 하는 말씀은 교회에 관한 복음도 아니다. 교회에는 교회를 위한 영광이 있고 그것은 그 자체로 드러날 것이다. 그러나 그것은 우리가 살아 내고 가르치는 복음이 아니다.

다음 단락은 주의를 기울여 읽어 주기 바란다. 나는 당신을 불쾌하게 하거나 혼란스럽게 만드는 것을 원치 않는다. 하나님 나라의 복음은 또한 예수 그리스도의 죽음과 장사 되심, 부활에만 관련된 복음이 아니다. 그것은 하나님 나라 복음의 **부분**이지만, 그것이 **전체** 복음이 아니다.[2] 나는 당신이 예수 그리스도 자신이 그 역사적 실재를 복음의 전체로 전파하지 않으셨다는 사실을 상기하기를 바란다. 우리 주 예수 그리스도의 복음은 하나님 나라를 현재 경험할 수 있다는 것이다. 이것은 신약성경이 말하는 구원이 무엇인지 이해하도록 도와준다. 이 구원은 우리가 누릴 수 있는 세 가지를 포함한다.

- **죄 용서.** 그리스도의 사역과 그가 우리를 대신하여 하나님 앞에 대속자로 서신 것을 통해 우리의 죄들은 하나님의 자비로 용서받는다.
- **성품이 예수 그리스도의 형상으로 변화됨.** 하나님은 우리가 예수 그리스도의 형상을 닮아 가도록 의도하셨다(롬 8:29). 이것은 죄 용서만큼이나 은혜의 일이다. 그리고 이것이 우리가 죽은 후에 일어나야 할 일이라는 언급은 아무 데도 없다.
- **악을 이길 수 있는 상당한 수준의 능력.** 우리 자신의 삶과 우리가 본질적으로 속하게 된 교회의 삶에서 이런 능력이 나타난다.

신약성경에 나타난 주 예수 그리스도 안에 있는 구속의 충만함은 이 세상에 있는 그의 나라의 전초 기지인 교회 안에 사는 사람들에게 임하는 충만함이다.

우리가 올바른 말씀을 소통하고, 가르치고, 선포할 때, 우리는 씨앗이 자라는 것처럼 그 나라가 어디에서나 능력을 가져오리라는 확신으로 그 일들을 행한다. 우리는 우리 자신의 능력으로 살거나 가르치지 않음을 알고 있다. 하나님 나라는 우리 자신의 힘으로 생산하는 어떤 것이 아니다. 그것은 말씀을 통해 우리에게 온다. 우리는 씨앗 안에 있는 능력, 즉 하나님의 말씀 안에 있는 능력을 소유하고 있다.

때때로 우리는 하나님 나라 복음에 대한 확신이 없을 때가 있다. 우리 주위에서 일어나는 살인, 도둑질, 착취를 보면서 복음에 대한 확신을 갖지 못할 수많은 이유가 있다고 말할 수도 있다. 하지만 그 모든 상황 속에서도 우리는 사람들에게 하나님 나라를 제시한다. 다른 희망은 없다. 전혀 없다. 예수님이 사셨던 세상도 우리의 세상과 크게 다르지 않았다. 오히려 여러 면에서 우리보다 더 잔인한 세상이었다. 그럼에도 불구하고 그는 하나님 나라에 대해 말씀하셨다. 그는 그 나라를 몸으로 살아 냈고, 다른 사람들이 그 동일한 삶에 동참할 때 그들을 환영하며 맞으셨다. 그는 하나님을 확고히 신뢰하셨다. 비유 속의 농부처럼, 그는 씨를 뿌리실 때 마치 땅에 **내버려두는** 것처럼 뿌리셨다.

인내하기

씨와 누룩이 가진 능력을 강조하는 것이 중요한 이유는, 때때로 종교 단체들이 경건이나 예배와 관련해서 해야 할 일로 사람들에게 무거운 짐을 지우기 때문이다. 그들은 마치 하나님 나라 자체는 전혀 힘이 없다는 인상을 준다. 우리가 해야 할 일이 있는 것은 사실이다. 그러나 우리는 은혜의 진정한 의미를 이해해야 한다. 하나님의 은혜란, 하나님이 우리의 삶 안에서 행동하셔서 우리가 스스로 할 수 없는 것을 성취하시는 것이다. 은혜는 우리와 우리의 행동 안에 스며들어, 하나님의 지혜와 능력 안에서 그 행동들이 효력을 나타내게 만든다. 하나님 나라의 실재 안에서 은혜는 **하나님이 우리와 함께 일하신다**는 것을 의미한다. 우리는 하나님 나라의 말씀을 향해 우리의 마음(heart)과 생각(mind)을 열고자 노력하기만 하면 된다.

은혜는 우리가 아무것도 하지 않는다는 의미가 아니다. 농부는 나가서 씨를 뿌렸다. 은혜는 노력(이것은 하나의 **행동**이다)과 반대되는 것이 아니라, 대가를 지불하고 사려는 것(이것은 **태도**다)과 반대된다. 우리는 하나님 나라의 말씀이 와서 우리의 생각(mind)을 사로잡도록 허락한다. 우리는 예수님이 하나님 나라에 대해 말씀하신 것, 즉 예수님이 그 나라를 표현하신 방식과 그 나라에 관해 어떻게 가르치셨는지를 공부한다.

우리의 농부가 자기 씨앗을 뿌린 후 며칠이 지났다. 그리고 땅에서 작은 싹이 올라왔다. 그는 평소처럼 하루하루를 보내며 식물이 자라는 것을 계속 지켜보았다. 그리고 결국은 거기서 뭔가 먹을 수 있는 것이 생겨났다. 그 모든 것이 어떻게 작동하는지 농부는 몰랐지만, 식물은 계속 성장하고 자라났다.

이것은 '그 일'이 일어나게 만들어야 할 부담을 우리가 짊어질 필요가 없음을 의미한다. 이것이 우리가 이해해야 할 가장 중요한 부분이다. 우리는 사람들에게 무언가를 하도록 강요할 필요가 없다. 우리는 그저 복음의 말씀을 말하고, 제자로 살며, 사랑으로 가르치고, 그들과 함께하면 된다. 성장은 저절로 나타날 것이다.

어린아이 시절에 나는 장미꽃 봉오리를 열어 보려고 했다. 그것이 좋은 아이디어인 듯 보였다. 나는 장미를 좋아한다. 그러니 굳이 기다릴 필요 없이 열어 보면 안 되나? 그다음에 무슨 일이 일어났는지 당신은 알 것이다. 그 장미는 **결코** 피어나지 못했다. 잠시 후에 꽃봉오리는 꽃잎이 다 떨어진 채 내 손 위에 놓여 있었다. 결국 꽃은 필 수 없었다. 마찬가지로 씨앗을 파내서 뿌리가 자라는지 확인한 다음 다시 땅에 집어넣으면, 그것은 계속 자라지 못할 것이다. 당신은 그것을 땅에 맡겨 두고 거기에 **내버려두어야** 한다.

내가 장미꽃을 억지로 피게 하려다가 장미 꽃봉오리를 다 분해해 버린 것처럼, 선의를 품은 그리스도인들이 자신들이 생각하는 그리스도인 됨의 의미를 강요하는 바람에 어떤 사람들은 영혼이 찢겨 나갔고, 그래서 그리스도나 그의 교회와 아무런 관계도 맺고 싶어 하지 않게 되었다. 그들의 영혼이 상처를 입은 이유는, 바울이 말한 바와 같이 그 그리스도인들의 행동이 '하나님께 열심이 있으나[3] 올바른 지식을 따른 것이 아니기' 때문이다(롬 10:2). 바울도 한때 그런 부류의 사람, 즉 순응을 강요하는 사람이었다. 농부가 씨앗이 열매를 맺을 때까지 기다리는 것처럼, 우리의 열정은 반드시 인내로 가득 채워져야 한다.

완전한 확신

나는 베일러 대학교에 다니던 시절에 '설교하는 아이'로 불렸다. 나는 주님이 내게 "말할 수 있는 장소를 찾으려고 하지 마라. 뭔가 말할 것을 가지도록 노력하라"고 말씀하신다고 느꼈다. 주님은 나에게 그 일에 집중하는 것을 가르치셨고, 그저 그와 함께 살고, 그가 원하시는 결과가 일어나는 것에 대해서 그를 의지하게 하셨다. 이것은 우리의 일, 우리의 회중, 우리의 지역 사회, 그리고 그리스도의 백성으로서 우리가 가는 모든 곳에서, 위안과 쉼과 능력의 원천이 될 수 있다.

우리는 생수를 흐르게 하고, 그 생수를 마시는 데 집중해야 한다. 내가 만일 하나님 나라 말씀의 능력을 체험을 통해 배우지 않았다면,

아마도 수십 년 전에 그리스도를 위해 말하는 일을 그만뒀을 것이다. 나는 어떤 일도 일어나게 할 필요가 없었다. 그래서 나는 이제 어떤 사람이 어떤 일을 하게 만들려는 시도를 포기했다. 그것은 나의 일이 아니다. 그것은 주님의 일이며 그분이 사람들을 날마다 교회로 이끄신다.

이것은 우리가 긴장을 풀어도 된다는 의미다. 예수님은 이 땅에 살았던 사람 중 절대적으로 느긋한 데 제일가는 분이셨다. 그는 자신이 말씀하신 말씀의 능력에 대해 완전하고 전적인 확신을 가지고 계셨다. 그는 결코 의심하지 않으셨다. 비유 속 농부처럼 그는 말씀을 내버려두고 땅에 맡기셨다. 그것이 이 비유의 요점이다. 결과는 그분의 믿음과 일치했다. 이 규칙을 기억하라. "너희 믿음대로 되라"(마 9:29). 이것이 **그리스도의** 믿음을 가질 때 얻는 또 다른 혜택이다. 예수님처럼 우리도 씨앗을 땅에 내버려두고 씨앗이 일하도록 해야 한다.

당신이 그 일을 이룰 필요가 없다

씨앗을 심는 농부 이야기는 일반적으로 기독교 신앙을 나누는 것과 관련이 있다. 많은 사람들이 자신이 믿는 바를 다른 사람들에게 더 강력하게 말하지 않는 것에 대해 죄책감을 느낀다. 하지만 어떤 일들이 일어나게 **만드는** 것은 우리 일이 아니다. 우리는 우리가 보고 경험한 것을 말하는 증인이 되라는 명령, 제자 삼으라는 명령을 받았다. 그리스도인들의 임무는 진리의 말씀에 대한 증인이 되는 것이고, 하나님 나라를 자신의 삶 속에서, 기도 속에서 보여주는 것이다. 그리고 "[우리] 속에 있는 소망의 이유를 온유함과 존중함으로 설명해 주는 것"(벧전 3:15, 저자 사역)이다. 그리스도인들은 이런 일을 할 때, 그들이 뿌린 씨앗이 헛되지 않을 것이라는 완전한 확신을 가질 수 있다.

사람들을 억지로 천국으로 끌고 가려고 하는 대신에 우리는 이 농부가 했던 일을 해야 한다. 즉, 씨앗을 뿌리고 내버려두는 것이다. 당신은 씨앗을 내려놓아야 한다. 자녀에게 하는 말이든 가르치는 학생들에게 하는 말이든 마찬가지다. 나는 다른 사람들을 특정한 방식으로 생각하게 하거나 특정한 행동을 하도록 **만드는** 데 너무 신경을 쓰지 않을 때, 하나님 나라의 복음을 훨씬 더 잘 전할 수 있다는 것을 발견했다. 사람들을 이런 일을 하게 만들겠다는 그들의 긴장된 노력이 다른 사람들이 진정으로 하나님의 말씀을 듣는 것을 어렵게 만든다.

그리고 추수 때가 오면 당신은 낫을 들게 된다. 그러나 우리가 하나님 나라 복음을 선포하고, 가르치고, 살면서, 그것을 확신 가운데 내버려두지 않으면, 추수 때가 오지 않거나 강제로 결실하게 하려고 했기 때문에 열매는 빈약하게 될 것이다.

하나님께 일할 시간을 드리라. 하나님 나라의 말씀을 말하라. 그 점에서는 바울이 말한 것처럼 "때를 얻든지 못 얻든지 항상 힘쓰라"(딤후 4:2). 우리가 말씀을 말하지 말아야 할 때는 없다. 우리는 항상 증언해야 한다. 그리고 정말로 말씀이 우리 마음에 풍성하게 머무른다면, 그 증언은 항상 계속될 것이다. "모든 일을 원망과 시비가 없이 하라. 이는 너희가 흠이 없고 순전하여, 어그러지고 거스르는 세대 가운데서 하나님의 흠 없는 자녀로 세상에서 그들 가운데 빛들로 나타내며, 생명의 말씀을 굳게 붙들게 하려는 것이다"(빌 2:14-16, 저자 사역).

하나님 나라에 관한 요점 정리

- 하나님 나라의 말씀은 능력으로 가득 차 있다. 그것은 마치 씨앗이 땅에서 올라오며 에너지를 강력하게 발산하는 것과 같다.

- 제자의 역할은 예수님으로부터 자신의 삶을 어떻게 살아야 할지를 배우고 자신이 경험한 것을 나누는 것이다.
- 우리가 다른 사람들에게 하나님 나라 복음을 나눌 때, 우리는 그 씨앗을 땅에 내버려두고 씨앗이 스스로 일하도록 해야 한다. 이때 도움이 되는 덕목은 하나님과 그의 말씀에 대한 확신과 인내다.

5장

가장 위대한 기회

볼지어다. 내가 문밖에 서서 두드리노니 누구든지 내 음성을 듣고 문을 열면 내가 그에게로 들어가 그와 더불어 먹고 그는 나와 더불어 먹으리라. 이기는 그에게는 내가 내 보좌에 함께 앉게 하여 주기를 내가 이기고 아버지 보좌에 함께 앉은 것과 같이 하리라. _요한계시록 3:20-21

미주리주의 농장에서 우리는 양들에게 장내 기생충을 제거하는 캡슐약을 매년 먹이곤 했다. 한 명이 양을 붙들고 있으면 다른 한 명은 아주 긴 손잡이와 끝에 집게가 달린 가위 같은 도구를 들었다. 그 집게에는 커다란 캡슐이 끼워져 있었는데, 그것을 양 목구멍으로 강제로, 물리적으로 가능한 만큼 최대한 깊이 밀어 넣었다. 양이나 우리에게나 쉽지 않은 일이었지만, 우리는 그것이 양에게 좋은 것임을 알고 있었다.

당신은 사람의 목구멍에 무언가를 강제로 밀어 넣을 수 없고, 그렇게 하더라도 좋은 효과를 기대할 수 없다. 그렇기 때문에 예수님이 비유를 고안해 내신 것이다. 우리의 완고한 마음의 저항을 우회시켜 진리가 더 쉽게 들어갈 수 있게 하시려는 이유다. 예수님은 비유마다 진리를 넣어 놓으셨고, 그 진리는 마치 자기 생명을 품고 땅속에 들어간 씨앗처럼 작용했다. 그 진리는 씨앗과 마찬가지로 성장을 시작하고, 조직하며, 생명에 형체를 부여하여 하나님 나라의 성숙한 열매를 맺을 수 있다.

비유는 매우 풍부한 의미를 지니므로 종종 여러 가지 진리를 우리에게 쏟아 낸다. 하지만 예수님은 각각의 비유가 **특정한** 진리를 특별한 방식으로 전달할 수 있도록 고안하셨다. 이 장에서는 사람들이 어떻게 그들의 참된 복을 지나쳐 버리고 자신에게 일어날 수 있는 가장 위대한 일을 놓치는지를 설명하기 위해, 예수님이 사용하신 비유에 초점을 맞추어 설명하고자 한다. 사람들은 작고 사소한 좋은 것들에 신경을 쓰다가 가장 중요한 것을 놓친다.

큰 잔치의 비유는 우리가 잔치나 연회, 또는 대규모 공식 만찬과 관련이 있다고 생각하는 일련의 가르침 중 하나다. 연회에서는 많은 특이한 행동이 일어날 수 있으며, 예수님은 '혼인 잔치 비유'와 그에 이어지는 '큰 잔치 비유'에서 그런 행동 중 몇 가지를 지적하셨다.

서열 정하기 게임

어느 안식일에 예수님이 한 영향력 있는 바리새인의 집에서 열린 연회에 참석하셨다. 그곳에서 예수님은 초청받은 사람들이 가장 좋은 자리, 명예롭게 여겨지는 자리를 놓고 다투는 모습을 보셨다. (우리는 종종 지위를 너무나 사랑한 나머지 어떤 행사에 참석할 때마다 저 자리가 이 자리보다 더 좋다는 생각을 하지 않을 수 없는 것 같다.) 가장 높은 사회적 지위를 나타내는 가장 좋은 자리는 주최자에게 제일 가까운 자리였다. 우리로 말하면 '주빈석'과 같은 것인데, 사람들은 존경과 명예가 있는 자리에 최대한 가까이 가기 위해 모든 수단을 동원했다.

예수님은 이에 대해 경고하셨다.

> 네가 누구에게나 혼인 잔치에 청함을 받았을 때에 높은 자리에 앉지 말라. 그렇지 않으면 너보다 더 높은 사람이 청함을 받은 경우에 너와 그를 청한 자가 와서 너더러 이 사람에게 자리를 내주라 하리니

> 그때에 네가 부끄러워 끝자리로 가게 되리라(눅 14:8-9. 잠 25:6-7과 유사함).

그리고 예수님은 유머를 섞어서 정반대의 아이디어를 제시하셨다. 존경을 받을 수 있는 '더 좋은' 방법이 있다는 것이다.

> 청함을 받았을 때에 차라리 가서 끝자리에 앉으라. 그러면 너를 청한 자가 와서 너더러 친구여, 이리 와서 나에게 더 가까이 앉으라 하리니 그때에야 함께 앉은 모든 사람 앞에서 영광이 있으리라(눅 14:10, 저자 사역).

예수님이 손을 들어 옆에 앉아 있던 요한을 가리키며, "일어나서 저 아래로 가라"고 말씀하신다고 상상해 보라. 요한은 슬그머니 몸을 숨기며 부엌에 있는 접이식 식탁으로 갔을 것이다. 그러나 10절의 조언을 따른다면, 요한은 부엌의 식탁에서 시작할 수 있다. 예수님이 주빈석을 보시며 "요한은 어디 있느냐?"고 물으실 것이다. 그러면 종들이 "요한은 부엌의 접이식 식탁 자리에 있습니다"라고 답할 것이다. 예수님은 "그가 **어디 있다고**?"라고 호통을 치시고는, 당장 부엌으로 가서 요한을 큰소리로 부르셨을 것이다. "요한아, 당장 이리로 올라와 내 옆에 앉아라. 얘기 좀 하자." 그러면 요한은 일어나 주빈석으로 걸어가 앉고, 사람들은 '이 요한이란 사람이 정말 중요한 사람이구나!'라고 생각할 것이다.

예수님이 연회에서 명예를 얻는 공식을 알려 주시려는 것처럼 보이는가? 예수님은 물론 약간의 유머로 청중의 방어기제를 우회하면서, 존경받고 싶어 하는 것은 좋은 일이라는 데 동의하는 척하셨을 것이다. 예수님은 이런 장난스러운 접근법을 통해 자신이 정면으로 다루고자 하는 '존경받고 싶은 욕망'을 정확하게 겨냥하셨다. 그가 그런 방법을 추천하신 이유는, 중요한 사람으로 보이게 만들려는 데 있지 않고 무언가 더 심오한 것을 드러내려는 데 있다. 먼저 부엌의 접이식 식탁으로 간 사람은 실제로 겸손한 것이 **아니라** 전략적 선택을 한 것일 수도 있다. 그래서 예수님은 이렇게 결론을 내리셨다.

> 무릇 자기를 높이는 자는 낮아지고 자기를 낮추는 자는 높아지리라(눅 14:11).

모든 것은 우리 마음속에 무엇이 있느냐에 달려 있다.

예수님은 이런 매우 인간적인 장면을 활용하여 하나님 나라에 대해 무언가를 가르치셨다. 거대한 반전의 순서로 보면, 인간의 중요성 척도에서 맨 마지막인 사람이 첫 번째가 될 수도 있고, 첫 번째인 사람이 마지막이 될 수도 있다. 우리는 하나님의 일하심과 관련하여 이 원리를 기억할 필요가 있다. 자신을 높이는 것은 사실 자신을 부끄럽게 만든다. 우리가 자신을 높이는 주된 방법 중 하나가 노골적으로 또는 교묘하게 자신의 좋은 점과 선행을 알리는 것이다. 이는 매우 해로운 일이 될 수 있다. 이런 영역은 은밀성 훈련이 큰 도움이 될 수 있다.[1]

특이한 만찬 손님들

자리 지정에 대해 언급하신 후 예수님은 바리새인들의 지도자인 집주인을 향해 말씀하셨다.

> 네가 점심이나 저녁이나 베풀거든 벗이나 형제나 친척이나 부한 이웃을 청하지 말라. 두렵건대 그 사람들이 너를 도로 청하여 네게 갚음

이 될까 하노라(눅 14:12).

의심의 여지 없이 주인은 예수님이 하지 말라는 대로 행했을 것이다.

안심하라. 당신은 서로 환심을 사려는 게임을 포기해도 된다. 당신은 하나님 나라에 살고 있기 때문에 돌봄을 받을 것이다. 당신은 간과되지 않을 것이다. 예수님은 대신에 이렇게 말씀하신다.

그들이 갚을 것이 없으므로 네게 복이 되리니 이는 의인들의 부활 시에 네가 갚음을 받겠음이라(눅 14:14).

예수님은 특정한 진리를 가리키고 계셨다. 그는 잔치를 여는 사람들이 먹을 **필요가** 없는 사람들을 초대하는 경향이 있음을 관찰하셨다. 그들은 다른 기회에 식사 초대로 되갚아 줄 수 있는 충분히 부유한 사람들을 초대했다.

식사의 목적은 몸에 영양을 공급하는 것이지 사회적 구분을 강화하는 것이 아니다. 그런데 성대한 만찬은 때때로 우리가 '중요한' 사람들이며 다른 사람들은 그렇지 않다는 것을 스스로 확신하게 만드는 방식이 된다. 당신의 공동체 안에서 이루어지는 사교 생활을 보면, 누가 초대받고 누가 못 받는가의 문제가 되어 버린 것을 쉽게 알 수 있을 것이다. 초대를 받는 사람인지 아닌지에 따라 나의 중요성이 결정된다. 초대를 받지 못했다면 당신은 누구인가? 예수님은 먹는 것과 같은 필수적인 활동을 이용하여 해롭고 상처를 주는 사회적 구분을 설정하는 문제에 대해 말씀하셨다.

더 나아가기 전에, 12절의 이 예시는 자칫 율법주의적인 것으로 변질될 수 있음을 인식하기 바란다. "네 친척을 저녁 식사에 초대하지 마라." (여러분 중 어떤 사람은 이런 구절을 찾고 있었을 수도 있다. 아마 이렇게 생각할 것이다. '아, 잘됐다! 예수님이 하지 말라고 하셨으니, 이제 내 여동생은 초대할 필요가 없겠다.) 기억하라. 우리는 예수님이 말씀하신 예시들을, 그가 무효화하고자 하시는 그 당시의 지배적인 문화적 전제에 비추어 읽어야 한다. 여기서 예수님은 사람들에게 "내가 당신을 위해 뭔가 해줄 테니 당신도 나를 위해 뭔가를 해달라"는 식의 대가성 거래 관습에서 벗어나라고 말씀하신 것이다. 당신은 그런 의미 없는 게임을 할 필요가 없다. 그리고 물론 친척들도 식사에 초대할 수 있다. 요점은 친척에 관한 것이 아니라 관습에 관한 것이다.

궁핍한 사람들 가운데서

예수님은 바리새인과의 짧은 대화에서 실제로 도움이 필요한 사람들을 외면하는 관행도 바로잡으셨다. 그들은 호의에 보답할 수단이 없는 사람들, 즉 "가난한 자들과 몸 불편한 자들과 저는 자들과 맹인들"(눅 14:13)이었다. 예수님은 아주 단순한 말씀을 하셨다. "음식이 필요한 사람을 먹이라."

우리는 궁핍한 사람들에 대한 우리의 책임을 말씀하시는 이 메시지에 절실하게 귀를 기울일 필요가 있다. 자선 단체에 기부하는 일을 하고 있더라도, 도움이 필요한 사람들과 직접적으로 피부가 맞닿는 접촉을 결코 피해서는 안 된다.

나는 아주 간단한 말을 하고 있다. 도움이 필요한 사람을 만날 때, 우리는 그들을 도우려고 노력해야 한다. 예수님은 그들과 함께하며 필요를 채우셨고, 배고프고 상처 입은 사람들 한가운데로 걸어가기를 꺼리지 않으셨다. 그러므로 우리도 그곳에 있어야 한다. 하나님은 우리가 음식을 즐기고, 친구들과 사랑하는 사람과의 교제를 즐기길 바라신다. 그러나 또한 궁핍한 사람들을 그 교제에 포함하길 바라신다.

예수님과 함께 식탁에 앉았던 한 사람이 예수님의 말씀에 감명을 받아 이렇게 말했다. "무릇 하나님의 나라에서 떡을 먹는 자는 복되도다"(눅 14:15).

내 생각에는 그의 마음에 기쁨이 일어났던 것 같다. 마치 이렇게 말하는 것처럼 보인다. "하나님 나라가 그런 것이라면, 하나님이 그런 분이시라면, 얼마나 멋진가! 그날이 오면 정말 멋지지 않겠는가! 가난한 사람과 장애인과 연약한 사람이, 모든 부자와 높은 사람과 힘 있는 사람과 함께 앉고, 하나님의 세상에서 모두가 하나님의 자녀로 어울려 사는 그날이 온다면, 정말 멋진 일이 아닐까?"

예수님은 그의 말에 반대하지 않으셨다. 아마도 그 사람은 우리가 흔히 그러하듯이 하나님 나라를 미래에 일어날 어떤 일로 생각했던 것 같다. 큰 잔치 비유의 요점은 이 사람이 인식했던 바로 그것이었다. 그 나라에서의 잔치가 얼마나 복된 것일까 하는 것이다. 그런데 예수님은 그 나라의 복된 성격 외에도 '왜 사람들이 잔치에 오지 않는가'에 대해서도 가르치고자 하셨다.

많은 사람들이 엄청난 대가를 치르며 자유와 풍요와 기회를 찾아 한 나라에서 다른 나라로 이주한다. 그런데 하나님 나라는 훨씬 더 위대한 나라다. 히브리서 11장에 나오는 믿음의 전당에 있는 사람들은 하나님 나라를 실재하는 '영토'(country)로 바라보는 비전을 품고 있었다.

> 이 사람들은 다 믿음을 따라 죽었으며 약속을 받지 못하였으되 그것들을 멀리서 보고 환영하며 또 땅에서는 외국인과 나그네임을 증언하였으니 그들이 이같이 말하는 것은 자기들이 본향 찾는 자임을 나타냄이라. 그들이 나온 바 본향을 생각하였더라면 돌아갈 기회가 있었으려니와 그들이 이제는 더 나은 본향을 사모하니 곧 하늘에 있는

것이라. 이러므로 하나님이 그들의 하나님이라 일컬음 받으심을 부끄러워하지 아니하시고 그들을 위하여 한 성을 예비하셨느니라(히 11:13-16).

큰 잔치의 비유에 나오는 사람들은 하나님 나라에 대해 그러한 강력한 비전을 가지고 있지 않았다. 그들은 하나님의 도시에 지금 들어갈 수 있다는 것을 이해하지 못했다. 나중에 더 영광스러운 순간을 맞이하겠지만, 그 도시는 지금 바로 들어갈 수 있는 곳이다. 메시지가 전파되고 있다. "오라. 하나님 나라 **안에** 와서 살아라."

예수님은 많은 사람들 안에 하나님 나라에 들어가서 사는 것보다 더 중요하게 여기는 것들이 있음을 아셨다. 그것이 이 비유의 요점이다. 이 비유를 자세히 살펴보고 우리 삶에 어떻게 적용할지 생각해 보자.

궁색한 변명

어떤 사람이 큰 잔치를 베풀고 많은 사람을 청하였더니 잔치할 시각에 그 청하였던 자들에게 종을 보내어 이르되 오소서. 모든 것이 준비되었나이다 하매 다 일치하게 사양하여 한 사람은 이르되 나는 밭을 샀으매 아무래도 나가 보아야 하겠으니 청컨대 나를 양해하도록 하라 하고 또 한 사람은 이르되 나는 소 다섯 겨리를 샀으매 시험하러 가니 청컨대 나를 양해하도록 하라 하고 또 한 사람은 이르되 나는 장가들었으니 그러므로 가지 못하겠노라 하는지라. 종이 돌아와 주인에게 그대로 고하니 이에 집주인이 노하여 그 종에게 이르되 빨리 시내의 거리와 골목으로 나가서 가난한 자들과 몸 불편한 자들과 맹인들과 저는 자들을 데려오라 하니라. 종이 이르되 주인이여, 명하신 대로 하였으되 아직도 자리가 있나이다. 주인이 종에게 이르되 길과 산울타리 가로 나가서 사람을 강권하여 데려다가 내 집을 채우라. 내가 너희에게 말하노니 전에 청하였던 그 사람들은 하나도 내 잔치를 맛보지 못하리라 하였다(눅 14:16-24).

참석하지 않겠다고 말한 사람들이 한참 전에 초대받았음에 주목하라. 분명히 그들은 아직 참석하지 않겠다는 의사를 표하지 않았던 상태였다. 당시의 공식 만찬은 오늘날의 만찬보다 훨씬 더 오래 계속되었다. 식사만 하고 돌아가는 행사가 아니라 많은 시간 지속되었고, 심지어 며칠간 이어지기도 했다.

미리 초대받은 사람들은 친구나 친척 등 만찬 주최자가 올 것이라 예상할 수 있는 부류의 사람들이었다. 예수님은 하나님 나라의 메시지가 먼저 하나님의 선택받은 민족인 유대인들에게 전파되는 것을 암시하고 계셨다. 유대인들은 올바른 전통을 지키고 올바른 습관을 지닌 '올바른 부류의 사람들'이었기 때문이다. 예수님이 어떻게 이 주제를 반복해서 말씀하셨는지는 다른 비유를 공부할 때 살펴볼 것이다. 큰 잔치에 우선적으로 초대받은 유대인들은 와서 식사할 시간이 되자 다른 할 일을 찾았다.

초대받은 자들이 참석하지 않겠다며 내놓은 변명들이 비논리적이라는 점에 주목하라. 첫 번째 변명("나는 밭을 샀으매 아무래도 나가 보아야 하겠다")은 왜 그 사람이 땅을 사기 **전에** 가서 보지 않았는지 궁금하게 만든다. 농작물을 심을 계획 때문에 갈 수 없었다는 의미였다면, 분명히 하루나 이틀 정도는 연기할 수 있었을 것이다. 따라서 이 변명은 의심스럽게 들렸다.

또 다른 초대 손님은 "나는 소 다섯 겨리를 샀으매 시험하러 가야 한다"고 말했다. 여기서도 같은 문제가 발생한다. 왜 소를 구입한 **후에야** 그것들을 시험하는가? 이미 소는 구입했으니 어쩔 수 없는데 말이다. 시험해 본 결과가 좋을 것이라면 당장 시험할 필요가 없고, 나쁠 것이라면 시험을 가능한 한 뒤로 미루는 게 낫다. 그러니 왜 서둘러야 하는가?

다른 사람은 이렇게 변명했다. "나는 장가들었으니 가지 못하겠다." 이 상황은 약간의 어려움을 발생시킨다. "아내와 함께 오면 어떻겠소?"라고 되물을 수 있다. 충분히 그렇게 할 수 있는 일이었다. 잔치 초대였으므로 사회적 지위가 있는 주최자는 아내를 위한 자리도 마련할 수 있었을 것이다. 또한 그들은 이 잔치에서 신혼의 즐거움을 누릴 수도 있었다.

이런 변명들은 합당한 이유라기보다는 회피하는 말처럼 보인다. 이 모든 사례에서 사람들은 소중한 기회를 거절하기 위해 쉽게 처리할 수 있는 **사소하고 의심스러운 장애물들**을 변명으로 제시했다. 각자 더 중요한 일이 있다고 생각했던 것처럼 보인다. 당신이 보는 바, 무엇보다도 그들은 초대하는 사람에 대해 신경을 쓰지 않았다.

이것은 근본적으로 중요한 기본 질문으로 우리를 이끈다. 우리는 하나님과 하나님 나라를 사랑하는가?

어쩌면 우리는 이 질문에 '예' 또는 '아니요'로 대답할 만큼 하나님 나라 안에서의 삶을 충분히 배우지 못했을지도 모른다. 그래서 이 질문은 다시 영혼을 탐구하는 질문으로 이어진다. 우리는 하나님과 날마다 상호작용하는 그런 삶을 사랑하는가? 예수님의 삶과 초기 교회의 모습에서 보았고 아마도 우리 자신의 삶에서도 경험해 보았던, 그런 삶을 사랑하는가? 아니면 다른 무언가를 더 사랑하는가? 하나님은 그 나라를 우리 목구멍 속으로 쑤셔 넣지는 않으실 것이다.

사소한 추구들

하나님과 하나님 나라에 대한 진심 어린 사랑이 없다면, 많은 사소한 일들이 우리가 자유롭고 열정적인 마음으로 하나님 나라의 **현존하는** 실재로 들어가는 것을 방해할 수 있다. 물론 어떤 사소한 일들은 좋은 일들임이 분명하다. 땅을 사서 살펴보고, 소를 사서 시험해 보고, 결혼해서 배우자와 함께 집에서 쉬는 것도 나쁜 일이 아니다. 모두 멋진 일이다. 이 비유에서 핑계를 대는 사람들은 "은행을 털어야 해서 못 가겠다"고 말하지 않았다.

17세기의 뛰어난 목회자 장-조제프 쉬랭(Jean-Joseph Surin)은 이런 질문을 받은 적이 있다. "그렇게 많은 사람들이 하나님께 직접적이고 온전한 봉사를 하겠다고 결심하는데, 그리스도를 닮은 사람이 이처럼 적은 이유가 무엇입니까?" 그는 이렇게 답했다. "가장 큰 이유는 삶에서 무관심해야 할 것들에 너무 큰 자리를 내주기 때문입니다."[2] 중요하지 않은 것들에 지나치게 많은 시간과 에너지를 쏟고, 그것들이 우리 삶을 채우게 하는 것은 너무도 쉬운 일이다.

그렇다고 해서 여가와 휴식의 시간을 갖지 말라는 것은 아니다. 가끔은 조금 어리석어지는 것도 멋진 일이다. 나는 예수님은 함께하면 즐거운 분, 재미있는 일을 많이 하셨던 분이라고 생각한다. 그렇지 않았다면 어린아이들이 그를 그렇게 사랑하지 않았을 것이다. 그는 다양한 환경의 사람들에게 모두 사랑을 받으셨다. 그는 하나님 나라에서 행복하게 사는 것이 무엇인지 아셨으므로, 사람들의 마음에 기쁨을 주셨다. 예수님은 중심을 그 나라에 두셨고, 그 중심에 늘 주의를 기울이셨다. 사소한 것들이, 그리고 심지어 **좋은 것들**이 자기 마음을 흐트러트리지 못하게 하셨다. 이 비유가 말하는 중요한 내용 중 하나는 작고 좋은 일들이 우리를 실패하게 한다는 것이다.

꼭 필요한 한 가지

이 비유가 말하는 하나님 나라를 놓치지 말라는 경고는 교회 밖의 사람들뿐만 아니라 교회 안의 사람들을 위한 것이다. 예수님이 교회의 문을 두드리시며 "볼지어다. 내가 문밖에 서서 두드리노니"(계 3:20)라고 말씀하실 때, 그는 교회 안에 있는 사람들에게 들어가게 해 달라고 요청하신 것이었다. 그러나 교회 안에 있는 사람들은 좋은 일들을 하느라 너무 바빠서 정작 필요한 **한 가지**를 놓칠 수 있다.

마리아와 그 언니 마르다 사이에는 작은 다툼이 있었다. 마르다가 좋은 일을 하느라 바쁜 동안 마리아는 그저 예수님 발치에 앉아 있었기 때문이다. 당신은 마르다가 마리아에게 화가 나서 예수님께 이렇게 말하는 것을 상상할 수 있을 것이다. "주님, 이 게으른 제 동생에게 일어나서 저를 좀 도와주라고 해주세요. 빵은 타기 직전이고, 소스는 아직 만들지도 못했습니다. 저 혼자 다 준비하다가는 그 전에 우리 모두 굶어 죽게 될 거예요!" 예수님은 마르다가 "많은 일들 때문에 괴로워하는" 것을 보시고 그녀의 방향을 조정해 주셨다. "꼭 필요한 것은 한 가지뿐인데 마리아는 그 **좋은 편**을 택했다"(눅 10:40-42, 저자 사역).

심지어 구약성경의 족장들도 이런 실수를 저질렀다. 창세기 25:29-34을 보면, 들에서 사냥하던 에서가 몹시 시장했다는 내용이 나온다. 그는 집에 돌아와 편안한 자리에 몸을 던지며 이렇게 말했다. "배고파 죽겠다! 내 평생 이토록 배가 고팠던 적은 없었어."

그 와중에 야곱은 맛있는 붉은 죽을 계속 젓고 있었다. 에서가 향긋한 냄새를 맡고 죽을 좀 달라고 애원했다.

야곱이 에서에게 장자의 권리를 대가로 요구하자, 에서는 "어차피 굶어 죽을 텐데 장자의 권리가 무슨 소용이 있겠어"라고 말하며 쉽게 넘겨주었다(창 25:32, 저자 사역). 하지만 에서는 배고파서 죽지 않았다. 그는 **매 순간 자신이 원하는 것에 집착하는** 사람이었기 때문에 작은 배고픔도 견딜 수 없었을 뿐이다. 순간의 진통, 아픔, 문제들 앞에 서지 못하면, 궁극적으로는 훨씬 더 큰 고통을 겪을 수 있다. 그렇게 에서는 무한한 가치를 지닌 소중한 재산, 즉 장자의 권리를 죽 한 그릇에 팔아 버렸다.

우리의 선택들에는 돌이킬 수 없는 부분이 있다. 어느 순간에 우리는 죽 한 그릇처럼 사소한 것을 숭배하는 사람이 될 수 있다. 심지어 우리는 그 죽이 별로 대단하지 않다고 생각할 수도 있다. 그러나 그것을 생각하다가 몇 분이 몇 시간이 되고, 매일, 매주, 매달, 매년 그것을 생각하면서 지내게 되고, 결국 우리의 욕구를 섬기다가 평생을 소모할 수도 있다.

먼저 찾으라

때로 우리는 하나님 나라 잔치에 초대받지 못할 것 같아 보이는, 아직 예수 그리스도를 알지 못하는 사람들을 만난다. 그런데도 그들은 하나님과 함께하는 삶의 가치와 아름다움을 보고 즉시 걸어 들어와 "네. 초대에 응하겠습니다"라고 말한다. 그러고는 하나님 나라에 자신을 바친다. 그 나라를 처음에도, 끝에도, 그리고 언제나 추구한다. 그러한 태도는 바로 그를 예수님의 제자가 될 자리에 있게 한다.

예수님은 큰 잔치의 비유를 들려주신 후, 제자의 삶에 요구되는 진지한 헌신의 예를 설명하셨다. 이것은 잔치에 대한 초대를 거절했던 사람들의 태도와는 상당히 대조된다.

> 수많은 무리가 함께 갈새 예수께서 돌이키사 이르시되 무릇 내게 오는 자가 자기 부모와 처자와 형제와 자매와 더욱이 자기 목숨까지

> 미워하지 아니하면 능히 내 제자가 되지 못하고 누구든지 자기 십자가를 지고 나를 따르지 않는 자도 능히 내 제자가 되지 못하리라. 너희 중의 누가 망대를 세우고자 할진대 자기의 가진 것이 준공하기까지에 족할는지 먼저 앉아 그 비용을 계산하지 아니하겠느냐. 그렇게 아니하여 그 기초만 쌓고 능히 이루지 못하면 보는 자가 다 비웃어 이르되 이 사람이 공사를 시작하고 능히 이루지 못하였다 하리라. 또 어떤 임금이 다른 임금과 싸우러 갈 때에 먼저 앉아 일만 명으로써 저 이만 명을 거느리고 오는 자를 대적할 수 있을까 헤아리지 아니하겠느냐. 만일 못할 터이면 그가 아직 멀리 있을 때에 사신을 보내어 화친을 청할지니라. 이와 같이 너희 중의 누구든지 자기의 모든 소유를 버리지 아니하면 능히 내 제자가 되지 못하리라(눅 14:25-33).

예수님이 "무릇 내게 오는 자가 자기 부모와 처자와 형제와 자매와 더욱이 자기 목숨까지 미워하지 아니하면 능히 내 제자가 되지 못" 한다(눅 14:26)고 하신 것은 '그를 나의 제자가 되지 못하게 **하겠다**'는 의미가 아니라, '그 사람은 제자가 되지 못한다'는 말씀이다. 그는 예수님의 제자가 될 **능력이** 없다. 그것은 마치 "진실로 진실로 너희에게 이르노니, 달리지 못하는 자는 축구를 할 수 없다"는 말처럼 논리적인 말이다. 달리지 못하는 사람이 축구를 하겠다고 나서는 것을 아무도 **막지** 못한다. 단지 그는 달릴 수 없으므로 축구 경기를 **할 수 없을** 뿐이다.

새로 산 소나 죽 한 그릇에 그렇게 큰 가치를 두는 사람은, 반드시 요구되는 내면의 태도, 즉 '자기 목숨까지 미워하고', '자기 십자가를 지고', '자기의 모든 소유를 버리는'(눅 14:26-27, 33) 모습으로 드러나는 **내면의** 태도를 가지고 있지 않다. 내려놓음의 태도는 그를 예수 그리스도의 제자가 되게 하고, 하나님 나라의 생명을 받을 수 있게 만든다. 예수님은 내려놓음이 없는 사람은 "내 제자가 되지 못하리라"(눅

14:33)고 말씀하신다. 내려놓음이 없으면 하나님 나라와 접촉할 수 없다. "너희는 **먼저** 그의 나라와 그의 의를 구하라"(마 6:33).

왜 당신은 예수님의 제자가 되었나

예수님은 이것을 마태복음 13:44-46에서 다른 두 가지 비유로 설명하셨다.

> 천국은 마치 밭에 감추인 보화와 같으니 사람이 이를 발견한 후 숨겨 두고 기뻐하며 돌아가서 자기의 소유를 다 팔아 그 밭을 사느니라 (마 13:44).

어떤 사람이 밭에서 보물(석유나 금일 수도 있다)을 발견했다고 상상해 보라. 그 사람은 최고의 기회라고 생각하고, 모든 자원을 모아 그 밭을 사려고 한다. 그들은 그 밭을 소유하기 위해 할 수 있는 모든 것을 할 준비가 되어 있다. 이것이 투자임을 이해하고 있기 때문이다.

> 또 천국은 마치 좋은 진주를 구하는 장사와 같으니 극히 값진 진주 하나를 발견하매 가서 자기의 소유를 다 팔아 그 진주를 사느니라 (마 13:45-46).

이 진주 상인은 작은 진주들을 많이 가지고 있었겠지만, 가장 아름답고 좋은 진주를 계속 찾고 있었다. 그러다가 그것을 발견하고는 모든 자원을 끌어모아(물론 그가 소유한 다른 모든 진주도 포함해서) 그 진주를 샀다. 생각해 보라. 그들이 이렇게 말했을까? "아, 안 돼! 내 작은 진주들을 포기해야 한다고? 내 소중한 작은 진주들을?" 아니다. 이 진주가 그들이 소유한 모든 것보다 가치가 있음을 알았기 때문이다. 그들은 다른 것들을 기쁘게 포기할 수 있었다.

예수님이 누구신지, 그분을 아는 것이 우리 삶에 어떤 의미가 있는지를 한번 이해하고 나면, 우리는 예수님을 따르는 제자도가 인생에서 만날 수 있는 가장 큰 기회임을 깨닫게 된다. 그리고 우리 삶 속의 작은 좋은 것들에 대해 새로운 관점을 가지게 되고, 하나님 나라라는 값진 보물을 소유하기 위해 기쁘게 그것들을 포기한다. 그것은 전혀 희생이 아니다.

그리스도를 믿는다고 고백하면서도 하나님 나라의 삶으로 초대받은 것의 위대함을 이해하지 못하는 경우가 종종 있다. 사도 바울은 그 위대함을 이해하며 고백했다. "모든 성도 중에 지극히 작은 자보다 더 작은 나에게 이 은혜를 주신 것은 **측량할 수 없는** 그리스도의 풍성함을 이방인에게 전하게 하시고"(엡 3:8). 다른 번역들은 "측량할 수 없는"을 **찾을 수 없는**(unsearchable), **계산할 수 없는**(incalculable), **이해할 수 없는**(incomprehensible) 또는 **다함이 없는**(inexhaustible) 등으로 번역한다. 무언가를 측량할 수 없다는 것은 결코 바닥에 도달할 수 없다는 뜻이다. 아무리 깊이 내려가도 여전히 더 남아 있다!

우리가 그리스도를 올바르게 제시한다면, 사람들을 완전히 사로잡는 결과를 낳는다. 그들은 하나님 나라의 실재에 열광하며, 심지어 압도될 것이다. 그들은 해야 할 일 중 이보다 더 좋은 일은 없다고 생각할 것이다! 이것이 제자를 만드는 방법이다.

우리의 문제는 우리 자신이 그리스도의 위대함을 진정으로 보지 못한다는 데 있다. J. B. 필립스는 그의 책 『당신의 하나님은 너무 작다』에서 하나님이 얼마나 큰 분인지 파악하지 못하는 고질적인 문제와 그리스도의 위대함을 이해하지 못하는 우리의 실패를 지적했다.[3] 그리스도인들이 예수님에 관해 이야기할 때 어려움을 느끼는 이유는,

그들이 가진 것이 조그마한 그리스도, 다른 존재들과 비교해 별로 나을 것이 없는 연약한 그리스도이기 때문이다.

내가 가르치는 남캘리포니아 대학교 학생들이 내게 "교수님은 왜 예수님의 제자가 되셨나요?"라고 묻곤 한다. 내 대답은 되묻는 것이다. "학생은 다른 누구를 염두에 두고 있나요?" 나는 진심으로 그렇게 말한다. 학생들은 붓다, 간디, 심지어 자신이 좋아하는 음악가나 정치인에 대해 이야기하고 싶어 하지만, 자세히 조사해 보면 그 누구도 그리스도와 비교할 수 없었다.

현실은 모두가 누군가를 따르고 있다는 것이다. 하지만 일반적으로 사람들은 무엇이 자신의 삶을 인도하는지 생각하고 있지 않다. 이런 질문들은 우리 각자를 위해서도 좋은 질문이다. '나는 정말 누구를 따르고 있는가? 나는 누구를 존경하는가? 나의 롤모델은 누구인가?' 그 사람이 누구이든 간에, 그 사람의 선함은 한정되어 있고 심지어 불완전하다. 그러나 예수님을 따름으로써 경험할 수 있는 하나님의 선하심은 측량할 수 없으며, 결코 그 끝을 볼 수 없다.

제자가 되기로 선택하기

당신은 예수 그리스도의 제자인가?

당신은 이런 식의 질문을 받아 본 적이 한 번도 없을 수 있다. 그리스도를 안다고 고백하는 많은 사람들이 의도적으로 예수님의 제자가 되기로 **선택하지는** 않았다. 당신은 정말 제자가 되고 싶은가?

의식적으로 제자가 되지 **않기로** 선택한 적이 있는가? 어떤 사람들은 그렇게 했다. 그들은 자신이 죽으면 천국에 가게 될 것인지 알고 싶기는 하지만, 지금은 제자의 삶을 살지 않기로 선택했다. 하나님은 온유하신 분이므로 아무리 좋은 결정이라 해도 당신에게 강요하지는 않으실 것이다.

예수님의 제자가 된다는 것은 내 삶을 어떻게 살아갈지를 예수님께 배우는 것이다. 예수님이 나라면, 나의 직업, 관계, 건강, 지위 등 모든 면에서 어떻게 살아가실까? 제자가 되는 것은 지속적인 관계 맺음이며, 그 관계를 통해 우리 인격의 모든 차원이 하나님을 사랑하게 된다. 그것은 참으로 인생이 제공하는 가장 위대한 기회다. 예수님의 제자가 됨으로써 우리는 예수님이 가르쳐 주신 대로 사는 법을 배운다. 우리는 하나님께 협력하는 행동을 하면서 일상의 평범한 사건들을 처리하는 방법을 발견한다. 우리는 하나님의 능력으로 행동하는 방법을 배우면서 성장하게 된다.

예수님을 따르는 제자도는 비참한 삶을 위한 것이 아니다. 그가 우리에게 명하신 모든 것은 우리에게 좋은 것이며 좋은 보상을 가져다준다. 물론 우리가 포기해야만 하는 것들이 있다. 그러나 값비싼 진주의 비유의 다른 측면을 기억하라. 우리는 그 관계를 통해 엄청난 이익을 얻는다. '비용을 계산'할 때는 지불하는 금액만이 아니라 얻게 되는 것도 보아야 한다. 새 차를 사는 비용을 계산하려면, 그것을 사지 않을 때의 비용도 포함시켜야 한다. 우리가 얻는 것과 지불하는 것을 모두 평가해야 하며, 이것이 바로 예수님이 비용을 계산해 보라고 하셨을 때 말씀하신 내용이다.

디트리히 본회퍼의 위대한 책의 제목이 『제자도의 대가』(*The Cost of Discipleship*)인데, 내 생각에는 누군가 '비제자도의 대가'(The Cost of Non-Discipleship)라는 책을 써야 할 필요가 있어 보인다.[4] 비제자도의 더 값비싼 대가를 측정해 보지 않으면, 결코 제자도의 대가를 측정할 수 없다. 비제자도의 대가에는 증오, 분노, 그리고 다른 고통들에 지배당하며 남은 인생을 보낼 가능성이 포함된다. 제자도는 사랑과 기쁨, 소망, 평화, 하나님에 대한 확신이 가득한 삶을 살게 한다.

기회는 우리 삶에서 계속 나타나겠지만, 우리는 그것을 취할 수 있을 만큼 충분히 주도적인 결정을 해야 한다. "예, 그리스도가 제시한 조건에 따라 예수님의 제자가 되겠습니다." 우리가 이렇게 말할 때, 하나님 나라의 잔치가 우리를 기다리고 있다.

하나님 나라에 관한 요점 정리

- 자신을 높인다는 것은 실제로는 자신을 부끄럽게 만드는 것이다. 우리는 하나님의 자녀이며, 그의 마음속에서 그리고 그의 나라에서 우리의 자리는 확실히 보장된다.
- 우리 삶에는 소나 작은 진주처럼 좋은 것들이 아주 많다. 그러나 이런 것들은 종종 가장 중요한 것을 보지 못하게 만든다.
- 예수님의 제자가 될 수 있는 위대한 기회는, 우리에게 다른 모든 것보다 우선 그를 선택하도록 요구한다. 제자도의 대가와 비제자도의 대가를 이해하고 측정해 보는 것은 이 중요한 결정을 내리는 데 도움이 될 것이다.

6장

하나님 나라 안에서의 공존

믿음 안에서 머뭇거리는 사람들을 너그러이 대하십시오. 잘못된 길을 걷는 사람들을 찾아가십시오. 죄지은 사람들에게 마음을 쓰되, 죄는 너그럽게 대하지 마십시오. 죄 자체는 하늘 높은 곳까지 악취를 풍깁니다. _유다서 22-23절, 메시지

내가 자란 곳에서는 농부들이 '치트'(cheat)라고 부르던 식물과 싸워야만 했다. 이것은 귀리처럼 생긴 잡초의 일종인데 귀리밭을 점령할 수 있는 식물이다. 수확을 하면서 치트 한 그루의 이삭들을 열어 보면, 사실 오트밀 쿠키 하나 만들기에도 부족한 아주 미량의 내용물만 들어 있다.

밀과 가라지의 비유에서 농부는 밀로 위장한 가라지 때문에 비슷한 문제를 겪었다.

예수께서 그들 앞에 또 비유를 들어 이르시되 천국은 좋은 씨를 제 밭에 뿌린 사람과 같으니 사람들이 잘 때에 그 원수가 와서 곡식 가운데 가라지를 덧뿌리고 갔더니 싹이 나고 결실할 때에 가라지도 보이거늘 집주인의 종들이 와서 말하되 주여, 밭에 좋은 씨를 뿌리지 아니하였나이까. 그런데 가라지가 어디서 생겼나이까(마 13:24-27).

이 비유에서 좋은 밀과 잡초가 섞여 있는 것을 발견하고 농부에

게 묻는다. 농부가 대답했다.

원수가 이렇게 하였구나. 종들이 말하되 그러면 우리가 가서 이것을 뽑기를 원하시나이까(마 13:28).

정원에서 잡초를 뽑을 때 어떤 일이 벌어지는지 당신도 대략 알고 있을 것이다. 하지만 밀밭은 보통의 정원과는 다르다. 어디까지가 밀이고 어디부터가 잡초인지 알 수가 없다. 밀이 자라는 시기에는 잡초를 뽑으려다가 밀도 망칠 수 있다. 그래서 농부가 말했다.

가만두라. 가라지를 뽑다가 곡식까지 뽑을까 염려하노라. 둘 다 추수 때까지 함께 자라게 두라. 추수 때에 내가 추수꾼들에게 말하기를 가라지는 먼저 거두어 불사르게 단으로 묶고 곡식은 모아 내 곳간에 넣으라 하리라(마 13:29-30).

추수 때가 되면 밀이 다 익었으므로 밀을 뽑는 것에 대해 아무도 걱정하지 않을 것이다. 그 시점에 밀과 가라지를 분리할 수 있다.

세상을 위한 씨앗

제자들이 그날 늦게 따로 예수님과 있을 때, 이 비유에 대해 설명을 부탁했다.

제자들이 나아와 이르되 밭의 가라지의 비유를 우리에게 설명하여 주소서. 대답하여 이르시되 좋은 씨를 뿌리는 이는 인자요(마 13:36-37).

씨앗은 "말씀"(요 1:14)이신 인자가 뿌리신다. 이 비유에서 물리적인 씨앗이 자라서 밀이 되는 것처럼, 그 나라의 아들들은 예수님에 의해 뿌려졌다. 이 씨 뿌림은 씨 뿌리는 자의 비유에 묘사된 것처럼 그들이 하나님의 말씀을 받은 후에 이루어진다. 이 사람들은 어느 곳이든 인자가 그들을 뿌린 곳에서 함께 모인다. 그리고 '자기 아버지 나라에서 해와 같이 빛날 때까지' 성숙해 나간다(마 13:43).

> 밭은 세상이요 좋은 씨는 천국의 아들들이요 가라지는 악한 자의 아들들이요 가라지를 뿌린 원수는 마귀요 추수 때는 세상 끝이요 추수꾼은 천사들이니(마 13:38-39).

씨 뿌리는 자의 비유에서는 밭이 우리 삶의 토양이지만, 이 비유에서 밭은 세상이다. 이 비유에서 씨앗은 사람들인데 "천국의 아들들" 또는 "악한 자의 아들들"로 묘사된다.[1] 그들은 하나님의 말씀을 받고 성장하고 있거나, 아직 "악한 자"의 권세 안에 있는(요일 5:19) 세상에 속해 있다.

야고보가 "너희 영혼을 능히 구원할 바 마음에 심어진 말씀"(약 1:21)을 언급했을 때, 그가 말한 것이 바로 이런 의미였다. 영적인 생명은 하나님의 말씀을 통해 자연인 속으로 들어오며, 그 자연적 삶의 모든 것, 즉 태어날 때부터 그 사람의 몸과 사회적 환경 안에서 주어진 활력과 에너지를 조직한다. 이것으로부터 하나님 말씀의 열매, 즉 하나님 나라의 아들 또는 딸로서의 우리의 삶이 나온다.

우리는 '옛 사람을 벗어 버리고 새사람을 입으라'는 명령을 받을 때, 우리 안에 흐르는 모든 자연적인(육체적이고 정신적인) 힘을 그리스도를 통해 벗어 버림으로써 그렇게 한다. 이런 식으로 우리는 그리스도로 옷 입는다(롬 13:14; 엡 4:24). 우리는 우리가 맺는 열매를 통해 세상을 새롭게 하고 구속하기 위해 세상에 심겨진 씨앗이 된다(요 15:2).

> 그런즉 가라지를 거두어 불에 사르는 것같이 세상 끝에도 그러하리라. 인자가 그 천사들을 보내리니 그들이 그 나라에서 모든 넘어지게 하는 것과 또 불법을 행하는 자들을 거두어 내어 풀무 불에 던져 넣으리니 거기서 울며 이를 갈게 되리라. 그때에 의인들은 자기 아버지 나라에서 해와 같이 빛나리라. 귀 있는 자는 들으라(마 13:40-43).

하나님의 말씀이 자연인의 마음에 뿌려지면, 발아하여 하나님의 영으로 거듭난 영적인 생명을 만들어 낸다. 이렇게 새로워진 사람은 세상에 심어진 좋은 씨앗이 되고, 자기 주위의 세상을 하나님 나라의 방식으로 조직하기 시작한다. 하나님 나라는 포용성을 지니는데, 이것은 같은 밭에 세상에 속한 사람(가라지)도 함께 있음을 의미한다. 그들은 여전히 하나님의 말씀을 그들의 삶의 토양에 받아들여 하나님 나라의 아들과 딸이 되어야 할 필요가 있다. 이처럼 밀과 가라지가 함께 자라는 것을 허용함으로써, 가라지에게 하나님 말씀의 능력을 통해 밀이 될 수 있는 시간과 기회를 제공한다.

하나님은 왜 잡초를 허락하시는가

이 비유의 핵심 구절은 "밭은 세상이요"인데, 밭이 교회가 아니라는 것을 명확히 한다(마 13:38). 큰 잔치의 비유에서는 모든 종류의 사람들이 하나님 나라에 초대되었다(눅 14:21). 핑계를 대며 스스로를 배제한 사람들 외에는 아무도 배제되지 않았다. 밀과 가라지의 비유에서 우리는 초대를 수락한 두 종류의 사람들을 보게 된다. 즉, 그 나라 **안에**(in) 있으면서 그 나라에 **속한**(of) 사람(밀)과 그 나라 **안에** 있지만 생각과 행동이 그 나라에 **속하지** 않는 사람(가라지)이다. 다시 한번 말하지만, 이 두 개의 간단한 전치사 '~안에'(in)와 '~에 속한'(of)이 중요한 구분을 만들어 낸다.

오늘날 세상에서 그리스도를 위해 산다는 것은 세상 **안에** 있지만 세상에 **속하지** 않는 것을 의미한다. **안에** 있지만 **속하지** 않음. 그리스도인들은 세상 속에서 그리스도를 닮은 성품을 가지고 당당하게 살 수 있다. 그러나 그들 바로 옆에는 밀밭에서 가라지가 자란 것처럼, 하나님 나라 **안에** 있지만 불쾌하게 하고 불법을 행하는 사람들이 있다. 그들은 그 나라의 활동에 관여할 수도 있지만, 그들의 본성(성품)은 여전히 세상에 **속해** 있다. 그들은 하나님 나라에 **속하지** 않으므로, 모아져 하나님 나라에서 **추방될** 것이다(마 13:41).

이 비유는 많은 사람들이 어려움을 느끼는 개념을 제시한다. 하나님이 추수 때까지 하나님 나라의 세상에서 좋은 밀과 잡초가 함께 자라도록 허락하신다는 것이다. 우리는 "저기 잡초가 있으니 뽑아 버리자! 그냥 제거해 버리자!"(마 13:28, 저자 사역)고 말한 종들처럼 생각할 수도 있다. 그러나 다른 사람을 판단하는 일은 조심해야 한다.

또 그물에 걸렸어!

예수님이 말씀하신 대상은 기본적으로 어부, 농부 또는 사업가였기 때문에 그의 비유는 보통 그런 계층의 사람들로부터 가져온 것이었다. 예수님은 위와 같은 포용적 역학을 예시하기 위해 어부들을 위한 비유도 사용하셨다.

> 또 천국은 마치 바다에 치고 각종 물고기를 모는 그물과 같으니 그물에 가득하매 물가로 끌어내고 앉아서 좋은 것은 그릇에 담고 못된

것은 내버리느니라"(마 13:47-48).

예수님의 청중은 갈릴리 바다 주변을 걸을 때마다 사람들이 이렇게 하는 것을 보았다. 어부들이 그물을 물에 던지고 물고기가 가득 찰 때까지 기다렸다가 그물에 들어온 물고기를 배로 끌어 올리는 광경이었다. 그물 안에서는 분류 작업이 이루어지지 않는다. 하늘들의 나라도 마찬가지다. 어부들은 그물을 배로 끌어 올린 후에, 앉아서 쓸 수 있는 고기는 모으고 나머지는 다시 던져 버렸다. 어떤 버려진 물고기는 50번씩이나 그물에 걸렸는데 또 잡혀서, '으악, 또 그물에 걸렸어!' 라고 생각했을지도 모른다.

세상 끝에도 이러하리라. 천사들이 와서 의인 중에서 악인을 갈라내어 풀무 불에 던져 넣으리니 거기서 울며 이를 갈리라(마 13:49-50).

이런 비유들과 성경의 가르침은 일반적으로 하나님 나라 안에 있는 사람들을 두 그룹, 즉 그 나라 **안에** 있지만 성품은 세상에 **속한** 사람과, 그 나라 **안에** 있으며 성품도 그 나라에 **속한** 사람으로 나눈다(요일 2:19).

예수님도 이런 구분을 사용하셨다. 그를 따르는 자들을 위해 드린 소위 대제사장의 기도에서 '그 나라에 속한 자'와 '세상에 속한 자'를 구분하신 것이다.

내가 아버지의 말씀을 그들에게 주었사오매 세상이 그들을 미워하였사오니 이는 내가 세상에 **속하지** 아니함같이 그들도 세상에 **속하지** 아니함으로 인함이니이다. 내가 비옵는 것은 그들을 세상에서 데려가시기를 위함이 아니요 다만 악에 빠지지 않게 보전하시기를 위함이니이다. 내가 세상에 **속하지** 아니함같이 그들도 세상에 **속하지** 아니하였사옵나이다. 그들을 진리로 거룩하게 하옵소서. 아버지의 말씀은 진리니이다. 아버지께서 나를 **세상에** 보내신 것같이 나도 그들을 **세상에** 보내었고(요 17:14-18).

예수님은 제자들이 세상 **안에** 있지만 세상에 **속하지** 않았다고 말씀하셨다. 이것은 물론 예수 그리스도와 접촉하여 그로부터 생명을 얻고 있는 모든 사람에게 적용된다.

사막의 오아시스

세상 **안에** 있는 것 자체는 나쁜 일이 아니라 좋은 일이다. 이 세상은 하나님의 창조 세계다. 하나님이 우리에게 살도록 지정해 주신 곳이다. 우리의 출생과 지금까지의 삶은 하나님께는 뜻밖의 일이 아니다. 그는 우리 각자를 위해 특정한 목적을 가지고 이 시간과 장소를 준비하셨다. 우리는 예수님처럼 이 세상의 모든 종류, 모든 계층의 사람들, 즉 밀과 가라지 양쪽 모두와 교류한다. 여기에는 하나님을 따르는 사람들과 그렇지 않은 사람들, 심지어 바람직하지 않은 활동에 참여하는 사람들까지도 포함된다. 예수님도 이런 후자의 사람들과 어울린다는 이유로 비난을 받으셨음을 기억하라(눅 15:1-2). 세상에 **속한** 사람들, 즉 '불쾌하게 하는' 사람들과 어울린다고 해서 우리가 세상에 **속했다는** 의미는 아니다. 우리는 사랑, 기쁨, 평화를 발산하는 완전히 다른 종류의 특성에 **속한** 사람들이다.

하지만 이것이 가능할까? 우리는 '**안에** 있지만 **속하지는** 않는 것'에 대해 어떻게 생각해야 할까? 먼지와 메마름만 끝없이 펼쳐진 사막의 풍경을 떠올려 보라. 그 한가운데서 샘물이 솟아나 연못을 이루고 지나가는 모든 이에게 상쾌함을 주고 있다. 이 샘과 연못은 사막 **안에** 있지만 사막에 **속한** 것이 아니다. 사막에서 **발원한** 것이 아니라, 먼 산들에 내린 비와 눈, 맑은 시냇물에서 비롯되었고, 땅속의 숨겨진 통로를 통해 샘물이 공급되고 있다. 시내와 연못은 사막과 같은 **본성**에 속한 것이 아니며, 사실 사막 안에 있는 것이 부자연스러워 보이기도 한다.

당신은 무언가에 **속하지** 않고도 무언가 **안에** 있을 수 있다. 사람은 돼지가 되지 않고도 돼지우리 **안에** 들어갈 수 있다. 교육받은 사람이 되지 않고도 대학 **안에** 있을 수 있다. 누군가는 예술가가 아니지만 미술관 **안에** 있을 수 있다. 그리고 누군가는 예수님의 제자가 되고 싶지 않으면서도 교회 **안에** 있을 수 있다. 무언가의 **안에** 있는 것은 그것에 **속하는** 것보다 훨씬 피상적인 것이다.

그 나라를 닮음

무언가에 **속한다**(of)는 것은 무엇을 의미할까? 예수님이 야고보와 요한을 "우레의(of) 아들"(막 3:17)이라고 부르신 것은 그들의 본성을 파악하셨기 때문이다. 누군가가 어떤 것에 **속한다**고 말할 때, 우리는 그 사람의 **기원**과 본성(성격)을 언급하는 것이다. 우리가 누군가에 대해 "그는 롱스 집안의(of) 사람이다" 또는 "김씨 집안의 사람이다"라고 말할 수 있다. 롱스 부부에게서 난 아들은 롱스 부부의 본성을 닮을 가능성이 많다. 김 씨 부부에게서 난 딸은 김 씨 부부의 성품과 태도를 공유할 가능성이 많다. 그들은 어떤 상황 **안에**(in) 있든지 그들 가문에 **속한**(of) 사람이다.

하나님 나라에 **속한** 사람은 그의 기원과 본성이 하나님 나라에 **속하거나** 그 나라로부터 **비롯한** 사람이다. 이것이 예수님이 니고데모와 주고받은 내용이다(요 3:1-21). 새로운 기원과 본성을 가지려면 새로운 출생이 필요하며, 그래서 우리는 하나님의 말씀으로 **태어난다**. 말씀은 사람들을 하나님 나라로 데려오는 영적인 실행자(agency)다. 성령은 바람처럼 개인들의 삶 속에 오셔서 움직이시며 그들이 하나님 나라에 **속하거나** 하나님 나라의 능력으로 **태어나도록** 하신다. 사람들은 그 결과를 보지만 무엇이 그 결과를 낳는지는 알 수 없다. 가장 온전한 의미에서의 풍성한 삶이란 이런 것이다. 즉, 하나님과 그의 나라로부터 영혼 속으로 들어오는 보이지 않는 자원으로 사는 삶이다. 그런 풍성한 삶은 당신이 어디에 있든 무엇을 하고 있든 상관없이 가능한 삶이다.

그 나라 안에서의 자신의 지위에 대해 염려하는 사람들은, 단순히 그리스도의 제자로 서서 걷기만 하면 된다. 그러면 자신이 하나님 나라 **안에서** 하나님 나라에 **속하여** 살고 있음을 분명히 확신하게 하는 실재를 마음속에서 발견할 수 있다. 하나님 나라에 **속한다는** 것은 "나라와 권세와 영광이 아버지께 영원히 있사옵나이다. 아멘"(마 6:13)이라고 기도하는 것을 의미한다. 우리는 부활하신 그리스도의 능력을 **알 수 있다**. 그리스도를 죽은 자 가운데서 살리신 분이 그리스도 예수를 통해 우리의 이 땅 위의 몸에도 생명을 주실 수 있다. 우리가 그 능력을 알기로 **선택하기만** 하면 우리는 그 능력을 알 수 있다.

옛 찬송의 한 대목인 "주님, 제 마음을 다하여 그리스도인이 되고 싶습니다"[2]라는 가사는 예수님의 제자가 되기를 **원하는** 문제를 언급한다. 예수 그리스도의 제자들은 그를 닮기 원하며, 그를 닮기 위해 삶의 세부적인 것들을 정리하고 재배치한다.

관계도 없고 분깃도 없다

그물을 넓게 던지는 것은, 많은 사람들이 하나님 나라 **안에** 있지만 그들의 성품은 하나님 나라에 **속하지** 않음을 의미한다. 그들의 생각과 욕망은 세상으로부터 왔고, 그들의 본성은 세상을 향한 것에 국한되어 있다. 그들은 아마도 사람들이 치유되고 변화되는 것을 보았을 것이다. 사방에서 하나님 임재의 초자연적인 증거들을 보았을 것이다. 비록 그들이 그런 일들의 한가운데에 앉아 있을지라도, 그들은 하나님 나라에 **속하지** 않는다. 이것이 이상하게 보일 수 있지만, 신성한 능력의 범위 안에 있으면서도 그 능력에 **속하지** 않는 것이 가능하다.

히브리서 기자는 우리에게 이렇게 말한다.

> 한 번 빛을 받고 하늘의 은사를 맛보고 성령에 참여한 바 되고 하나님의 선한 말씀과 내세의 능력을 맛보고도 타락한 자들은 다시 새롭게 하여 회개하게 할 수 없나니 이는 그들이 하나님의 아들을 다시 십자가에 못 박아 드러내 놓고 욕되게 함이라(히 6:4-6).

이 구절은 말씀을 **들어 왔던** 사람들에 대한 언급이다. 그들은 다가올 세상의 능력을 **느꼈다**. 그들은 하나님의 선한 말씀을 맛보았고, 그들 위에 임하신 성령의 손길을 경험했다. 그러나 그들은 마음속으로 이렇게 말했다. '아니야. 이 세상에서 내게 가장 중요한 것이 예수 그리스도를 닮는 것은 아니야.' 그들은 돌아섰고 그리스도를 공개적으로 모욕했다. 왜냐하면 그들이 말하는 것은, "주님, 당신은 저를 충분히 만족시키지 못했습니다"이기 때문이다. 그들은 그것을 보았고 충분히 느꼈다. 그리고 말했다. "됐습니다. 그동안 고마웠습니다. 제겐 별로네요." 그런 사람들은 회개로 이끌기가 불가능하다.

당신은 사마리아의 마술사 시몬을 기억할 것이다(행 8:9-24). 그는 빌립에게서 예수님에 대해 듣고 세례를 받았다. 나중에 베드로와 요한이 도착하여 성령의 능력이 나타나는 일을 시작했을 때, 시몬은 성령의 은사를 사겠다고 제안했다. 그러자 베드로는 이렇게 대답한다.

> 네가 하나님의 선물을 돈 주고 살 줄로 생각하였으니 네 은과 네가 함께 망할지어다. 하나님 앞에서 네 마음이 바르지 못하니 이 도에는 네가 관계도 없고 분깃 될 것도 없느니라. 그러므로 너의 이 악함을 회개하고 주께 기도하라. 혹 마음에 품은 것을 사하여 주시리라. 내가 보니 너는 악독이 가득하며 불의에 매인 바 되었도다(행 8:20-23).

시몬은 이 땅에서 일어난 일 중 가장 위대한 일이 하나님 나라임을 보게 되었다. 많은 사람들이 그것을 볼 수 있는 충분한 감각을 가지고 있지만, 모두가 하나님 보시기에 옳은 마음을 품는 것은 아니다.

하나님 나라 범위 안에 앉아 있는 많은 사람들이 제자도를 목적으로 거기 있는 것이 아니다. 때로는 그들이 권유받지 않았거나 제자가 되는 방법을 배우지 못했을 수도 있다. 그런데 설명을 들었음에도 돌아서는 경우가 있다. 서구 세계에 살면서도 하나님 나라에서의 삶에 대해 들어 본 적이 전혀 없는 사람들이 많다. 그들은 교회가 길모퉁이에 있는 건물이라고 생각할 뿐 세상에 침투하고 있는 **사람**들인 줄은 모른다. 인간의 문제에 대한 해결책이 인간이 만든 해결책이 아니라는 것을 사람들이 깨닫기 전까지는 이것은 계속될 것이다. 그 해결책은 예수 그리스도를 따르는 실습 훈련을 통해 하나님 나라 안에 사는 법을 배우는 것과, 그를 점점 닮아 가고 그의 나라에 **속하게** 되는 것이다.

누가 진짜 책임자인가

하나님 나라에 **속한다**는 것은 특정 문화 집단, 종교적 배경, 인종적 구성, 문화적 또는 경제적 계층 출신이라는 사실과는 아무런 관련이 없다. 구약성경 시편 145편과 다니엘서 4장의 구절들은 하나님 나라가 얼마나 **광범위한지**를 신선하게 각인시키므로, 이 개념을 우리 마음속에 고정하는 데 도움이 된다.

하나님 나라는 이스라엘 역사 후기에 시작된 개념이기 때문에 후기의 시편들, 다니엘서, 느헤미야서, 그리고 후기 역사서에서 처음으로 하나님 나라와 하늘들의 나라에 관한 논의를 보게 된다. 시편 145편이 쓰일 무렵에는 이 용어가 매우 명확한 의미를 지니고 있었다. 다음 시편에서 "모든"이라는 단어가 반복됨을 주목하라.

> 여호와께서는 **모든**것을 선대하시며
> 그 지으신 **모든**것에 긍휼을 베푸시는도다.
> 여호와여, 주께서 지으신 **모든**것들이 주께 감사하며
> 주의 성도들이 주를 송축하리이다.
> 그들이 주의 나라의 영광을 말하며
> 주의 업적을 일러서
> 주의 업적과 주의 나라의 위엄 있는 영광을
> 인생들에게 알게 하리이다.
> 주의 나라는 영원한 나라이니
> 주의 통치는 대대에[**모든**세대에] 이르리이다(시편 145:9-13).

"여호와께서는 **모든** 것을 선대"하시기에 그 누구도 제외되지 않는다. 마치 그물과 같다.

다니엘서에서 우리는 바벨론의 느부갓네살 왕을 만나게 되는데, 그는 자기가 알고 있는 거의 모든 세계를 통치하는 권력자였다. 느부갓네살의 높은 지위가 그의 사고에 문제를 일으킨 것이 분명하다. 그래서 하나님은 그로 하여금 좀 더 현실적인 생각을 하게 하고, 하나님 나라와 권위가 모든 인간 왕들 위에 있음을 상기할 수 있도록 손을 쓰셨다.

느부갓네살은 어느 날 자기 왕좌에 앉아 있으면서 자신이 얼마나 위대한 사람인지를 생각하기 시작했다. 그리고 순간 그는 들판에서 풀을 먹고 네 발로 걷고 있는 자신을 발견했다. 그는 정신을 잃었다. 그다음에 느부갓네살의 이런 말이 성경에 기록되어 있다.

> 그 기한이 차매 나 느부갓네살이 하늘을 우러러보았더니 내 총명이 다시 내게로 돌아온지라(단 4:34).

먼저, 느부갓네살이 눈을 들어 하늘을 바라보았고, 그다음에 그의 이해력이 돌아왔음을 주목하라. 우리가 사는 세상에서 벌어지는 대부분의 미친 짓은 눈을 하늘을 향해 들지 않기 때문에 일어난다. 눈을 하늘을 향해 드는 것, 그것이 모든 것을 현실로 되돌려 놓는다. 마침내 느부갓네살이 눈을 들어 하늘을 바라보았을 때, 그의 마음이 정돈된 상태로 돌아왔다.

> 이에 내가 지극히 높으신 이에게 감사하며
> 영생하시는 이를 찬양하고 경배하였나니
> 그 권세는 영원한 권세요
> 그 나라는 대대에 이르리로다.
> 땅의 모든 사람들을 없는 것같이 여기시며
> 하늘의 군대에게든지 땅의 사람에게든지
> 그는 자기 뜻대로 행하시나니
> 그의 손을 금하든지
> 혹시 이르기를 네가 무엇을 하느냐고 할 자가
> 아무도 없도다(단 4:34-35).

오늘날 일부 교회는 하나님의 주권에 관심이 없는 선하고 현명하며 사려 깊은 사람들을 끌어들임으로써 문제를 발생시키고 있다. 이런 사람들은 악의적이지도 않고, 잘못된 일을 하고자 하지도 않는다. 그들은 이렇게 말한다. "저는 좋은 사람이 되고 싶어요. 저는 하나님을 믿습니다. 뭔가 역동적인 교회에 다니고 싶어요." 그래서 그들은 교회에 온다. 열심히 일하고 똑똑하며 의욕적인 사람들이기 때문에 곧 교회를 이끄는 부담을 짊어지게 된다. 그들이 점점 교회를 넘겨받아 운영하기 시작하면서, 마치 느부갓네살이 그랬던 것처럼 누가 책임자인지를 망각하게 된다. 그리고 교회는 계속 성장하고 번성한다. 하지만 만약 하나님이 죽는다고 해도 그들은 그것을 결코 알지 못할 것이다. 왜냐하면 교회는 단순히 좋은 조직 원칙과 효과적인 사회화 수단으로 잘 돌아가고 있기 때문이다. 이것이 수많은 교회들이 규모가 커지면서 문제에 빠지는 이유다. 그들은 분열하고, 그리스도의 정신을 잃어버리고, 서로 용서하거나 함께 지내기를 거부한다.

영적 생활의 상급자 과정은 실패가 아니라 성공에서 시작된다. 하나님 나라가 성공을 거두자 콘스탄티누스 황제는 "나에게 가장 이익이 되는 것은 내가 기독교인이 되는 것이다. 이제 우리 제국의 이름을 신성 로마 제국으로 바꾸어야겠다"고 말했다. 어떤 사람은 "나는 친구가 정말 필요해" 또는 "나는 배우자를 찾고 있어"라고 하면서 "교회에 한번 가봐야겠어"라고 말하기도 한다. 그들은 와서 말한다. "여기는 참 좋은 곳이에요. 여기 사람들은 정말 친절하군요!" 그리고 그들은 외로움을 달래며 불 옆에서 몸을 녹인다.

기독교인이 따뜻하고 친절한 것이 잘못은 아니다. 하지만 사람들이 여러 가지 이유로 교제에 참여한다는 사실을 기억해야 한다. 그들을 끌어내고 내쫓으라고 말하는 것이 아니다. 하지만 이러한 문제가 존재한다는 것을 알아차리라.

교회는 기본적으로 하나님의 부름을 받아 하나님 나라의 전초 기지가 되기 위해 모인 사람들이다. 교회를 구성하는 가장 우선하는 원칙은, 사람들을 하나님을 향해 부르는 것이다. 그리고 주님은 사도행전이 말하는 것처럼 교회에 날마다 사람들을 더하신다. 하나님의 백성은 하늘과 땅이 만나는 지점이며, 십자가와 부활의 치유를 통해 잃어버린 자를 구원하고 그들을 그리스도 안에서 충만한 인간으로 성장하게 하는 곳이 되어야 한다.

누구든지 데려오라

그렇기에 당신이 보듯이, 가장 포괄적인 의미의 하나님 나라는 만유에 대한 하나님의 통치다. 어느 것 하나도, 누구도 배제되지 않는다. 오래된 찬송, "그가 온 세상을 손으로 붙들고 계시네"는 하나님 나라에 관한 가르침이다.[3] 그런 의미에서 하나님 나라 바깥에는 아무것도 없다. 마귀도 하나님 나라 밖에 있지 않다. **악도** 하나님 나라 밖에 있지 않다. 그런 의미에서 **모든 것**이 하나님 나라 **안에** 있다.

그러나 하나님 나라의 또 다른 의미가 있다. 그것은 사람들이 참여하도록 마련된 하나님 나라다. 구약성경과 신약성경의 이야기는 기본적으로 사람들에게 주어지는 하나님 나라의 통치 이야기다. 하나님은 모세를 초대하여 하나님의 능력을 나타내는 그 나라의 리더십 파트너가 되게 하셨다. 이스라엘 민족 전체를 향해서는 일련의 제도와 의식을 주셨는데, 그것에 참여함으로써 하나님의 능력을 받을 수 있게 하셨다. 히브리 사람들의 소명은 바로 온 땅을 향한 빛이 **되어** 하나님을 위해 사는 방법을 보여주는 것이었다(사 49:6). 그들은 성공하지 못했다. 그리고 그 일은 유대인과 모든 종류의 이방인을 포함하는, 이 포용적인 나라의 전초 기지인 교회에 맡겨졌다. 우리는 나중에 예수님이 이에 대해 어떻게 가르치셨는지, 그리고 그가 말씀하신 대로 어떻게 하나님 나라를 이스라엘 민족의 지도자들로부터 빼앗아 그 나라의 열매를 맺는 사람들에게 주실 것인지에 대해 더 자세히 공부할 것이다(마 21:43).

하나님 나라 **안에** 있는 것에 대해 생각할 때, 나는 그 초대의 자유로움을 강조하고 싶다. 큰 잔치의 비유에서, 초대받은 사람들이 오지 않았을 때 주인은 이렇게 말했다. "그러면 도로와 길거리로 나가 사람들을 데려와라. 다리 저는 사람들과 눈먼 사람들도 데려와라. 누구든 데려와라!"(눅 14:23, 저자 사역) 그는 사람들을 조사하거나 어떤 방식으로도 시험하지 않으셨다.

하나님은 "준비를 잘하고 오라"고 말씀하지 않으신다. 그저 "오라"고 말씀하신다. 초대를 받으려면 옛 찬송 가사처럼 "누구든지 원하는 자는 오라"고 말씀하신다. 메시지의 개방성과 관대함이 사람들을 끌어들인다. 비유에서처럼 그물은 널리 던져진다! 필요한 것은 기꺼이 오겠다는 마음뿐이다. 그리고 우리가 그 나라 안에서의 삶 가운데 성장함에 따라, 우리는 그 삶에서 하나님과 협력한다.

많은 종류의 사람들

하나님은 아주 넓은 그물을 던져 모든 종류의 사람들을 끌어모으신다. 하나님 나라 안에 **많은** 종류의 사람들을 모으는 것이 바로 하나님 나라의 능력이다. 마치 겨자씨가 거대한 식물로 자라나서 "공중의 새들"이 그 안에 깃들어 둥지를 만드는 것과 같다(눅 13:19). 때로 우리가 교회의 교제 모습을 볼 때, 어떻게 이 모든 다양한 종류의 새들이 여기 모여 있게 되었는지 놀라게 된다. 그것이 큰 잔치의 비유와 그물 비유가 말하는 바다. 하나님은 이것이 **잘못된** 것이라고 말씀하지 않으신다. 이것은 우리가 기대해야만 할 일이다.

가장 놀라운 사례는, 예수님 자신의 제자 중 한 명인 유다가 잘못된 이유로 그를 따랐던 것이다. 예수님을 배신하기로 한 유다의 결심이 잠시 궤도에서 벗어난 실수였다고 생각하는 것은 사실을 공정하게 다루는 태도가 아니다. 그는 공금을 횡령했으며(요 12:6), 아마도 정치적 봉기를 일으키고자 그곳에 있었을 것이다.

예수님은 빵과 진리로 사람들을 먹이며 수많은 추종자들을 끌어모으셨다. 어느 날 예수님이 그들에게 물으셨다. "너희는 왜 나를 따르느냐. 나를 따라오면 장차 내 살을 먹고 내 피를 마셔야 한다는 것을 알고 있느냐"(요 6:53, 저자 사역). 이 말씀을 하셨을 때 많은 사람들이 돌아섰고 그를 떠났다. 그들 중에는 심지어 제자로 여겨지던 사람들도 있었다(요 6:66). 그들은 예수님이 곧 도를 넘게 될 것이라고 생각했을 것이다. 온갖 종류의 사람들이 잘못된 동기를 가지고 예수님을 따랐다. 그런 상황은 오늘날에도 여전히 존재한다.

그 나라의 전초 기지

교회들은 우리 가운데 하나님 나라가 현존하고 있음을 드러내는 주된 표현이다. 예수님이 제자들에게 지상 명령을 주실 때, 교회들을 시작하라고 말씀하지 않으셨다. 하나님 나라의 상륙 거점을 세우라고 하면서 보내셨다. 상륙 거점은 군대가 작전 기지를 구축하기 위해 점령한 일부 해변을 말한다.

제자들은 어떻게 이러한 전초 기지를 세웠을까? 바로 여기서 예수님의 권위가 등장한다. "나는 하늘과 땅의 모든 것을 다스리는 권세를 받았다"(마 28:18, 저자 사역). 이것이 사도행전에서 일어난 일이다. 우리가 교회라고 부르는 것들은 이러한 전초 기지에서 파생된 것인데,

제자들이 상륙 거점을 세운 곳에서 교회들이 자라났기 때문이다. 이 교회들은 세상으로부터 모든 종류의 사람들을 끌어들여 지역 사회에서 눈에 띄는 독특한 집단으로 형성되었다. 그들의 임무는 주변 지역으로 침투하여 상륙 거점을 확장하는 것이었고, 그들은 성공적으로 그 일을 해냈으며, 우리도 지금 그들의 일을 계속하고 있다.

하나님의 넓은 그물망 때문에 세상과 우리의 지역 모임들에는 종종 '밀과 가라지'가 섞여 함께 자란다. 그리스도와 연결된 우리의 정체성은 지역 사회 안에서 우리가 새롭고 긍정적인 실재가 되라고 주어진 것이다. 하나님 나라가 접근 가능하다는 것은 우리의 전초 기지에 약하고 궁핍한 사람들이 있을 것이고, 그 과정에서 약간의 괴로운 일들이 일어날 것이 거의 분명하다는 의미다. 하지만 그 결과에 대해 우리는 항상 하나님을 신뢰해야 한다.

복된 확신

시편은 자기 백성을 찾고 구원하시려는 하나님의 열망과 능력에 관한 생생한 그림들을 제시한다. 시편 126편은 약해진 시온에 대한 이야기를 들려준다. 시온의 백성은 자신들이 역사상 가장 위대한 나라라고 생각하며 자만에 빠져 있었다. 그들은 **결코** 소멸하거나 멸망하지 않을 것이라고 생각했다. 그러나 성전이 불타고 사슬에 묶인 포로가 되어 바벨론으로 끌려간 후, 그들은 하나님 나라가 정말로 어떤 나라인지, 그 나라가 어떻게 돌아가는지를 배우기 시작했다. 주님은 마침내 유대인들을 포로 상태에서 구출하셨고, 그 사건을 기념하기 위해 이 노래를 불렀다.

여호와께서 시온의 포로를 돌려보내실 때에

우리는 꿈꾸는 것 같았도다.
그때에 우리 입에는 웃음이 가득하고
우리 혀에는 찬양이 찼었도다.
그때에 뭇 나라 가운데에서 말하기를
여호와께서 그들을 위하여 큰일을 행하셨다 하였도다.
여호와께서 우리를 위하여 큰일을 행하셨으니
우리는 기쁘도다.
여호와여, 우리의 포로를
남방 시내들같이 돌려보내소서(시 126:1-4).

이 "남방 시내들"은 사막의 마른 개울 바닥이 폭풍우 후에 급류로 변하는 모습을 가리킨다. 이것은 인간의 제도로서의 시온의 모든 능력이 어떻게 파괴되었고, 하나님이 어떻게 그들의 편이 되셨는지를 보여준다. 그들이 스스로의 힘으로 포로에서 돌아온 것이 아니다. 하나님이 그들을 다시 데려오셨다. 그들은 이 깊은 진리를 배우고 기뻐했다.

눈물을 흘리며 씨를 뿌리는 자는
기쁨으로 거두리로다.
울며 씨를 뿌리러 나가는 자는
반드시 기쁨으로 그 곡식 단을 가지고
돌아오리로다(시 126:5-6).

늘 빛나는 나라

일반적으로 우리의 지역 제자 그룹들에는 여정을 걷고 있는 다양한 단계에 있는 사람들과 여전히 포로 상태에 있을지도 모르는 사람들이 포함되어 있다. 병원이 치유와 건강을 위해 온 모든 단계에 있는 사람들이 치료를 받고 점진적으로 나아지는 장소인 것처럼, 교회도 그러해야 한다. 어떤 사람들은 집중 치료를 받고 있고, 어떤 사람들은 회복되어 그들의 눈에 항상 빛나는 "더 나은 본향"(히 11:16)을 담고 세상으로 나가고 있다. 이곳은 사람들이 생각하는 것처럼 완벽함의 장소가 아니라, 하나님의 능력 아래서 서로를 치유하는 사랑으로 함께 살아가는 곳이다. 그래서 우리는 사람들이 있는 모습 그대로 올 것이라고 기대하고 영접한다. 그것이 예수님의 방식이었다. 그렇지 않은가. 옛 찬송 가사에 있듯이 "그리스도는 죄인들을 영접하신다."[4] 그는 이렇게 깨지고 아파하는 사람들을 지역 회중으로 받아들이신다.[5]

가라지가 밀과 함께 자라고 있다는 사실을 깨닫게 되면 낙담할 수 있다. 어떤 사람들이 잘못된 목적으로 이곳에 있다는 것을 알면 마음이 불편할 수도 있다. 그러나 우리의 확신이 '그리스도를 통해 얻는 하나님을 향한'(고후 3:4) 확신임을 기억해야 한다. 그리고 그 확신이 주는 풍성함 속에서 우리는 행동한다. 우리는 결핍, 두려움, 나약함에서 나온 행동을 하는 것이 아니라, 힘, 충만함, 확신으로 행동한다. 그렇게 함으로써 우리는 놀랍도록 위대한 능력 안으로 들어가며, 인간들 사이에서 하나님 나라가 전진하고 있다고 말할 수 있게 된다.

하나님 나라에 관한 요점 정리

- 하나님 나라는 밀뿐만 아니라 가라지도 포함한 모든 종류의 사람들을 모은다. 하나님은 큰 그물, 굉장히 넓은 그물을 던지신다.
- 하나님은 밀과 가라지가 함께 자라도록 허락하신다. 그리고 우리 안에서, 그리고 우리를 통해 나타나는 그의 말씀의 능력은 가

라지들을 열매 맺는 밀로 변화시킬 수 있다.

- 교회는 병원과 같이 치유와 건강을 위해 온 모든 단계에 있는 사람들이 치료를 받고 점점 나아지는 장소가 되어야 한다.
- 하나님 나라에는 모든 사람이 초대를 받는다. 자신을 배제하는 사람 외에는 아무도 배제되지 않는다.

7장

성장과 책임[1]

> 하나님이 자기 형상 곧 하나님의 형상대로 사람을 창조하시되 남자와 여자를 창조하시고 하나님이 그들에게 복을 주시며 하나님이 그들에게 이르시되 생육하고 번성하여 땅에 충만하라. 땅을 정복하라. 바다의 물고기와 하늘의 새와 땅에 움직이는 모든 생물을 다스리라 하시니라. _창세기 1:27-28

인간으로서 우리는 우리 주변에 있는 어느 정도의 사물을 책임지고 그것들을 통제할 수 있도록 창조되었다. 우리 각자에게는 하나의 영역, 즉 우리의 작은 왕국이 있는데, 그 영역에서는 우리가 권한을 가지고 결정한 방식대로 모든 일이 이루어진다. 하나님은 인류를 창조하실 때 지상의 모든 것에 대한 지배권을 우리에게 주셨다(창 1:26, 28). 아담과 하와가 타락했을 때에도, 인간이 계속 죄를 짓고 있음에도, 하나님은 그 지배권을 거두지 않으셨다. 우리는 아직도 지구를 관리하고 다스리고 돌보는 일을 하고 있지만, 결코 하나님과 분리된 채로 이 일을 행할 수 없다. 우리의 죄와 하나님으로부터의 분리는 우리를 부패와 죽음으로 이끌었다. 마치 양배추를 땅에서 뽑아 인도에 놓아두면 시들다가 죽는 것과도 같다. 이것은 끊임없는 갈등상태로서 끔찍한 혼란을 일으키는데, 하나님으로부터 우리 뿌리가 뽑혔기 때문이다.

하나님은 우리가 하나님과 파트너가 되어 이 영역을 다스리게 되기를 기대하신다. 그는 우리 각자에게 고유한 영역을 주셨지만, 죄가 세상에 들어옴으로써 이 영역은 끔찍하게 왜곡되었다.

통치를 위한 존재

우리가 누구인지 이해하려면, 우리가 통치를 위해, 사물에 대해 권한을 갖도록 만들어진 존재임을 이해해야 한다. 당신이 만약 사람이 통치를 위해 창조된 존재라고 생각하지 않는다면, 한번 그들이 하려는 일을 가로막아 보라. 그들의 일에 끼어들면 결코 좋은 일이 벌어지지는 않을 것이다. 물론 타락한 세상에서 인간의 서로 다른 규칙들을 타협하는 것은 더 큰 문제이며 대단히 괴로운 일이다. 이런 일에서의 충돌은 사회 집단 간에, 가족 내에, 전쟁 중인 국가 간에 발생하는 많은 문제들의 원인이 된다.

예수님이 하나님 나라가 지금 경험할 수 있는 것임을 선포하러 오셨을 때, 그 안에는 우리의 개인적인 영역들(왕국들/나라들)을 조화롭게 조정하여 반목과 고립 없이 함께 살라는 초대가 포함되어 있었다. 하나님은 현재 지상에 존재하는 우리의 왕국들이 서로 충돌하는 것을 의도하지 않으셨다. 우리는 "네 마음을 다하며 목숨을 다하며 힘을 다하며 뜻을 다하여 주 너의 하나님을 사랑하고 또한 네 이웃을 네 자신같이 사랑하라"(눅 10:27)는 두 가지 위대한 계명 아래 함께 살도록 초대받았다.

신실함

당신과 나는 하나님의 위대한 우주 속에서 영원한 운명을 지닌 불멸의 영적인 존재다. 그 영원한 운명은 이런 것이다. "그의 얼굴을 보면서 살게 되며, 그들이 그에게 속했다는 진리가 그들의 얼굴에 드러날 것이다. 다시는 어둠이 없고, 등불이나 햇빛이 필요 없게 될 것이다. 주 하나님이 그들 가운데서 비치실 것이기 때문이다. 그들은 세세

토록 다스릴 것이다"(계 22:4-5, 저자 사역). 하나님의 우주에서 하나님과 함께 창조적으로 통치하는 것은 우리를 위해 준비된 영원한 운명이다.

육체적 죽음 이후에 우리는 천사의 본성과 비슷한 특성을 받게 될 것이다. 예수님은 이것을 이렇게 설명하셨다. "그들은 다시 죽을 수도 없나니 이는 천사와 동등이요 부활의 자녀로서 하나님의 자녀임이라"(눅 20:36). 예수님은 우리가 들어갈 끝없는 삶을 말씀하고 계셨다. 이것을 상상하거나 이해하기는 어렵다. 우리는 지금 하나님을 대적하는 세상에 살고 있기 때문이다. 우리 눈에 보이는 광경 속에서는 하나님의 능력과 진정으로 동일시할 수 있는 것을 거의 보지 못한다.

기독교 사역을 하는 데도 사람들이 순전히 인간적인 에너지로 서로 밀고 당기는 것처럼 보일 때가 있다. 이것은 우리가 자신을 하나님의 손에 맡기며 믿음 안에서 살고 행동하는 방법을 배우지 못했을 때 발생하는 일이다. 우리가 삶을 구성하는 **작은 것들에서** 신실함을 배울 때, 하나님은 우리에게 보이지 않는 그의 나라의 풍경에 대해 점점 더 많은 것을 가르쳐 주시고, 우리를 영원한 운명 속으로 더 깊이 인도하신다. 이것이 바로 그와 함께 영원 영원토록 통치하기 위한 훈련의 과정이다.

당신의 달란트를 활용하라

이것이 실제로 작용하는 방식은, 하나님이 우리에게 우리 몸을 포함한 우리 주변의 것들을 책임지고 그것을 활용하기를 기대하시는 데 있다. 우리는 **하나님을 의지하며** 그의 영광을 위해 우리가 할 수 있는 가장 큰 선을 창조하려고 그것들을 활용한다. 돈은 우리의 지배와 통치를 펼치는 한 방법으로서 이런 책임을 이행하는 데 중요한 부분이다. 돈 없이는 할 수 없는 일을 돈은 할 수 있게 해주기 때문이다. 예수님은 이 점을 이해하셨고, 이 문제를 다루셨다. 그는 돈이 능력을 주기 때문에 중요해진다는 것을 알고 계셨다.

예수님이 달란트에 관하여 말씀하신 비유는 우리의 책임에 대한 가르침이다. 그것은 죽음이나 최후의 심판에 관한 것이 아니라, 현시대의 삶에 대해 직접적으로 말씀하신 것이다. 예수님 시대에 달란트는 곧 돈이었다. 그러므로 이 비유는 '돈의 힘 비유'라고 부르는 것이 더 나을 수도 있다. 이 이야기에서 한 귀인이 여러 사람에게 상당한 돈을 나누어 주고 여행을 떠났다. 그는 이들에게 그 돈을 책임지고 투자하도록 맡겼다. 누가복음 19장에서는 이 비유를 므나의 비유로 제시하는데, 나는 마태복음 25:14-30에 나오는 버전보다 이 버전을 더 선호한다.

예수님은 예루살렘으로 올라가는 그의 마지막 여행이 끝날 무렵 제자들과 함께 삭개오의 집에서 식사를 마치신 직후에 이 비유를 들려주셨다.

> 이 시점에 무리들은 인자가 어떻게 잃어버린 자를 찾아 구원하러 오셨는지에 관해 듣고 있었다. 그들은 예루살렘 근처에 있었기 때문에 많은 사람들이 하나님의 나라가 당장에 나타날 것이라고 생각했다(눅 19:10-11, 저자 사역).

예수님을 따르는 사람들은 항상 '아직도 때가 되지 않았나?'라고 생각했다. 그래서 예수님이 말씀하셨다.

> 어떤 귀인이 왕위를 받아 가지고 오려고 먼 나라로 갈 때에 그 종 열을 불러 은화 열 므나를 주며 이르되 내가 돌아올 때까지 장사하라 하니라(눅 19:12-13).

어떤 사람이 로마에 갔다가 올 때, 한 도시나 지역의 왕이 되어 돌아오는 경우가 종종 있었다. 귀족은 떠나기 전에 열 명의 종에게 한 므나씩을 주었는데, 이는 대략 100일치 임금에 해당하는 금액이었다. 그러므로 그것은 꽤 큰돈이었다.

> 그런데 그 백성이 그를 미워하여 사자를 뒤로 보내어 이르되 우리는 이 사람이 우리의 왕 됨을 원하지 아니하나이다 하였더라(눅 19:14).

그 귀인의 백성들이 그를 피해 로마로 달려가서 "이 사람을 우리의 왕으로 삼지 말아 주십시오!"라고 말했다. 그들은 그가 자신들을 다스릴 권력을 얻지 못하도록 막으려 했다.

> 귀인이 왕위를 받아 가지고 돌아와서 은화를 준 종들이 각각 어떻게 장사하였는지를 알고자 하여 그들을 부르니 그 첫째가 나아와 이르되 주인이여, 당신의 한 므나로 열 므나를 남겼나이다(눅 19:15-16).

이는 1,000퍼센트 수익이다. 이 종이 받은 명령은 '사업을 하라'는 것이었다. 그 돈을 책임지고 사용하라고 했지만, 구체적으로 어떻게 하라는 말은 없었다. 그는 돈으로 무슨 일을 하라는 지시를 받지 않았고, 자신이 주도권을 가졌다. 우리도 하나님의 사업에 이와 같은 방식으로 참여할 필요가 있다. 이것은 우리가 하나님과 대화할 주제가 된다. 그것은 하나님이 우리 각자에게 주신 고유한 목적을 이해하도록, 그리고 하나님과의 관계를 세워 나가도록 우리를 돕는다.

> 주인이 이르되 잘하였다 착한 종이여. 네가 지극히 작은 것에 충성하였으니 열 고을 권세를 차지하라 하고(눅 19:17).

"지극히 작은 것"이라는 표현에 주목하라. 예수님이 이 비유에서 말씀하신 주요 내용 중 하나는, 사람들이 자신이 가진 것이 아주 적다고 믿기 때문에 잘못된 행동을 한다는 것이다. 그들은 자신의 몸과 삶에서의 위치가 자신이 통치하도록 주어진 영역임을 알지 못한다. 그처럼 간단한 문제다.

당신 자신에 대해 잠시 생각해 보라. 당신의 몸, 지성, 재능……. 아주 소수만 자신의 이런 모습들에 만족할 것이다. 그러나 우리의 첫 번째 질문은 이것이 되어야 한다. "우리는 하나님이 주신 이런 기본적인 선물들에 신실할 수 있는가?"

"지극히 작은 것에 충성"한 사람에게 그 귀인은 "열 고을 권세를 차지하라"(눅 19:17)고 말했다. 그는 왕이 되었으므로 도시들을 나누어 줄 수 있었다.

열 개의 도시를 책임지기란 상당히 어려운 일이었을 것이다. 사람들은 정부에 대해 끊임없이 불평한다. 그런데 당신이 그 정부를 책임진다고 생각해 보라. 어떻게 하겠는가? 당신의 성품 위에 놓인 그 역할이 요구하는 일들의 무게를 느낄 수 있을 것이다. 하지만 우리 삶의 많은 측면은 일을 책임지는 것과, 또 우리가 어떤 권위를 맡길 만큼 신뢰할 수 있는 사람인지와 관련이 있다.

한 므나를 받은 두 번째 종은 그것을 사용하여 다섯 므나를 만들었다(눅 19:18). 모든 사람이 동일한 부담을 질 수 없다. 그러나 그는 다섯 도시를 충분히 다스릴 만큼 일을 잘 해냈다(눅 19:19).

나는 이 귀족이 왕으로 통치할 자격이 충분하다고 생각한다. 그는 똑똑했다. 그는 마을을 떠날 때 이런 생각을 했다. '내가 돌아오면 내 도시들을 책임질 사람들이 필요하게 될 것이다. 그러니 이 종들이 일을 어떻게 해내는지 봐야겠다.'

주인의 즐거움

마태복음 25장의 비유에서는 주인이 이런 말을 했다.

> 잘하였도다 착하고 충성된 종아. 네가 적은 일에 충성하였으매 내가 많은 것을 네게 맡기리니 네 주인의 즐거움에 참여할지어다(마 25:21).

주인의 즐거움에 참여함은 선한 것을 창조하고 선을 위해 다스리는 것이다. 그것이 바로 하나님이 하시는 일이다. 그분의 기쁨은 창조, 선한 것을 창조하시는 데 있다. 그것은 우리 모두가 좋아하는 일이 아닌가? 하나님은 무한한 창조의 의지를 가지고 계시다. 우리를 위한 그분의 계획은 우리가 맡은 것을 사용하여 선을 창조하는 방법을 배우게 하시는 데 있다. 하나님 앞에서 우리가 '작은 것'을 책임지는 법을 배우게 되면, 하나님은 우리에게 더 많은 것을 맡기실 것이다. 하나님 나라에서 발전해 나가는 것은 결코 이기주의적인 일이 아니다. 그것은 우리가 가진 아주 작은 것에 책임을 짐으로써 성장하고 더 큰 책임을 얻게 되는 일이다.

우리가 영적으로 성장하려면, 이미 어떤 일을 책임지고 있다는 사실을 이해해야 한다. 그러므로 당신이 가진 권한을 찾고 그것을 활용하여 열 개의 도시를 관리할 수 있는 사람이 되기 바란다. 이 물질적 우주는 사라지지 않고 계속 존재할 것이다. 그리고 그것을 관리할 사람은 항상 필요할 것이다. 우리는 책임자가 되기 위해 만들어졌다.

한 달란트 받은 종

이 이야기의 두 가지 버전에 모두 등장하는, 주인에게 나아온 세 번째 종의 모습은 매우 교훈적이다. 마태복음의 이야기에서 그는 "내가 [당신을] 알았으므로"라고 말한다. 그러나 주인에 대해 잘못된 견해를 가졌던 것이 문제다. 많은 사람들이 하나님에 대해 잘못된 견해를 가지고 있으며 하나님을 잘 모른다. 그러나 그들은 안다고 생각한다.

> 주인이여, 당신은 굳은 사람이라 심지 않은 데서 거두고 헤치지 않은 데서 모으는 줄을 내가 알았으므로 두려워하여 나가서 당신의 달란트를 땅에 감추어 두었었나이다. 보소서. 당신의 것을 가지셨나이다 (마 25:24-25).

이 불쌍하고 겁에 질린 한 달란트 받은 사람은 주고받기 게임을 하고 있다. '당신이 내게 그것을 주었으니, 나도 당신에게 이것을 주겠다'는 식이다. 하지만 하나님은 그런 식으로 일하지 않으신다. 이 종은 안전하게 그런 게임을 하면서 '나는 아무 잘못도 안 했어'라고 생각하는 듯이 보인다. 하지만 아무 잘못도 하지 않으려는 것이 가장 큰 잘못이었다. 그는 자신이 가진 것을 가지고 모험에 나서지 않았다. 그는 투자하지도, 하나님 나라가 그것을 번성시킬 것도 기대하지 않았다. 하나님의 성품을 잘못 알면 인생의 잘못된 편에 설 수 있다.

많은 사람들이 하나님을 위협적인 존재로 여기며 두려워한다. 그들은 복음을 정확하게 듣지 못해 예수님 안에 있는 부드러움과 온유함에 자신을 드러내 본 적이 없을 것이다. 또는 불친절한 양육자 밑에서 자란 불행한 경험 때문에 나쁜 모델을 통해 하나님을 생각하는, 깊으면서도 흔한 문제를 가지고 있을 수도 있다. 그래서 그들은 하나님을 피해 숨는다.

때때로 그들은 인간의 관점에서 생각하기 때문에 두려워한다. 우리는 하나님의 위대함은 인간의 위대함과 다르다는 사실을 이해해야 한다. '위대한' 사람들은 다른 사람들이 접근하지 못하도록 사람들로 겹겹이 둘러싸여 있으며, 다른 사람들에게 말을 걸 필요도 없다. 우리는 하나님이 거대한 기업의 임원이나 정부의 고위층 인사와 같지 않다는 것을 정말로 이해해야 한다.

하나님의 위대함은 바로 그의 낮아지심에서 드러난다. 그는 아주 작은 일도 다루실 수 있으며 기꺼이 다룰 준비가 되어 있으시다. 그의 보살핌과 사랑은 모든 사람에게 다가간다. 그들이 스스로를 얼마나 하찮게 말하더라도 상관없다.

이 종은 하나님과 함께 아무런 일도 해보지 않았다. 그는 오늘날 하나님이 얼마나 선하신 분인지 몰라서 하나님 나라로 나아가지 않는 많은 사람들의 태도를 그대로 보여주었다. 그들은 예수 그리스도 안에 나타난 사람을 향한 하나님의 사랑이 무엇인지 이해하지 못했고, 창조 때에 인간에게 주어진 존엄성이 무엇인지 알지 못했다. 누가복음의 이야기는 그 종을 이렇게 묘사한다.

> 또 한 사람이 와서 이르되 주인이여, 보소서. 당신의 한 므나가 여기 있나이다. 내가 수건으로 싸 두었었나이다. 이는 당신이 엄한 사람인 것을 내가 무서워함이라. 당신은 두지 않은 것을 취하고 심지 않은 것을 거두나이다(눅 19:20-21).

때때로 하나님과의 관계에서 우리의 기본적인 동기가 두려움이 된다. 두려움은 하나님을 신뢰하고 그를 향해 마음을 열게 하기보다 하나님으로부터 피하여 숨게 만든다. 두려움은 우리를 구석으로 몰아넣고, 우리를 외롭고 무섭고 불신하는 상태로 만든다. 두려움은 여러 면에서 사람들에게 최악의 것이다.

예수님은 이 비유를 만드시면서, 자신이 안전하다고 생각한 겁에 질린 종에게 흥미로운 답변을 주기로 선택하셨다.

> 그 주인이 말했다. "네 입으로 한 말 그대로 내가 너를 심판하겠다. 너는 나를 그런 사람이라고 믿었느냐? 그 말대로 내가 너에게 행하겠다"(눅 19:22, 저자 사역).

주인을 무서워한 그는 가졌던 한 므나를 빼앗겼다. 그리고 두 이야기 모두에서 그 므나(또는 달란트)는 열 므나를 가진 다른 종에게 주어진다.

이 종은 주인의 관대함을 공정하게 다루지 않았다. 종은 주인이 자신을 진지하게 대하는 만큼 자신을 진지하게 생각하지 않았다. 이 구절에서 가장 중요하게 배워야 할 점은, 자신을 하나님의 피조물로서 진지하게 여겨야 한다는 것이다. 자신이 하나님의 투자를 받을 만한 충분한 가치가 있는 존재임을 당신은 믿어야 한다.

우리는 하나님을 두려워할 필요가 없다. 우리는 우리의 '므나'(돈, 정신적·육체적 능력, 가족, 일)가 무엇인지 알고, 그것들에 대해 책임을 지며 하나님의 영광을 위해 투자해야 한다. 그러면 한 므나로 열 므나를 만든 종처럼, 우리는 이러한 것들을 사용하여 우리를 위해 예비된 더 충만한 삶으로 들어갈 준비를 할 수 있다. 하나님은 우리 삶을 위한 목적을 가지고 계시며, 그중에는 우리에게 맡기실 열 개의 도시를 다스릴 책임도 포함된다(눅 19:16-17). 그리고 그리스도에 대한 우리의 신뢰가 커지면서, 하나님이 창세 때부터 우리를 위해 정하신 그 나라에 들어가게 된다.

나와 거래합시다

책임을 맡는 것과 미래를 위한 투자라는 주제는 예수님 메시지의 핵심적인 부분이다. 예수님은 옳지 않은 청지기의 비유(눅 16:1-12)에서 이 개념을 강조하셨다. 이 청지기는 사장의 재정 업무를 담당하고 있었는데, 아마도 일을 잘 처리하지 못했던 것 같다. 그래서 그는 현미경 감사를 받았고, 사장은 그를 해고했다.

"나는 이제 어떻게 해야 할까?" 그가 말했다. "하루아침에 실업자가 되었구나. 밖에 나가서 땅을 파자니 힘이 없고……그래, 내가 재무 담당자 자리에서 쫓겨날 때, 그들이 나를 집으로 맞아 줄 수 있도록 이렇게 해야겠다"(눅 16:3-4, 저자 사역).

그의 사장은 그에게 일을 정리할 시간을 준 것이 분명하다. 그래서 그는 채무자들을 일일이 불러서 그들이 사장에게 진 빚을 감면해 주었다. 예를 들어, 이런 식으로 말이다.

당신은 우리 사장에게 아직 100만 원을 빚지고 있소. 50만 원만 내면 다 갚았다고 표시하겠소(눅 16:6, 저자 사역).

당시에 이것은 사업을 할 때 일반적인 관행이었다. 이 청지기가 옳지 않다는 말은, 그의 행동이 비뚤어져서가 아니라 그가 훌륭한 청지기의 표준에 부합하지 않았다는 의미다. 그러나 그는 매우 현명했다. 그는 깊이 생각한 다음에 선택을 했다. 이렇게 함으로써 그의 주인은 적어도 **무언가**를 얻었다. 만약 그가 그냥 도망쳤다면, 주인은 그 사업의 내용을 몰랐기 때문에 아무것도 얻지 못했을 것이다. 주인은 청지기의 지혜에 의지했고, 청지기는 두 사람 모두에게 좋은 무언가를 만들어 냈다. 그래서 주인이 청지기의 현명한 행동을 칭찬했다. 예수님은 계속해서 이렇게 말씀하셨다.

> 이 세대의 아들들은 그들 사이의 관계에서 빛의 아들들보다 더 슬기롭다. 그러므로 내가 너희에게 말한다. 불의한 맘몬으로 너희를 위한 친구를 사귀어라. 사업에서 실패할 때, 그 친구들이 너희를 영원한 처소로 영접할 것이다(눅 16:8-9, 저자 사역).

불의한 맘몬이 무엇일까? 맘몬에는 우리가 관리하는 소유물, 돈, 다양한 종류의 상품이 포함된다. 이러한 것들은 그 자체로 잘못된 것은 아니지만 종종 불의한 방식으로 사용된다. 그리고 "사업에서 실패할 때, 그 친구들이 너희를 영원한 처소로 영접할 것"이라는 예수님의 말씀은 하늘에 저축하는 일에 관한 말씀이다. 예수님은 이런 말로 결론을 맺으셨다.

> 그러므로 너희가 불의한 맘몬을 사용하는 일에 신실하지 않다면, 누가 참된 부를 너희에게 믿고 맡기겠느냐. 너희가 다른 사람의 것을 사용하는 데 신실하지 않다면, 누가 너희 자신의 것을 너희에게 주겠느냐(눅 16:11-12, 저자 사역).

우리 모두의 삶에는 하나님의 통치 아래로 가져와야 할 영역이 있다. 여기에는 정신적·육체적 능력, 재능, 재정적 자원이 포함된다. 하나님은 이 모든 것을 우리의 왕국에 두셨다. 삶의 모든 세부 사항을 하나님의 통치 아래 가져올 때, 그분이 말씀하신 것을 당신은 할 수 있게 된다.

예수님이 "하늘과 땅의 모든 권한을 내게 주셨다"(마 28:18, 저자 사역)고 말씀하신 것처럼, 우리에게는 몇 가지 일에 대한 권한이 주어졌다. 이것은 우리가 예수님과 함께 사는 법을 배우는 과정의 일부다. 우리가 일할 때, 가족을 돌볼 때, 자동차를 살 때, 축구 경기를 보러 갈 때, 예수님이 하셨을 것처럼 행동하는 법을 배우게 하려는 것이다. 우리는 일상의 사건들을 예수님이 하셨을 법한 방식으로 처리할 수 있다.

중요한 것은 우리의 수입이나 업적이 아니라, 우리가 어떤 사람이 되는가다. 그 귀인은 종이 돈을 1,000퍼센트 불린 것을 보고, "잘하였다, 내 재산이 더 늘어났구나!"라고 말하지 않았다. 그 대신 "잘하였다, 착한 종이여!"라고 했다(눅 19:17). 귀인은 종이 어떤 인격의 사람인지에 관심이 있었다. 그것이 바로 하나님이 항상 찾으시는 바다. 하나님의 보물은 우리가 한 일의 결과가 아니다. 하나님이 내 삶에서 얻고자 하시는 것은, 내가 무엇을 하는지와 상관없이 내가 어떤 사람이 되는가다.

귀인이 종들에게 작은 일을 맡기는 데서 시작했음을 주목하라. 이것이 지혜다. 다른 사람에게 작은 일을 기꺼이 맡기는 것은, 자녀를 키울 때나 직원을 대할 때 좋은 결과를 가져온다. 다른 사람에게 기꺼이 책임을 맡길 때, 비로소 우리는 그들이 누구인지 알기 시작한다. 한편, 어떤 일에 대한 주도권을 부여받기 전까지는 **그들도** 자신이 누구인지 잘 모른다.

어떤 사람들은 자신이 책임을 맡게 된다면 무엇을 할 수 있을지 꿈꾸는 것으로 평생을 보낸다. 때때로 그들은 사람들이 기대하는 것보다 훨씬 더 잘 해내기도 한다. 하지만 예수님은 아주 작은 일에 신실한 사람이 큰일에도 신실하다고 말씀하셨다(눅 16:10). 하나님 나라에서 사는 법을 배우는 것은 책임감을 배우는 것이며, 책임감을 배우는 것은 무엇이 선하고 무엇이 선하지 않은지 판단하는 것과 관련이 있다.

많은 사람들이 자신이 하고 있는 일을 '작은 일'로 여기며 걱정한다. 작은 일에 신실한 사람은, 하는 일의 **크기**가 아니라 **신실함**이 중요함을 인식한다. 그러나 작은 일에 신실하지 않은 어떤 사람들은 '이건 너무 작은 일이라서 내가 신실하든 말든 별로 상관없어!'라고 생각한다. 그러나 중요한 것은 신실함이다.

당신의 손을 내밀라

당신의 왕국에는 무엇이 있는가? 당신에게 주어진 권한은 무엇인가? 당신은 자신의 몸을 책임지고 있으며, 그 몸을 하나님의 영광을 위한 장소로, 하나님을 경외하고 다른 사람을 축복하는 장소로 사용하기 위해 여기 있다. 일, 가족, 공동체에 대해서도 생각해 보라. 일이란 단순히 직업이 아니며 일생 성취하게 될 선의 총량이다. 자녀나 손주가 있다면, 그들과의 관계에서도 당신 쪽에 일정한 책임이 있다. 여러분은 그 관계가 어떤 모습일지 결정할 수 있으며, 그 헌신은 놀라운 효과를 일으킬 수 있다.

우리 중 어떤 사람은 교회 일과 다른 사람들과의 교제에 많은 것을 투자하고 있다. 그러므로 단순한 일들, 즉 음향 부스에서 일손을 돕거나 커피를 나르거나 아이들을 가르치는 것과 같은 일들의 의미를 축소하지 말라. 이 모든 것은 **당신의 왕국**에서 당신이 만들어 내는 창조적 선의 일부다.

당신의 왕국은 종교적인 일들에만 국한되지 않는다. 도르가는 옷을 만들어 필요한 사람들에게 나누어 주었다(행 9:36-43). 당신의 왕국에는 예술 작품은 물론 정치 활동, 사업체, 복음 전도, 기도 사역에 이르기까지 모든 것이 포함될 수 있다. 이 모든 것이 '그래, 내가 해야 할 일이야'라고 결정할 수 있는 장소다.

자신에게 부분적으로만 권한이 있거나, 자신의 능력에 대해 의심이 들거나, 하나님을 신뢰하지 못하는 일들이 있을 수 있다. 이러한 문제들은 해결을 해야 한다. 우리는 예수님이 "네 손을 내밀라"(막 3:5)고 말씀하셨을 때 순종한 손 마른 사람처럼 행할 수 있다. 그는 손을 내밀었지만, 우리는 그 작은 일조차 우리의 현실을 넘어서는 일이라고 생각할 수 있다. 자기는 말을 잘 못한다고 불평했던 모세처럼 느낄 수도 있지만, 하나님은 "누가 사람의 입을 지었느냐"고 응답해 주셨다(출 4:11). 하나님이 우리를 도우실 것이다.

지금 하나님 나라 안에서 당신의 삶의 이러한 측면들을 어떻게 가꾸어 나갈 수 있을까? 해야 할 가장 중요한 일들 중 하나는, 당신이 그 일들에 책임이 있음을 인식하는 것이다. 우리 각자는 목적이 있는 존재이며, 변화를 일으키기 위해 여기에 있게 되었다. 당신이 무엇에 자신을 투자하고 있는지 살펴보라. 그리고 이렇게 말해 보라. "이것이 나의 므나다. 이것이 나에게 주어진 작은 맘몬이다. 나는 이것을 투자하겠다. 그 일에 최선을 다하겠다." 그러므로 무엇보다도 먼저, 그것을 **받아들이고** 이렇게 말하라. "이것이 내가 책임져야 할 일이다."

어떤 일들은 당신이 책임지지 **않기로** 결정할 수도 있다. 예를 들어, 이웃들과 그들의 행동 방식에 대해서는 책임지지 않는 것이 나을 수 있다. 바쁜 일이 가득한 세상에서 우리는 너무 많은 일들로 산만해져 중요한 일에 깊이 투자하지 못하곤 한다. 하나님과 파트너가 되어 일할 수 있는 중요한 일 한두 가지를 명확하게 정하고, 그 일들에서 하나님과 동행하며 끝까지 진행하는 것도 좋다.

둘째, 어떤 일이 일어나기를 바라는지를 명확히 하는 것이다. 많은 경우, 기도를 할 때 구체적인 간구를 하지 않아서 아무런 진전이 일어나지 않는다. "그들에게 복을 내려 주세요!"라고 기도하면 하나님은 "그래, 어떻게 하길 원하느냐? 무엇을 원하느냐?"라고 답하신다. 우리는 의도적이고 분명한 기도의 중요성을 이해할 필요가 있다.

마지막으로, 당신이 원하는 결과가 하나님의 것이 되도록 하는 것이다. 어떤 종류의 집을 구하거나, 어떤 과목을 가르치거나, 투자 은행을 설립하거나, 변호사로 일하고 싶다면, 그 기대가 **하나님의** 기대가 되도록 하라. 당신 혼자서는 할 수 없는 큰일, 즉 실패할 것이 분명하다고 생각하는 일을 시도하라. 그러면 하나님의 도우심을 기대하게 될 것이다. 당신이 원하는 결과가 당신이 성취할 수 있는 능력 범위에 있지 않음을 알기 때문이다. 우리가 스스로 성취할 수 있다고 생각하는 것보다 더 큰일을 시도하는 것이 중요하다. 하나님의 영이 임재하신다는 증거는 당신의 노력과 그에 대응해 나타난 결과가 전혀 '비교할 수 없음'(incommensurability)에 있다. 그 엄청난 결과를 볼 때, 당신은 하나님이 그 현장에 계심을 알 수 있다. 바로 그것이 우리 삶에서 하나님 나라를 가꾸기 위해 우리가 정말로 해야 할 일이다.

예수님이 승천하신 후, 다락방에 모여 있던 부랑자 집단과도 같던 이들을 생각해 보라. 예수님은 완전히 거부당한 채 십자가에 못 박히셨다. 제자들은 달아나 구석으로 숨어 버렸다. 그들 생각에는 예수님이 탈출하여 천국으로 가버리신 것 같았다. 하지만 오순절이 다가오는 동안 이 무리는 여전히 함께 있었다. 갑자기 하늘로부터 내려온 소리로 큰 소동이 있었고 표적과 기사도 일어났다. 그때 베드로가 말을 하자 수천 명의 사람들이 믿었다(행 1:13, 2:1-47). 이것이 바로 비교할 수 없음이다.

우리 대부분은 위험을 감수하고 헌신한 일에서 눈에 띄는 결과물을 볼 수 없을지도 모른다. 하나님은 종종 아주 조용히 일하시기에 우리가 특별한 것을 경험하지 못할 수도 있다. 우리가 맡은 일에 날마다 믿음을 투자한 결과는, 나중에 돌아볼 때 찬란하게 드러나서 "여호와께서 여기까지 우리를 도우셨다"(삼상 7:12)고 고백하게 할 것이다. 하나님이 우리의 왕국에서 어떻게 일하셨는지 알아차리는 것은 우리의 훈련에 결정적으로 중요하다. 하나님은 눈에 띄는 결과물이 없을 때 우리가 하는 일을 보고자 하신다. 그러나 그분은 일하실 것이고, 여러분은 그 비교할 수 없음이 나타나는 것을 보게 될 것이다.

하나님은 우리와 함께 행동하신다

지금은 자신의 고유한 일, 당신의 선택으로 방향이 결정되는 일에서 책임 있게 행동하는 것에만 초점을 맞추라. 그런 다음 하나님 나라에 대한 **믿음을 연습할** 수 있다. 그것이 어떻게 작동하는지 보라. 그것과 함께 움직이라. 그리고 그것이 실재임을 확인하라. 하나님은 우리에게 이렇게 말씀하신다. "네가 그 일을 해라. 내가 함께 있다는 것을 알아라. 하지만 네가 그것을 해야 한다. 나는 너와 함께 행동하겠다." 지금은 보이지 않더라도 뒤를 돌아보면 알 수 있게 될 것이다.

레이첼 세인트는 자신의 '왕국', 즉 자신의 의지가 효과를 미치는 범위 안에서 하나님과 함께 행동한 사람이었다. 그녀의 남동생은 에콰도르의 아우카 인디언들에게 살해당한 다섯 명의 선교사 중 한 명이다. 레이첼은 동생을 죽인 부족과 함께 살았고 남은 생을 그들과 함께하는 데 바쳤다.

그녀는 죽기 전에 조카에게 "스티비야, 내가 주님을 섬기러 왔을 때 내게는 주님께 드릴 것이 별로 없었단다. 나는 언어에 능통하지도 않았고, 사역하러 와오라니 부족에게 왔을 때는 나이도 많았어. 다른 사람들만큼 가르치고 설교할 수 있는 능력도 없었어. 신학자도 아니었지"라고 말했다. 그러자 조카가 물었다. "고모는 주님이 고모에게서 어떤 것을 귀하게 여기셨다고 생각하나요?" 그녀는 잠시 생각한 후 대답했다. "글쎄……. 나는 주님을 온 마음으로 사랑했고, 그분을 전적으로 신뢰했단다. 그리고 기꺼이 그분께 순종하려고 했어. 내가 하고 있는 일을 하기를 주님이 바라시니 그 일을 하는 것이 내게 최선이라고 믿었기 때문이지." 그러고는 잠시 멈추었다가 말을 이었다. "나는 인내하는 법을 배운 것 같아. 주님이 내게 하라고 주신 일을 그저 계속하는 법을 배웠어."

레이첼 세인트의 조카는 그때를 회상하며 지혜로운 말을 덧붙였다. "평범한 남자나 여자가 그리스도께 자신의 삶을 헌신할 때, 하나님은 그들과 함께 기이한 초자연적인 일들을 행하신다. 그것이 바로 레이첼의 이야기다."[2]

우리 삶을 돌아볼 때, 하나님의 사랑의 손길을 보게 된다. 그것은 실재다. 세상에서 가장 위대한 것이다. 그리고 예수님이 우리에게 "네가 몇 가지 일들에 신실하였으니 열 개의 도시를 다스리거라"고 말씀하고 싶게 만드는 것이다.

하나님 나라에 대한 요점 정리

- 하나님 나라에서의 삶은 그분의 우주에서 하나님과 함께 창조적으로 통치하는 삶이다. 이것이 바로 우리에게 예정된 영원한 운명이다.
- 달란트 비유는 하나님이 우리에게 주신 것들(우리의 왕국)에 대한 우리의 책임에 관한 가르침이다. 하나님은 우리가 작은 것일지라도 그것들을 책임지고, 하나님을 의지하며 그것들을 활용하고, 하나님의 영광을 위해 우리가 만들 수 있는 가장 큰 선을 창조하기를 원하신다.
- 달란트 비유에서 예수님이 말씀하시는 핵심 내용 중 하나는, 사람들이 자신은 가진 것이 거의 없다고 믿기 때문에 잘못된 길로

나아간다는 것이다. 우리는 하나님의 피조물인 우리 자신을 중요하게 생각해야 한다. 우리는 하나님이 우리에게 투자하신 이 생명을 받을 만한 가치가 있는 존재임을 믿어야만 한다.

- 하나님은 우리가 구하거나 상상할 수 있는 모든 것보다 더욱 넘치도록 풍성하게 이루실 수 있는 분이다(엡 3:20). 우리 자신의 힘만으로는 결코 이룰 수 없는 어떤 일을 하나님과 함께 행하기로 선택함으로써 우리는 그 나라의 실재 안으로 들어갈 수 있다.

8장

리더십의 혁명

이와 같이 좋은 나무마다 아름다운 열매를 맺고 못된 나무가 나쁜 열매를 맺나니 좋은 나무가 나쁜 열매를 맺을 수 없고 못된 나무가 아름다운 열매를 맺을 수 없느니라. 아름다운 열매를 맺지 아니하는 나무마다 찍혀 불에 던져지느니라. 이러므로 그들의 열매로 그들을 알리라. _마태복음 7:17-20

하나님은 이스라엘 민족에게 자신의 왕권을 행사할 권한을 주셨다. 그러나 이스라엘은 그 권력을 행사하면서 하나님께 맞서는 제도들과 지도자들을 만들어 냈다. 포도원 품꾼 비유의 요점은 바로 이 단순한 사실을 드러내는 것이다. 그 비유는 또한 지도자들이 마음(heart)을 다하여 하나님과 함께하지 않을 때, **심지어 하나님의 능력으로 일하는 경우에도**, 어떤 비극이 일어나는지를 지적한다. 이러한 상황은 오늘날에도 종종 발견된다.

여기서 내가 말하는 지도자는 하나님 나라 안에서의 지도자를 의미한다는 점을 분명히 해두고 싶다. 하나님 나라 밖에 있는 사람들에 관해 말하는 것이 아니다. 그물 비유와 밀과 가라지 비유에서 배운 것처럼 하나님 나라는 모든 종류의 사람들을 끌어들이고 모은다. 이들 안에는 지도자들도 포함되어 있을 것이다. 그러나 우리는, 하나님의 능력을 행할 수 있으면서 마음으로는 하나님과 함께하지 않을 수 있다는 생각을 받아들이기가 어렵다. 그래서 나는 산상수훈의 마지막 부분(마 7장)의 몇 구절을 살펴봄으로써 이해를 돕고자 한다.

그들의 열매로 알리라

산상수훈의 끝부분에서 예수님은 평범한 과일나무에 관해 몇 가지 놀라운 말씀을 하셨다. 그는 어떤 나무는 좋은 열매를 맺지만 어떤 나무는 나쁜 열매를 맺는다고 지적하셨다.

그들의 열매로 그들을 알리라(마 7:20).

미주리주에 살던 시절, 우리는 가끔 자기가 사과나무라고 '말하는' 나무를 보곤 했다. 하지만 그 나무가 맺은 것들은 울퉁불퉁한 작은 열매들이었고, 그것으로는 잼도 만들 수 없었다. 그 나무는 나쁜 나무였고 나쁜 열매를 맺었다.

그 말씀을 하신 후 예수님은 거짓 예언자들에 대해 청중에게 경고하시면서, 그들의 열매가 그들이 어떤 유의 예언자인지를 드러낸다고 설명하셨다. 속사람과 겉사람의 이러한 대조는 절대적으로 중요하며 근본적인 것이다. 기독교는 마음(heart)의 종교다. 그렇다고 해서 외적인 행동이 변하지 않는다는 뜻은 결코 아니다. 이 말의 의미는, 기독교 신앙과 **행동의** 뿌리는 마음에서 찾을 수 있다는 것이다. 당신이 아무리 좋은 행동을 많이 한다고 해도, 좋은 마음이 없다면 그것은 진짜가 아니다. 나무의 본성과 열매의 본성 사이에는 꼭 필요하고 끊을 수 없는 연결 고리가 존재한다.

양을 잡아먹는 자들

예수님은 좋은 열매와 나쁜 열매에 대해 말씀하시기 전에, 다른 이들을 잘못된 길로 이끄는 사람들에 대해 경고하셨다. 그들은 겉보기에는 매우 선한 듯하지만, 내면적으로는 자신의 욕망에 지배를 당하는 사람들이다.

> 거짓 선지자들을 삼가라. 양의 옷을 입고 너희에게 나아오나 속에는 노략질하는 이리라. 그들의 열매로 그들을 알지니(마 7:15-16).

그들은 겉으로는 양처럼 보인다. 하지만 속으로는 양을 **잡아먹을** 생각만 하고 있다. 예수님은 이어서 말씀하셨다.

> 나더러 주여, 주여, 하는 자마다 다 하늘들의 나라에 들어가는 것이 아니다. 하늘에 계신 내 아버지의 뜻을 행하는 자라야 들어간다(마 7:21, 저자 사역).

말로 예수님을 주님이라 인정하는 것만으로는 충분하지 않다. 누구나 예수님을 주님이라고 **부를** 수 있다. 하지만 예수님을 주님으로 **모시는** 것은 다른 문제다.

우리는 누군가가 하나님의 능력을 행한다면, 그들은 마음속에서 하나님과 함께하고 있는 것이 틀림없다고 생각한다. 그런데 항상 그런 것은 아니다. 6장에서 본 것처럼, 하나님의 선한 말씀과 장차 올 시대의 권능을 맛본 사람들도 여전히 하나님과 올바른 관계에 있지 않을 수 있음을 기억하라. 그들은 회개할 수 없는 상태에 있을지도 모른다. 어떤 사람이 교회나 단체의 지도자라 할지라도, 하나님 나라 안에는 있지만 하나님에 대해 올바른 마음을 가지고 있지 않을 수 있다.

우리 마음을 그리스도를 향해 돌이키고, 그의 명령을 지혜롭다고 생각하여 행하는 것은 훨씬 더 깊은 수준의 일이다. 그것은 그리스도와 함께하는 특별한 방식의 삶을 요구한다. 하나님 아버지의 뜻을 행하며 사랑의 소통을 나누는 삶이다. 하나님 아버지의 **뜻은** 예수님이 가르치신 대로 행하고 살면서, 점점 더 사랑하고, 겸손하고, 친절하고, 용서하고, 관대하게 되는 것, 즉 고린도전서 13장에 제시된 모든 사랑의 특징을 나타내는 것이다. **그것이 바로 아버지의 뜻이다**.

예수님은 '하나님의 뜻을 행하는 것'에 대해 좀 더 자세히 설명하셨다.

> 그날에 많은 사람이 나더러 이르되 주여, 주여, 우리가 주의 이름으로 선지자 노릇 하며 주의 이름으로 귀신을 쫓아내며 주의 이름으로 많은 권능을 행하지 아니하였나이까 하리니 그때에 내가 그들에게 밝히 말하되 내가 너희를 도무지 알지 못하니 불법을 행하는 자들아, 내게서 떠나가라 하리라(마 7:22-23).

이 사람들은 스스로 놀라운 일을 많이 했다고 믿었지만, 하나님의 뜻을 행하지 않았다. 사람들은 주님이 알지 못하는 수많은 훌륭한 일을 할 수 있다.

하나님과 함께하는 삶에서 아는 것과 알려지는 것은 중요한 실재다. 성경적으로 말하면, 지식은 믿음의 친구다. 영적인 삶에서 지식은 신앙, 그리고 우리와 하나님과의 관계에 필수적이다. 지식은 상호작용하는 관계다. 조지 엘던 래드가 이것을 잘 표현했다. "성경에서 지식은 지적인 이해를 훨씬 뛰어넘는 것이다. 지식은 경험을 의미한다. 지식은 인격적인 관계를 의미한다. 지식은 교제를 의미한다."[1]

예수님이 "**너희는 나**를 모른다"고 말씀하지 않으셨음에 주목하라. 예수님은 "**내가 너희**를 도무지 알지 못한다"고 말씀하셨는데, 이는 의미심장하며 문제적이며 계시적인 말씀이다. 우리는 주님이 우리를 알 수 있도록 허용하고 있는가? 아니면 여전히 숨어 있는 상태인가?

예를 들어, 우리는 유명한 사람이나 우리가 알아보는 사람을 안다고 말할 수 있다. 그러나 그들은 우리를 모른다. 우리를 알 만큼 우리가 그들 삶의 일부가 아니기 때문이다. 마찬가지로, 우리가 하나님과 상호작용하는 삶을 사는지, 아니면 하나님에 대해서 알기만 하는지는 중요하다.

능력에 근거한 권위

누가복음에 따르면, 예수님은 지상 생애 마지막 주 초반에 포도원 품꾼의 비유를 말씀하셨다. 당시는 일반 백성과 여러 지도자들이 예수님을 기쁘게 영접하는 상황이었다. 아리마대 요셉과 니고데모 등 일부 지도자들은 예수님을 이스라엘 백성을 구원하러 오신 약속된 메시아로 여겼다. 그러나 이스라엘의 권력 구조에 속한 대부분의 지도자들은 예수님을 반대했다.

그들이 예수님과 대립한 이유는 단순했다. 예수님이 그들의 권위를 흔드는 위협 대상이었기 때문이다. 그들은 그들만의 권위 구조를 가지고 있었는데 예수님은 거기에 속하지 않으셨다. 예수님이 그들이 부여하지 않은 권위를 가지고 계셨기에 그들은 예수님의 자격 문제를 거론했다. 그들이 반대하는 데는 아마도 이런 생각이 깔려 있었을 것이다. '이 사람 정말 히브리 대학 졸업생 맞아? 합법적인 자격이 있을까? 그는 자기가 말하는 것을 어떻게 알게 되었지?'

지도자들은 예수님이 자신들보다 더 많은 것을 알고 있다는 점에는 의문을 제기할 수 없었다. 그것은 분명한 것이었다. 하지만 그들의 질문과 시험 배후에는 예수님이 정당한 자격을 갖추지 못했다는 생각에 근거한 비판이 있었다. 그들이 볼 때 예수는 어느 랍비에게 수학한 적도 없고, 세례 요한 아래에서 공부한 것도 아니었다. 그는 사람들이 인정할 만한 자격이 전혀 없었다.

종교 단체를 포함해 많은 단체가 그들의 권위를 굳게 지키고 있다. 예를 들어, 기관들은 누군가가 그 기관을 대신하여 행동할 권한과 능력이 있음을 나타내는 인증서를 발급한다. 일반적으로 말하면, 관련 자격증 없이는 자동차를 고치거나, 수학을 가르치거나, 교회에서 설교를 할 수 없다. 하지만 자격증이 있어도 실제로는 그 일을 할 수 없는 경우도 있다.

또 다른 종류의 권위가 있는데, 그것은 **능력**에서 오는 권위다. 권위와 능력 사이에는 엄청난 간격이 있을 수 있고, **자격증 부여**와 **능력 부여** 사이도 마찬가지다. 당신은 자격증은 없지만 마을에서 가장 맛있는 치즈케이크를 만들 수 있고, 컴퓨터 시스템을 설정할 능력이 있고, 그 일을 꽤 잘할 수도 있다. 당신이 그런 사람이라면, 다른 사람들이 여러분에게 의지하고 여러분을 권위자로 여길 것이다. 이스라엘 백성은 자격증은 갖추었지만 능력에서 나오는 권위는 없는 지도자 밑에서 오랫동안 고통받았다.

권위(authority)의 개념과 이와 관련된 단어인 **저자**(author)라는 말에 대해 잠시 생각해 보자. 저자라는 말의 가장 넓은 의미는 무언가를 창작할 수 있고 어떤 과제를 완수할 수 있는 사람이다. 당신이 무언가를 생산해 낼 때, 어떤 생각을 실재로 만들어 낼 때, 즉 책을 써내거나 어떤 계획을 실현해 낼 때, 당신은 그것을 '저작한'(author) 것이다. 예수님은 일반 사람들이 다음과 같이 말할 정도로 마음을 움직이는 참된 가르침의 **저자**였다.

> 이 사람은 어디서 이런 것을 배웠지. 서기관들과 달리 권위 있게 말하는구나(마 7:29; 막 1:27, 저자 사역).

그들은 예수님의 교사로서의 능력을 알아차렸다. 왜냐하면 그는 진리를 실재화할 수 있었을 뿐만 아니라, 또한 치유하고 귀신을 쫓아내고 죽은 자를 살렸기 때문이다.

종교 지도자들은 예수님이 자신들로부터 자격을 부여받지 않았기 때문에 그를 의심했다.

> 하루는 예수께서 성전에서 백성을 가르치시며 복음을 전하실새 대제사장들과 서기관들이 장로들과 함께 가까이 와서 말하여 이르되 당신이 무슨 권위로 이런 일을 하는지 이 권위를 준 이가 누구인지 우리에게 말하라(눅 20:1-2).

그들은 대제사장의 도장이 찍힌 증명서를 찾고 있었다. 이것은 마치 어떤 사람이 당신이 가장 좋아하는 피아노 연주자 친구에게 와서 "이렇게 훌륭한 음악을 연주하다니, 누가 당신에게 그런 권한을 주었소?"라고 묻는 것과 같다. 당신의 친구는 아마도 웃으면서 이렇게 말했을 것이다. "음악을 연주하는 데는 권위가 필요 없습니다. **어떻게 하는지만** 알면 되지요." 아마도 당신은 종교 지도자들이 예수님에게 "당신은 권위가 없소"라고 말한 것이 아니라, "당신에게 권위를 준 사람이 누구요?"라고 말한 것을 알아챘을 것이다. 그들은 예수님이 권위를 가지신 분임을 부인할 수 없었다.

영혼의 주인이신 예수님은 이스라엘 민족에게 오셨다. 그 이스라엘은 하나님으로부터 세상의 빛이 되도록 지명을 받았고, 온 세상을 향해 어떤 삶을 살아야 하는지를 보여줄 임무를 받았다(사 49:6). 이스라엘 안에서도 어떤 사람들은 하나님께 귀 기울일 준비가 되어 있었지만, 그런 사람들은 권위를 가진 사람들이 아니었다. 이것이 바로 예수님이 발견한 가슴 아픈 현실이었다.

돌려 말하는 지도자들

권위는 두 가지 근원에서 나온다. 하나님과 사람이다. 사람의 권위는 자격증을 받기 위해 요구되는 모든 시험을 통과함으로써 얻을 수 있지만, 하나님으로부터 오는 권위는 그런 식으로 얻을 수 없다. 하나님은 훨씬 더 깊이 보신다. 하나님은 마음을 들여다보신다. 하나님은 내가 내면의 삶과 별개로 외적인 테스트를 통과할 수 있음을 알고 계신다. 그래서 예수님은 종교 지도자들에게 이렇게 말씀하셨다.

> 나도 한 말을 너희에게 물으리니 내게 말하라. 요한의 세례가 하늘로부터냐 사람으로부터냐(눅 20:3-4).

예수님은 그들을 난감하게 만들려 하신 것이 아니라, 단지 논리적으로 말씀하신 것이다. 만약 그들이 요한의 세례 줄 권위가 **정말 어디에서 왔는지 모른다면**, 예수님이 어떤 대답을 하셔도 이해할 수 없었을 것이다. 그 대답은 그들에게 타당하지도 유용하지도 않았을 것이다. 예수님과 요한이 가진 권위의 근원은 하나님이다.

이것은 덧셈이나 뺄셈에 대한 기초가 없어서 곱셈과 나눗셈이 헷갈리는 것과 같은 문제다. 예수님의 대답 이면에 있는 추론은 이런 것이다. '내가 대답한다고 해도 그들에게 아무 도움이 되지 않을 것이다. 시간이 지나 때가 되면, 아버지께서 그들로 하여금 이해에 도움이 되는 무언가를 만나게 하실 것이다.'

더구나 지도자들은 자신들의 정치적 전략에 갇혀 있었다. 그들은 진짜 생각을 말할 수 없었기 때문에 요한의 권위가 어디에서 오는지 모른다고 거짓말을 했다. 그들은 정직하지도 진실하지도 않았는데, 그것은 하나님을 위해 일하는 지도자가 반드시 갖추어야 할 덕목이다.

그들은 세례 요한의 불과 능력을 목격한 사람들이, 요한은 하나님으로부터 온 사람이라고 확신하는 것을 알고 있었다. 그러나 지도자들은 요한에 대해 그렇게 말할 수 없었다. 그렇게 말하면 예수님도 하나님으로부터 왔다고 말하는 것이 되기 때문이다.

세례 요한이 예수님에게 세례를 줌으로써 사실상 예수님의 권위를 인정했다는 사실을 모든 사람이 알고 있었다. 예수님은 요한에 의해 '인증되었다'고도 말할 수 있다. 요한은 예수님의 권위를 알아보았기 때문에, 심지어 예수님이 자신에게 세례를 주어야 한다고 주장했었다. 만약 지도자들이 세례 요한이 하나님으로부터 온 사람이라고 말했다면, 예수님은 아마도 "요한에게 권한을 부여한 바로 그분이, 즉 하나님이 나에게도 권한을 부여하셨다"고 말씀하셨을 것이다. 예수님은 권력 투쟁이 다가오고 있다는 것과, 하나님이 세례 요한을 보내어 이스라엘 민족 안에 **하늘로부터 온 권위로 서게 하셨다**는 것을 아셨다.

지도자들은 그들의 대답을 돌려서 말해야 했다. 그들은 자신들이 안전한 성전 구역을 벗어나 군중 속에 있음을 발견했고, 군중은 예수님을 적어도 위대한 예언자라고 생각하고 있었다. 그래서 그들은 고민했다.

> 그들은 서로 의논하며 말했다. "우리가 '하늘로부터다'라고 하면, 그가 '너희는 왜 그를 믿지 않았느냐?'라고 할 것이다. 그러나 우리가 '사람으로부터다'라고 하면, 온 백성이 우리를 돌로 칠 것이다. 왜냐하면 그들은 요한이 예언자라고 확신하고 있기 때문이다." 그래서 그들은 어디서 났는지 모르겠다고 대답했다. 지도자들이 솔직하게 답하지 못하는 것을 보고 예수께서는 "나도 내가 무슨 권위로 이런 일을 하는지 말하지 않겠다"고 대답하셨다(눅 20:5-8, 저자 사역).

예수님이 바로 그 돌이다

예수님은 지도자들이나 그들의 질문에 무반응으로 일관하지 않으셨다. 그는 그들의 생각을 도와주기 위한 비유를 제시했다.

> 한 사람이 포도원을 만들어 농부들에게 세로 주고 타국에 가서 오래 있다가 때가 이르매 포도원 소출 얼마를 바치게 하려고 한 종을 농부들에게 보내니 농부들이 종을 몹시 때리고 거저 보내었거늘(눅 20:9-10).

주인은 포도원을 만든 뒤 소작인에게 포도나무들을 돌보도록 임대해 주었다. 주인이 가까이 없으므로 포도원 소작인들은 포도원과 거기서 생산되는 열매를 마음대로 처리할 수 있겠다고 생각한 것이 분명하다.

> 다시 다른 종을 보내니 그도 몹시 때리고 능욕하고 거저 보내었거늘 다시 세 번째 종을 보내니 이 종도 상하게 하고 내쫓은지라. 포도원 주인이 이르되 어찌할까. 내 사랑하는 아들을 보내리니 그들이 혹 그는 존대하리라 하였더니 농부들이 그를 보고 서로 의논하여 이르되 이는 상속자니 죽이고 그 유산을 우리의 것으로 만들자 하고 포도원 밖에 내쫓아 죽였느니라. 그런즉 포도원 주인이 이 사람들을 어떻게 하겠느냐. 와서 그 농부들을 진멸하고 포도원을 다른 사람들에게 주리라 하시니 사람들이 듣고 이르되 그렇게 되지 말아지이다 하거늘 그들을 보시며 이르시되 그러면 기록된 바 건축자들의 버린 돌이 모퉁이의 머릿돌이 되었느니라 함이 어찌이냐(눅 20:11-17).

예수님은 시편 118:22에 나오는 모퉁이의 머릿돌에 대한 언급을 인용하며 자신에게 일어날 일을 정확히 묘사하셨다. 예수님이 바로 그 돌이었고, 지도자들은 그분에 대해 "저 사람은 못 쓰겠다. 내다 버리자. 우리의 왕국을 예수 그리스도와 그의 원칙들과 그의 삶의 방식 위에 지을 수는 없지!"라고 말하게 될 것이다. 예수님은 온 땅을 가득 채우는, '사람의 손을 대지 않고 산에서 깎아 낸 돌'(단 2:45)이다.

예수님의 길은 이스라엘 지도자들의 길과 교차했지만, 두 길은 결코 합쳐지지 않았다. 그래서 지도자들은 부패한 소작인들이 아들을 내쫓은 것처럼 예수님을 내쫓았다. 지도자들은 예수님이 행하신 일과 치유를 보았고, 나중에는 **심지어 그의 부활이 그들 가운데서 일어난 것을 경험했음에도** "아니, 그것으로는 안 돼. 그것만으로는 충분하지 않아. 우리가 원하는 건 그게 아니야"라고 반응했다.

지도자들은 '건축자들이 버린 돌로서 모퉁이의 머릿돌이 되신' 예수님을 거부했다(눅 20:17). 그 돌은 건물이 무너지지 않도록 지탱해 주는 주춧돌이다. 예수님은 그때에 거부당했지만 건물을 지탱해 주는 모퉁이의 머릿돌이 되셨다.

> 무릇 이 돌 위에 떨어지는 자는 깨어지겠고 이 돌이 사람 위에 떨어지면 그를 가루로 만들어 흩으리라 하시니라. 서기관들과 대제사장들이 예수의 이 비유는 자기들을 가리켜 말씀하심인 줄 알고 즉시 잡고자 하되 백성을 두려워하더라(눅 20:18-19).

거대한 전투

포도원 비유를 통해 예수님은 지도자들에게 말씀하셨다. "너희는 자격증은 있지만 올바른 마음을 가지고 있지 않다. 너희는 하나님을 위해 백성을 이끌 수 없다." 이스라엘의 지도자들이 죽였던 예언자들은 포도원에 가서 포도원의 소출을 달라고 했다가 이런저런 모양으로 쫓겨난 종들과 같았다.

예수님은 나중에 동일한 서기관과 바리새인 그룹에게, 그들의 범죄를 묘사하는 따끔한 메시지를 전하셨다. "무거운 짐을 묶어 사람의 어깨에 지우되 자기는 이것을 한 손가락으로도 움직이려 하지 아니하며"(마 23:4).

이 지도자들은 말만 하고 행동은 하지 않는 사람들이었다. 그들의 내면은 그들의 외모와 일치하지 않았다. 그들은 말은 했지만 능력은 없었다. 예수님은 "그들이 말하는 것은 행하되 그들이 행하는 것은 행하지 말라"(마 23:3, 저자 사역)고 말씀하셨다. 그런 다음 예수님은 그들이 사람들을 오도하기 위해 무엇을 하고 있는지, 예언자들을 어떻게 죽였는지를 언급하셨다. 예수님은 그들의 말과 행동의 불일치를 지적하셨다.

나는 유대인 지도자들을 향한 이 메시지가 예수님의 죽음 이후 이스라엘 민족에게 반복해서 전달된 표준적인 메시지가 되었다고 생각한다. 사도행전에 나오는 스데반이 공회에서 행한 설교는 마태복음 23장에 기록된 예수님의 메시지를 그대로 반향하는 한 사례다. 스데반은 아브라함부터 모세까지, 그리고 스데반 자신의 시대에 이르기까지, 이스라엘의 역사를 단계별로 요약하면서 이스라엘이 그들의 예언자들을 어떻게 죽였는지에 대한 예수님의 말씀을 반복했다. 스데반의 결론 부분의 메시지는 아주 놀랍고 혹독한 고발이었기 때문에 지도자들은 분노하며 그를 죽였다.

> 목이 곧고 마음과 귀에 할례를 받지 못한 사람들아, 너희도 너희 조상과 같이 항상 성령을 거스르는도다. 너희 조상들이 선지자들 중의

> 누구를 박해하지 아니하였느냐. 의인이 오시리라 예고한 자들을 그들이 죽였고 이제 너희는 그 의인을 잡아 준 자요 살인한 자가 되나니 너희는 천사가 전한 율법을 받고도 지키지 아니하였도다 하니라. 그들이 이 말을 듣고 마음에 찔려 그를 향하여 이를 갈거늘(행 7:51-54).

여기서 벌어진 일은 매우 강력한 세력들 간의 엄청난 전투였다. 예수님의 오심과 그분의 죽음도 이 싸움을 멈추지 못했다. 그 전투는 오늘날에도 여전히 진행 중이다. 따라서 이러한 지도자들의 실패가 어디에서 비롯되었는지 이해하는 것이 중요하다. 그래야 우리 자신을 더 잘 이해하고, 우리 마음을 지키며, 우리를 이끄는 사람들을 위해 효과적으로 기도할 수 있다.

지적인 게임

바리새인들은 포도원 품꾼의 비유에 대해 친절하게 반응하지 않았다.

> 서기관들과 대제사장들은 예수님의 이 비유가 자신들을 가리킨 것인 줄 깨닫고, 바로 그 자리에서 예수를 체포하고자 했으나, 백성들이 두려워서 하지 못했다. 그래서 그들은 예수를 감시했고, 선량한 자로 가장한 정탐꾼들을 보내어 그가 하는 말로 그를 함정에 빠뜨려서 총독의 관할권과 권위에 넘기려고 했다(눅 20:19-20, 저자 사역).

이 일 후에 그들은 예수님을 존중하는 척했지만, 실제로는 그를 함정에 빠뜨리려고 했다. 첫째로, 그들은 예수님께 가이사에게 세금을 바치는 것에 대해 물었고, 그는 이렇게 대답하셨다.

그런즉 가이사의 것은 가이사에게, 하나님의 것은 하나님께 바치라 (눅 20:25).

지도자들은 자신들이 그렇게 하지 않고 있음을 알고 있었다. 그들은 예수님을 함정에 빠뜨리고자 했으나 오히려 자신들이 걸려들고 말았다.

그런 다음 사두개인들은 부활 문제를 가지고 예수님을 함정에 빠뜨리려고 했다. 이 점에서 예수님은 이스라엘의 바리새인들과 같은 입장을 취하셨는데, 천사의 실재를 믿으셨고, 하나님이 사람들에게 계속 말씀하신다는 것과 부활을 믿으셨다. 사두개인들은 부활을 믿지 않았기 때문에 부활을 믿는 사람들을 비꼬는 재치 있는 이야기를 생각해 냈다.

그들이 고안한 시험은, 결혼했지만 자식 없이 죽은 한 남자에 관한 것이었다. 그의 동생은 형의 아내와 결혼하여 형의 이름으로 자녀를 양육해야 할 의무가 있었다(신 25:5-6에 따른 관습). 그러나 둘째도 죽었고, 이런 일이 계속되어 그 여인은 일곱 형제와 모두 차례대로 결혼했다. 마지막으로 그 여자도 죽었다. (이야기를 듣던 많은 사람들이 "그럴 만도 하지"라고 말했을 것이다.)

지도자들은 이런 질문으로 예수님을 시험했다.

일곱이 다 그를 아내로 취하였으니 부활 때에 그중에 누구의 아내가 되리이까(눅 20:33).

예수님은 부활 때에는 사람들이 장가가고 시집가는 일이 없다고 대답하셨다(눅 20:35). 천국에는 우리가 결혼이라고 알고 있는 것은 존재하지 않지만, 부활과 천국은 분명히 존재한다는 사실을 예수님은 확실히 가르치셨다. 하나님은 죽은 자들의 하나님이 아니라 산 자들의 하나님이시며, '하나님에게는 모든 사람이 살아 있다'(눅 20:38).

이들의 공격은 영리했다. 이들 지도자들은 마치 신학 박사 학위를 가진 사람들이 지적인 게임을 벌이는 것같이 행동했다. 그들은 매번 모일 때마다 "이런 문제를 한번 내보자. 이번엔 정말로 혼쭐을 내주자"라고 말했을지도 모른다. 하지만 매번 공격할 때마다 그들 자신이 화상을 입었다. 그들이 아무리 까다로운 문제를 만들어도, 예수님은 논리와 재치에서 그들을 압도하셨다. 그들은 하나님의 아들과 지적인 게임으로 대결하게 되면 매번 패배한다는 것을 알게 되었다.

교만과 오만

예수님은 모든 군중 앞에서 바리새인들을 크게 당황하게 만드셨다. 누가복음 20장의 마지막 몇 구절에서, 예수님은 그들의 문제가 지적인 문제가 아니라 이보다 더 깊은 것이라고 설명하셨다. 그것은 지도자로서 그들의 동기와 마음속 의도의 문제였다.

> 모든 백성이 들을 때에 예수께서 그 제자들에게 이르시되 긴 옷을 입고 다니는 것을 원하며 시장에서 문안받는 것과 회당의 높은 자리와 잔치의 윗자리를 좋아하는 서기관들을 삼가라. 그들은 과부의 가산을 삼키며 외식으로 길게 기도하니 그들이 더 엄중한 심판을 받으리라 하시니라(눅 20:45-47).

"시장에서 문안받는 것"은 평범한 인사가 아니었다. 그들은 누군가를 만나면 큰소리로 온갖 교묘한 칭찬과 표현을 늘어놓으며 상대방을 이기려 하고, 동시에 자신에게 영광을 돌리려 했다. 그들은 또한 회당에서 가장 높은 자리에 앉아 모든 사람이 그들을 주목하게 하려고 했다.

'과부의 가산을 삼킨다'는 것은, 그들이 가난한 사람들의 재산과 그들을 위한 지원금을 갈취하는 여러 가지 방법을 고안하고 하나님의 이름으로 그들의 행동을 정당화했다는 것이다. 부모를 부양하는 것은 모든 자녀의 의무였지만, 지도자들은 회당에 일정 금액을 기부하면 그러한 의무에서 벗어날 수 있게 하는 작은 장치를 마련했다(막 7:11-13). 이 과부들에게는 대변해 줄 사람이 없다는 것을 예수님은 알고 계셨다.

이 사람들은 탐욕스럽고 정직하지 못했다. 사람을 두려워하고 교만과 오만으로 가득 차 있었다. 그들은 자신들이 두려워하는 사람들로부터 명예를 얻는 일에 노예가 되어 있었다. 그것이 그들의 문제였다. 그들은 똑똑하고 옷을 잘 입고 말을 잘했지만, 나쁜 열매를 맺는 나쁜 나무였다. 그들의 문제는 마음이 썩었다는 것이다. 이스라엘 민족 지도자들의 부패한 마음은 하나님의 선하심에 대해 그들의 눈을 멀게 했다. 예수님은 그들에게 이 점을 지적하셨다.

> 맹인 된 인도자여, 하루살이는 걸러 내고 낙타는 삼키는도다. 화 있을진저 외식하는 서기관들과 바리새인들이여, 잔과 대접의 겉은 깨끗이 하되 그 안에는 탐욕과 방탕으로 가득하게 하는도다(마 23:24-25).

예수님은 이러한 위선의 모습을, 음료수에서 작은 벌레를 보고는 구토할 듯이 호들갑을 떨면서도 낙타는 아무렇지도 않게 입을 벌리고 들어가게 만드는 사람으로 묘사했다. 한 사람이 그릇을 들고 바깥쪽만 문지르고 광을 내는데, 그 안쪽에는 아직 오물과 썩은 음식이 가득하다. 이것이 바로 내면 대 외면의 문제다.

예수님은 계속해서 경고하셨다.

화 있을진저 외식하는 서기관들과 바리새인들이여, 회칠한 무덤 같으니 겉으로는 아름답게 보이나 그 안에는 죽은 사람의 뼈와 모든 더러운 것이 가득하도다. 이와 같이 너희도 **겉으로는** 사람에게 옳게 보이되 **안으로는** 외식과 불법이 가득하도다.
화 있을진저 외식하는 서기관들과 바리새인들이여, 너희는 선지자들의 무덤을 만들고 의인들의 비석을 꾸미며 이르되 만일 우리가 조상 때에 있었더라면 우리는 그들이 선지자의 피를 흘리는 데 참여하지 아니하였으리라(마 23:27-30).

그 지도자들은 선한 사람들의 무덤을 장식하며 "아, **우리가** 이사야나 예레미야 시대에 살았더라면 그들에게 친절하게 대했을 텐데. **우리는** 그들을 죽이지 않았을 텐데!"라고 말했다.

예수님은 이렇게 요약하여 말씀하셨다.

그러면 너희가 선지자를 죽인 자의 자손임을 스스로 증명함이로다. 너희가 너희 조상의 분량을 채우라. 뱀들아, 독사의 새끼들아, 너희가 어떻게 지옥의 판결을 피하겠느냐(마 23:31-33).

이것은 신랄한 말씀이다. 종교 지도자들의 실패는 마음의 실패였다. 우리는 우리 자신에 대해 생각할 때, 그리고 우리의 지도자들에 대해 생각할 때, 그 점을 명심해야 한다. 우리는 우리의 지도자들에 대해 대부분 상당히 비현실적인 기대를 하고 있다. 우리는 그들이 섹스와 돈에 관한 문제만 일으키지 않으면 괜찮게 지낸다고 생각하는 경향이 있다. 다윗 왕이 자신의 집 옥상에서 밧세바를 보기 훨씬 전부터 영적인 문제에 빠져 있었음을 생각해 보라.

섹스와 돈은 뉴스에 자주 등장한다. 그러나 교만, 오만, 완고한 마음은 그렇지 않다. 일부 종교 단체의 지도자들은 문제를 일으키지는 않지만, 마음이 굳어진 문제를 가지고 있다. 그들은 하나님에 대한 신뢰가 없다. 그들은 사람을 기쁘게 하는 사람들이다. 그들은 하나님으로부터 오는 영광을 구하지 않고, 사람들을 행복하게 만드는 것에만 믿음을 둔다.

거친 사랑

예수님은 사역 초기부터 속마음과 외적 행위 사이의 간격에 대해 우려하셨으며, 이스라엘의 지도자들이 자신을 정당화하기 위해 성경을 얼마나 열심히 연구했는지를 지적하셨다. "너희가 성경에서 영생을 얻는 줄 생각하고 성경을 열심히 연구하고 있으나, 성경은 나에 관하여 증언한다. 그런데도 너희는 내게 와서 생명을 얻으려 하지 않는다"(요 5:39-40, 저자 사역).

성경이 가리키는 예수 그리스도와 상관없이 성경으로부터 영생을 얻을 수는 없다. 성경의 영감에 대한 당신의 입장이 아무리 확고하더라도, 성경이 하나님의 말씀이라고 아무리 굳게 믿는다 해도, 성경의 그리스도를 발견하지 못하면 성경을 가슴에 끌어안고 지옥에 갈 수 있다.

예수님은 사람들에게 도움이 되리라 믿으며 듣기 꺼리는 말들도 하셨는데, 명예와 호감을 얻는 데 관심이 없으셨기 때문이다.

> 나는 사람에게서 영광을 취하지 아니하노라. 다만 하나님을 사랑하는 것이 너희 속에 없음을 알았노라. 나는 내 아버지의 이름으로 왔

으매 너희가 영접하지 아니하나 만일 다른 사람이 자기 이름으로 오면 영접하리라. 너희가 서로 영광을 취하고 유일하신 하나님께로부터 오는 영광은 구하지 아니하니 어찌 나를 믿을 수 있느냐. 내가 너희를 아버지께 고발할까 생각하지 말라. 너희를 고발하는 이가 있으니 곧 너희가 바라는 자 모세니라. 모세를 믿었더라면 또 나를 믿었으리니 이는 그가 내게 대하여 기록하였음이라. 그러나 그의 글도 믿지 아니하거든 어찌 내 말을 믿겠느냐(요 5:41-47).

사람에 대한 두려움에 갇혀 있거나 사람으로부터 명예 얻기를 추구할 때는, 아무도 예수님을 믿을 수 없다. 그들은 자신을 하나님의 자리에 올려놓기 때문에 믿음을 가질 수 없다. 자신의 믿음에 대해 염려하는 사람이라면 누구나 사람들에게 존경받고자 하는 욕망을 뿌리 뽑기 위해 하나님의 은혜를 구해야 할 것이다. 이것은 우리 모두가 공유하는 싸움이다. 이스라엘과 그 지도자들에게도 그랬고, 오늘날의 교회와 그 지도자들에게도 마찬가지다.

당신의 직분을 영광스럽게 여기라

하나님이 의도하신 모습의 리더십은 서로를 사랑하고 돌보는 구조의 주요 요소이며, 공동체로 살아가는 사람들에게 필수적인 것이다. 하나님은 우리가 사랑의 공동체로서 함께하는 것을 지원하기 위해 구체적인 역할들을 창조하셨으며, 그 공동체에는 방향을 제시하고, 협력하게 하고, 모범을 통해 동기 부여를 하는 리더십이 필요하다(벧전 5:2-3). 그리스도인 지도자의 중요한 자질과 이러한 자질을 개발할 수 있는 방법을 살펴보는 동안, 우리는 모든 지도자가 실제로 사람일 뿐이며 이 자질들은 모든 그리스도의 제자들이 추구해야 하는 덕목이라는 점을 명심해야 한다.

지도자에게 필요한 주요 자질로는 지성, 창의성, 에너지, 강한 도덕성 등이 있다. 이러한 자질은 지도자의 구체적인 활동뿐만 아니라 함께 일하는 사람들에게 확신을 불어넣는 데도 필요하다. 이러한 자질은 우리가 "신성한 성품에 참여하는 자"(벧후 1:4)가 되며, 하나님이 생명과 경건을 위해 필요한 모든 것을 "자기의 영광과 덕으로써 우리를 부르신 이를 앎"을 통하여 우리에게 주셨음을 발견할 때 성장한다(벧후 1:3).

그리스도인 지도자들은 하나님이 자신과 **함께** 행동하시는 것을 이해하면서 행동해야 한다. 지도자들은 그리스도 아래 있으며, 그분이 자신들의 머리이심을 분명히 인식할 필요가 있다. 우리가 "지도자라 칭함을 받지 말라. 너희의 지도자는 한 분이시니 곧 그리스도시니라"(마 23:10)는 말씀을 기억할 때, 그것이 모든 것을 변화시키고, 모든 사람이 행하는 일 전체의 성격을 변화시킬 수 있다.

바울은 "나는 내 직분을 영광스럽게 여긴다"(롬 11:13, 저자 사역)는 멋진 표현을 사용했고, 자신을 "예수 그리스도의 종"(롬 1:1)이라고 묘사했다. 우리는 우리의 직분을 하나님께 받은 우리의 목적과 책임으로 생각할 수 있다. 예수 그리스도의 종에게는, 그리고 자신의 행동의 결과가 자기 능력의 성취 범위를 뛰어넘는 것을 기꺼이 보고자 하는 사람들에게는, 비기독교적인 일이란 없다. 지도자들은 특히 이 점을 명확히 인식해야 한다. 이러한 지도를 따르는 사람들은 실제로 그들도 하나님 아래서 하나님과 함께 일하고 있다는 확신을 갖게 될 것이다.

이러한 리더십의 자질은 개인의 내면생활에 달려 있다. 즉, 지도자의 마음이나 의지, 생각과 감정, 몸과 영혼, 그리고 사회적 관계들에서 일어나는 자동 반응 안에 무엇이 있는지에 따라 달라진다. 이 모든 것을 한마디로 표현하면 성품이라고 부를 수 있을 것이다. 이것은 겉으로 꾸민 모습과는 별개인 그 사람의 진짜 모습이다. 사실 지도자가 짊어져야 할 가장 큰 부담 중 하나는 겉모습을 꾸미려고 하는 부담이다. 그리스도인 지도자는 그 짐을 스스로 지지 말고 주님께 맡기고, 진실하게 사는 법을 배워야 한다.

하나님이 보시는 것은 '우리가 무엇을 하는가'보다 '우리가 어떤 사람이 되어 가고 있는가'임을 아는 것이 중요하다. '순종이 제사보다 낫다'는 말씀은 심오한 진술이다(삼상 15:22). 하나님 앞과 사람 앞에서 중요한 것은 인격이다. 우리가 함께 생활하고 이끄는 사람들은 우리가 하는 거의 모든 말을 잊어버리게 될 것이다. 그러나 우리가 어떤 사람이었는지는 항상 기억할 것이다.

그리스도인 지도자들에게 요구되는 성품은 단순히 삶의 과정에서 저절로 얻어지거나 특별한 은혜의 결과로만 얻어지는 것이 아니다. 지도자들은 자신의 성품을 개발하고 그것을 하나님을 기쁘시게 하는 수준으로 유지하는 데 책임을 져야 한다. 바울은 디모데에게 이렇게 썼다. "경건에 이르도록 네 자신을 연단하라. 육체의 연단은 약간의 유익이 있으나 경건은 범사에 유익하니 금생과 내생에 약속이 있느니라.……이 모든 일에 전심전력하여 너의 성숙함을 모든 사람에게 나타나게 하라. 네가 네 자신과 가르침을 살펴 이 일을 계속하라. 이것을 행함으로 네 자신과 네게 듣는 자를 구원하리라"(딤전 4:7-8, 15-16). 물론 우리는 이 일을 하나님의 동역자가 되어 그 안에서 행한다.

경건함에 관해 우리 자신을 훈련하는 것, 즉 삶의 내적 차원들을 형성하기 위한 일반적인 훈련 방법들을 영성 훈련, 더 나은 표현으로는 '성령 안에서의 삶을 위한 훈련'이라고 부른다. 이러한 훈련 활동은 훈련 없이는 할 수 없는 일들, 예를 들어 우리의 분노, 정욕, 혀를 다스리는 일을 할 수 있게 만들어 준다. 영성 훈련들은 우리의 영혼과 몸에 은혜를 끌어들이고 우리의 습관(우리가 아무런 생각 없이 행하는 일들)을 경건한 성품으로 변화시키기 위한 수단들이다. 그것은 의나 율법이 아니라 지혜다. 특별히 리더의 지위에 있는 사람들에게 유익한 몇 가지 훈련은 다음과 같다.

- **고독과 침묵.** 홀로 조용히 머무르며 말하거나 듣지 않는 훈련은, 모든 것을 책임지려고 하고 세상을 자기 어깨에 짊어지려고 하는 습관을 깨뜨리는 데 특히 유익한 훈련이다. 지도자는 매주 아무것도 하지 않는 시간을 충분히 가져야 한다. 사람들이 이러한 습관에서 성장할 때, 자신의 영혼을 재발견하고, 하나님이 여기 계심을 배우게 되며, 예수님이 반복해서 말씀하신 것처럼 하나님의 세계가 하나님의 선한 돌보심 안에 있음을 알게 된다.
- **은밀함.** 이것은 자신의 선행이 알려지지 않도록 하는 습관이다. (나쁜 행위들에 대해서 필요한 훈련은 개방성이다.) 이것은 유일한 관객이신 하나님 앞에서 사는 삶의 자세를 정립해 준다. 이것은 지도자들에게 특히 중요하지만, 예수님은 이것이 모든 사람에게 중요하다고 분명히 말씀하셨다(마 6:1-15). 은밀함의 훈련을 실천하면 칭찬 중독의 권세를 깨뜨릴 수 있다. 그것은 평안함을 낳으며, 비판 앞에서도 강인할 수 있게 만들어 준다.
- **성경 암송.** 고린도전서 13장, 골로새서 3:1-17, 요한복음 14-15장과 같은 긴 구절을 암송하면 생각이 재구성되고, 따라서 감정도 변하며 삶 전체로 그 영향력이 확산된다.
- **금식.** 금식하는 사람은 하나님 말씀의 능력과 그 말씀이 몸으로서의 자기 존재를 충족할 수 있음을 확인하게 된다. 그들은 자신과 함께하시는 하나님의 행동과 자신을 좀 더 긴밀하게 일치시키게 된다. 모든 훈련이 그러하듯, 금식은 처음에는 어렵기 때문에 유익하게 행하기 위해서는 학습이 필요하다. 그것은 십자가를 지는 데 가

장 중요한 훈련이며, 금식하는 사람들은 금식을 통해 원하는 것을 얻지 못했을 때에도 온유하고 강인한 태도를 유지하는 법을 배우게 된다.

주님께 합당한 삶 살기

그리스도를 위해 이런 삶을 사는 사람들은 무엇을 하고 있는 것인가? 그들은 자신의 삶을 하나님 나라에 개방함으로써 다른 사람들에게 하나님 나라의 삶을 가져다준다. 이것이 그리스도를 따르는 모든 사람의 소명이다. 그것은 예수님이 말씀하신 일이며, 또 행하셨던 일이다. 예수님이 "회개하라. 천국이 가까이 있다"(마 4:17, 저자 사역)고 말씀하셨을 때, 가까이 있던 것이 무엇이었는가? 그것은 바로 **예수님 안에 있는** 하나님 나라였다. 사람들은 예수님을 바라보고 그의 말씀을 들으면서, 하나님 나라가 거기 있다는 것, 그 나라가 그들에게도 경험 가능하다는 것을 인식하게 되었다. 그 결과로써 그들은 예수님의 제자가 되었다.

예수님의 제자들은 영원한 삶을 본보기로 보여주고, 그 삶을 그들 주위의 모든 것에 적용한다. 왜냐하면 그들의 삶은 하나님의 생명에 사로잡혔고, 그들은 지상에서 그의 나라를 섬기는 청지기로 일하고 있기 때문이다. 예수님이 하시는 일은 제자들이 하는 일의 일부이고, 제자들이 하는 일은 예수님이 하시는 일의 일부다. 쉬운 멍에를 메는 것(마 11:29)은 예수님의 힘과 우리의 힘을 함께 사용하며, 우리의 짐과 예수님의 짐을 함께 지는 것을 의미한다.

예수님의 제자로서 우리는 바울의 말처럼 "경건을 위해 우리 자신을 훈련하고"(딤전 4:7, 저자 사역), 다른 사람들도 그와 같은 삶의 방식으로 인도하여, 그들을 하늘 아버지의 영광을 위해 점점 더 좋은 열매를 맺는 좋은 나무가 되게 할 것이다. 우리는 "주께 합당하게 행하여 범사에 기쁘시게" 할 것이며, 하나님은 우리로 하여금 "모든 선한 일에 열매를 맺게 하시며 하나님을 아는 것에서 자라게" 하실 것이다(골 1:10).

하나님 나라에 관한 요점 정리

- 포도원 품꾼의 비유는, 과거와 현재의 하나님 나라 지도자들이 때때로 완고한 마음을 가지고 행함으로써 하나님을 대적하는 제도를 만든다는 비극적인 사실을 드러낸다.
- 예수님의 제자들은 영원한 삶을 본보기로 보여주고, 그 삶을 그들 주위의 모든 것에 적용한다. 왜냐하면 그들의 삶은 하나님의 생명에 사로잡혔고, 그들은 하나님 나라를 섬기는 청지기로서 일하고 있기 때문이다.
- 하나님이 의도하신 리더십은 서로를 사랑하고 돌보는 구조의 주요 요소이며, 이러한 유형의 리더십은 공동체 안에서 살아가는 사람들에게 필수적이다.
- 하나님의 뜻을 행한다는 것은, 예수님의 믿음을 가지고 예수님의 가르침대로 살면서 우리의 성품과 습관이 점점 더 예수님을 닮아 가는 것이다.
- 그리스도인 지도자는 하나님이 자신과 함께하신다는 사실을 이해하는 가운데 행동해야만 한다.

9장

잃어버림과 되찾음

> 오직 너희는 원수를 사랑하고 선대하며 아무것도 바라지 말고 꾸어 주라. 그리하면 너희 상이 클 것이요 또 지극히 높으신 이의 아들이 되리니 그는 은혜를 모르는 자와 악한 자에게도 인자하시니라. 너희 아버지의 자비로우심같이 너희도 자비로운 자가 되라. 비판하지 말라. 그리하면 너희가 비판을 받지 않을 것이요 정죄하지 말라. 그리하면 너희가 정죄를 받지 않을 것이요 용서하라. 그리하면 너희가 용서를 받을 것이요 주라. 그리하면 너희에게 줄 것이니 곧 후히 되어 누르고 흔들어 넘치도록 하여 너희에게 안겨 주리라. 너희가 헤아리는 그 헤아림으로 너희도 헤아림을 도로 받을 것이니라. _누가복음 6:35-38

예수님은 세 이야기를 통해, 잃어버림의 세 가지 경우와 우리가 돌아오기를 갈망하며 기다리시는 하나님의 관대한 마음의 세 가지 차원을 보여주셨다. 잃어버려진 것은 있어야 할 곳에 있지 않은 것이기에 그것을 소유했다가 잃어버린 존재(하나님)의 삶의 일부가 될 수 없다. 이러한 제자리를 벗어난 상태는 우리가 하나님과 단절되었음을 의미한다. 주인이 잃어버린 열쇠들이 더는 쓸모가 없는 열쇠인 것처럼, 잃어버림은 우리를 하나님과 우리 자신에 대해 쓸모없는 존재로 만든다. 우리는 우리가 잃어버려진 상태임을 충분히 알고 있을 수도 있고, 올바른 장소에 있다고 진심으로 믿고 있지만 잃어버려진 상태일 수도 있다. 우리가 잃어버려진 모습이 어떠하든, 하나님의 마음은 끊임없이 잃어버린 자를 찾고, 항상 베풀고(giving), 용서하고(forgiving), 화해시키고자(reconciling) 한다. 하나님은 마음이 친절과 자비로 가득 차 있고 결코 정죄하지 않기 때문에 우리가 그에게로 돌아가는 길을 찾도록 도와주신다.

이 이야기들을 통해 우리의 관대하신 아버지의 태도와 우리 자신의 마음의 태도를 살펴볼 때, 명심해야 할 한 가지가 있다. 즉, 어떤 사람들은 **잃어버려진 적이 없기** 때문에 찾을 수 없다는 점이다. 당신은 아마도 이렇게 응답하고 싶을 것이다. "네, 맞습니다. 그들이 사실은 **잃어버려진 적이 있지만** 그 사실을 몰랐을 것입니다. 그들은 이해하지 못했습니다. 그런 식으로 자신을 바라본 적이 전혀 없으니까요." 아마도 당신 말이 맞을 것이다.

잃어버려짐을 발견하다

잃어버려진 사람들 중 첫 번째 그룹은 자신이 잃어버려졌거나 희망이 없다고 생각한 적이 한 번도 없는 사람들이다. 어쩌면 그들은 그들을 너무도 잘 인도해 준 가정에서 자라며 항상 성공만 경험했을 수도 있다. 그들의 부모는 그들을 사랑해 주었고, 좋은 가정을 이루었다. 그들이 다니던 교회나 회당에서도 모든 일이 순조로웠을 것이다. 그들은 결혼하고 아이를 낳고 그 후로도 행복하게 살았다. 그들은 실패한 적이 없고, 잘못된 자리에 있다고 느낀 적도 없으며, 줄 끝에 겨우 매달린 듯한 일들을 겪어 본 적도 없다.

이런 사람들 중 일부는 교회에 와서 교회가 좋은 곳임을 발견했다. 그들은 '모든 것을 다 가진' 똑똑한 사람들이기 때문에 교회에 와서도 열심히 참여하고 선한 일들을 한다. 이들 중 많은 사람들은 하나님의 일을 돕는 데 전적으로 헌신하며, 하나님께 자신들의 도움이 **필요하다고** 믿는다. 그들은 아직 자신이 잃어버려졌고 하나님이 그들을 찾으셔야 한다는 사실을 깨닫지 못했다. 예수님은 제자들에게, 스스로를 '하나님을 돕는 자'라고 생각하던 어떤 사람들에 관해 경고하셨다. "때가 오면 그들이 너희를 죽음에 넘겨주면서도 그것이 오히려 하나님을 섬기는 일이라고 생각할 것이다"(요 16:2; 마 24:9; 막 13:11; 눅 21:12, 저자 사역).

예수님은 그런 사람들이 성실하지 않다고 말씀하신 것이 아니다. 사울은 그리스도인들을 핍박할 때 대단히 성실했고(행 9:4), 예수님을 십자가에 못 박은 사람들도 자신들이 선한 일을 하고 있다고 믿었다. 대제사장 가야바가 "한 사람을 희생시켜 이스라엘 민족을 구원하는 것이 이 한 사람을 살려서 온 민족에게 고통을 주는 것보다 더 낫다"(요 18:14, 저자 사역)고 말했을 때, 그는 그저 **자신의 책임을 다할 뿐**이라고 믿었다.

두 아들의 비유를 공부하면서, 우리는 두 번째 유형의 잃어버려진 사람을 만나게 된다. 즉, 옳은 **말을** 하지만 그것을 실천하지 않는 사람이다. 이 비유에 나오는 두 아들은 모두 성실하지 않았다. 이와 같은 행동을 염두에 두고 예수님은 서기관과 바리새인에 대해 이렇게 말씀하셨다. "그들이 **말하는** 것은 행하되 그들이 **행하는** 것은 행하지 말라"(마 23:3, 저자 사역).

또한 우리는 세 번째 유형의 잃어버려진 사람을 만나게 될 것이다. 즉, 실패했고 자신이 실패했음을 아는 사람들이다. 그들의 가장 큰 실패는 삶에 닥친 비극이 아니라, 그들 자신의 선택에서 비롯된 실패들이다. 그들은 하나님을 외면하고 하나님의 요구대로 행하기를 거부하기로 선택했다. 이 사람들은 "누가 나에게 이런 일을 저질렀다"며 다른 사람을 탓하지 않는다. 그 대신 "**내가** 그런 선택을 했다. 내가 바로 잃어버려진 자다. 내 실패는 **나의** 탓이고 오로지 나의 책임이다"라고 고백한다.

수치를 무릅쓴 예배

죄 많은 여인이 예수님께 기름을 부은 사건 속에는, 하나님의 은혜 안에서 사는 것이 무엇인지 아는 사람의 마음이 아름답게 나타난다(눅 7:36-50). 예수님이 자신은 잃어버려진 적이 없다고 진심으로 생각하는 남자와 자신이 잃어버려졌음을 알고 있는 여자와 함께 계시는 동안 많은 일이 일어났다. 이 이야기 속에 당신을 대입해 보면서, 예수님이 많은 사람들의 존경을 받는 랍비였음을 떠올려 보라. 예수님은 의인으로서 자신의 평판을 관리하는 데 신경을 쓸 수밖에 없는 상황이었다.

> 한 바리새인이 예수께 자기와 함께 잡수시기를 청하니 이에 바리새인의 집에 들어가 앉으셨을 때에(눅 7:36).

예수님을 초대하는 것은 그 바리새인에게는 대담하고 위험한 일이었다. 왜냐하면 예수님은 모든 **다른** 사람들, 즉 슬럼가 사람들과 함께 식사를 하며 어울리셨기 때문이다. 사실 이 바리새인은 무슨 일이 일어날지 지켜보고 있었다. 그는 예수님에 대해 의심을 품고 있었고, 그 의심은 **완전히** 확인되었다.

> 그 동네에 죄를 지은 한 여자가 있어 예수께서 바리새인의 집에 앉아 계심을 알고 향유 담은 옥합을 가지고 와서 예수의 뒤로 그 발 곁에 서서 울며(눅 7:37-38).

그녀는 잃어버려진다는 것이 무엇인지를 **아는** 여자였다. 그녀는 예수님이 앞쪽으로 기대어 식사하며 대화하시는 동안 예수님의 발이 있는 뒤쪽으로 다가왔다.

> 눈물로 그 발을 적시고 자기 머리털로 닦고 그 발에 입 맞추고 향유를 부으니(눅 7:38).

상상해 보라. 저녁 식사를 위해 목사를 집으로 초대했는데, 심각한 죄를 지은 것으로 유명한 한 여자가 그 목사를 만나고 싶어 찾아왔다. 그 여자가 들어오자마자 울기 시작하더니, 무릎을 꿇고 목사의 신발을 벗기고 발을 천으로 닦고 기름을 부어 발 마사지를 한다. 이런 일을 겪고도 평판이 괜찮을 목사는 많지 않을 것이다. 그 목사가 정말로 좋은 사람이라면(게다가 품위도 갖춘 사람이라면), 이런 일은 **절대** 일어나지 않을 것이다! 내가 이렇게 말하는 이유는, 우리가 예수님을 초대한 이 사람에 대해 조금은 공감할 필요가 있기 때문이다.

> 예수를 청한 바리새인이 그것을 보고 마음에 이르되 이 사람이 만일 선지자라면 자기를 만지는 이 여자가 누구며 어떠한 자 곧 죄인인 줄을 알았으리라 하거늘(눅 7:39).

이 바리새인은 자신의 선함이 모든 일을 올바르게 하는 것에 있다고 믿는 많은 선한 사람들 중 한 명이었을 것이다. 그는 주변 사람들의 행동을 평가하고 그 사람이 하나님께 속한 사람인지를 판단했다. 이 바리새인은 예언자라면 누구라도 이 여인이 자신의 발에 **그런 짓**을 하도록 내버려두지 않을 것임을 알고 있었다. 예수님은 이를 부인하지 않으셨고, 그 대신 이야기 하나를 들려주기로 하셨다.

> 예수께서 대답하여 이르시되 시몬아, 내가 네게 이를 말이 있다 하시니 그가 이르되 선생님 말씀하소서. 이르시되 빚 주는 사람에게 빚진 자가 둘이 있어 하나는 오백 데나리온을 졌고 하나는 오십 데나리온을 졌는데 갚을 것이 없으므로 둘 다 탕감하여 주었으니 둘 중에 누가 그를 더 사랑하겠느냐. 시몬이 대답하여 이르되 내 생각에는 많이 탕감함을 받은 자니이다(눅 7:40-43).

당신이 이해하듯이, 시몬은 오십 데나리온만 빚졌지만 이 여인은 오백 데나리온을 빚졌다. 시몬은 예수님 주변에서 충분히 시간을 보냈으므로, 다음에 무슨 일이 일어날지 알았던 것 같다. 그래서 말한다. "글쎄요, **제 생각에는**……."

> 이르시되 네 판단이 옳다 하시고 그 여자를 돌아보시며 시몬에게 이르시되 이 여자를 보느냐. 내가 네 집에 들어올 때 너는 내게 발 씻을 물도 주지 아니하였으되 이 여자는 눈물로 내 발을 적시고 그 머리털로 닦았으며 너는 내게 입 맞추지 아니하였으되 그는 내가 들어올 때로부터 내 발에 입 맞추기를 그치지 아니하였으며 너는 내 머리에 감람유도 붓지 아니하였으되 그는 향유를 내 발에 부었느니라(눅 7:43-46).

시몬이 일반적인 예의에 속하는 발 씻기는 일이나 다른 전통적인 인사를 예수님께 하지 않은 이유는 예수님에 대한 시몬의 의심 때문인 것으로 보인다. 아마도 시몬은 이런 일이 일어날 수 있음을 예상하고, 나중에 친구들에게 자신이 실제로 이 사람의 발을 씻겨 주었다고 말하는 상황을 피하고 싶었을 것이다.

> 이러므로 내가 네게 말하노니 그의 많은 죄가 사하여졌도다. 이는 그의 사랑함이 많음이라. 사함을 받은 일이 적은 자는 적게 사랑하느니라(눅 7:47).

예수님은 그녀가 많이 사랑했기 때문에 죄가 용서되었다고 말씀하신 것이 아니라, 사실 그 반대를 말씀하셨다. 즉, 그녀의 죄가 용서되었기 **때문에** 많이 사랑했다는 말씀이다. 그녀의 사랑은 그녀가 받은 용서의 표현이었다. 왜냐하면 "인자가 온 것은 잃어버린 자를 찾아 구원하려 함"이기 때문이다(눅 19:10).

여기서 우리는 심오하고 중요한 진리를 발견할 수 있다. 사람들이 주님을 별로 사랑하지 않는 이유는, 종종 자신이 얼마나 큰 용서가 필요한지에 대한 감각이 부족하기 때문이다. 용서에 대한 약간의 감각이 있지만, 별로 크지 않을 수도 있다. 또는 아무도 그들에게 용서받는 것이 무엇을 의미하는지 제대로 알려 주지 않았을 것이다.

> 이에 여자에게 이르시되 네 죄 사함을 받았느니라 하시니 함께 앉아 있는 자들이 속으로 말하되 이가 누구이기에 죄도 사하는가 하더라. 예수께서 여자에게 이르시되 네 믿음이 너를 구원하였으니 평안히 가라 하시니라(눅 7:48-50).

적절함에 과도한 집착을 보였던 다른 손님들은, 이 어처구니없는 상황에 대해 참지 못하고 비난을 쏟아 내며 사실상 이렇게 말했다. "이 사람 좀 봐! 자기가 무슨 말을 하는지 알기나 할까? 자기가 죄를 용서해 준다고?"

하나님과 온 세상 앞에서 잃어버려진 자, 정죄받은 자로 서 본 적이 한 번도 없는 사람들이 있다. 그들은 어느 길로 가야 할지 무엇이 옳은지 알지 못한 채 인생에서 목적을 잃고 방황해 본 적이 없다. 자신이 완전히 무가치하다고 느껴 본 적이 없다. 그리고 그런 후에 사랑의 아버지 품에 안겨 본 적이 없다. 그들은 옳은 말과 행동을 하고 하나님을 돕는 사람이 되는 것에 만족한다. 그러나 용서받은 자, 즉 잃어버려졌던 것과 용서받았음을 완전히 **아는** 사람의 마음은 로마서 8:33-35처럼 이렇게 말할 수 있다. "나를 정죄하는 사람이 누구인가? 예수 그리스도께서 나를 위해 죽으셨다. 누군가가 내가 한 일을 좋아하지 않는다고 해도, 그의 비난이 잘못된 것이라고 해도, 나는 화내지 않을 것이다. 예수님이 직접 나를 위해 죽으셨으니까."

돌아오기

두 번째 비유 이야기는 이렇게 시작된다.*

> 그러나 너희 생각에는 어떠하냐. 어떤 사람에게 두 아들이 있는데 맏아들에게 가서 이르되 얘, 오늘 포도원에 가서 일하라 하니 대답하여 이르되 싫소이다 하였다가 그 후에 뉘우치고 갔고(마 21:28-29).

이 일이 어떤 식으로 일어났을지 상상해 보라. 첫째 아들은 "아니요. 아버지, 싫습니다"라고 대답했을 것이다. 하지만 집 안에서 게으름을 피우던 이 아들의 마음이 아버지를 향했다. 포도원에서 일하는 아버지를 멀리서 보며 생각했다. '아버지를 좀 봐. 정말 열심히 일하고 계시네.' 그래서 그는 아버지에게 가서 "아버지, 그늘에 가서 좀 쉬세요. 이제 제가 할게요"라고 말했을 것이다.

예수님의 비유는 일상생활에서 실제로 일어날 수 있는 일들을 다룬다. 때때로 아이들은 부모가 시키는 일을 거부하다가도, 아버지나 어머니가 그 일을 혼자 감당하는 것을 보고 견디지 못해서 마음을 바꾸기도 한다. 사실 아이들은 어머니 아버지를 사랑하기 때문에 부모를 향해 마음을 돌린다.

중요한 점은, 그들이 불순종하던 중에 가기로 결심한다는 것이다.

---

* 마태복음 21:28-31의 두 아들 비유는 사본에 따라 첫째 아들과 둘째 아들의 대답이 다르다. 여기서는 저자가 인용한 사본에 따라 번역했다.—옮긴이

그들은 불순종할 계획을 품고 싫다고 말했었다. 하지만 마음속 어딘가로부터 '그래, 아버지를 기쁘게 해드리자'라는 생각이 떠올랐다.

예수님은 계속 말씀하셨다.

> 둘째 아들에게 가서 또 그와 같이 말하니 대답하여 이르되 아버지, 가겠나이다 하더니 가지 아니하였으니(마 21:30).

둘째 아들이 말했다. "아버지, 가겠나이다." 첫째 아들은 '아버지'라는 말도 없이 그냥 "싫소이다"라고 했지만, 둘째 아들은 존중하는 표현으로 그렇게 말했다. 아버지로 번역된 이 단어는 실제로는 '주님'(헬라어 '퀴리에'—옮긴이)이라는 단어다. 이 아들은 불순종하면서도 존경심을 보였다.

그리고 예수님은 주위의 선한 사람들, "주님, 가겠습니다"라고 말했지만 가지 않았던 사람들에게 질문하셨다.

> 그 둘 중의 누가 아버지의 뜻대로 하였느냐. 이르되 첫째 아들이니이다. 예수께서 그들에게 이르시되 내가 진실로 너희에게 이르노니 세리들과 창녀들이 너희보다 먼저 하나님의 나라에 들어가리라(마 21:31).

무조건적 수용

듣고 있던 사람들은 너무도 뜨끔한 말에 얼굴이라도 가리고 싶었을지 모른다. 마치 예수님이 오늘 우리에게 이렇게 말씀하시는 것과도 같다. "내가 진실로 너희에게 이르노니 폭력배들과 창녀들과 거짓말 잘하는 정치인들이 너희보다 먼저 하나님 나라에 들어갈 것이다." 예수님은 하나님 나라에 들어갈 자격을 열거하기 위해서가 아니라, 하나님의 마음이 기꺼이 용서하시는 열린 마음이라는 것을 가르치기 위해 이 말씀을 하셨다.

예수님은 사실상 다음과 같은 말씀으로 그들을 놀라게 하신 것이다. "너희 중 어떤 이들은 좋은 사람들이고, 사람의 순서로 보면 첫째일 것이다. 그러나 너희는 이와 같은 '죄인들'이 하나님 나라에 너희보다 먼저 들어가는 것을 볼 것이다. 왜냐하면 너희는 '주님, 가겠습니다'라고 말한 뒤 가지 않았기 때문이다. 그들은 '싫습니다'라고 했지만 돌이켰다."

어떤 사람은 겉으로는 괜찮은 종교인처럼 보이지만, 마음속에는 무관심과 반항심이 있을 수 있다. 그리고 창녀들과 폭력배들은 날마다 하나님 없이 사는 것이 어떤 것인지 마음으로 알고, 마침내 이렇게 말하게 될 수도 있다. "나는 아버지께 '싫습니다'라고 말했지만, 돌아가겠습니다. 나는 하나님의 은혜로 하나님 나라의 일을 하겠습니다."

예수님은 대제사장들과 장로들에게 이 비유를 말씀하심으로써, 하나님의 마음은 완전히 열려 있고 "가지 않겠습니다"라고 말한 후 돌이킨 사람들을 받아들일 준비가 되어 있음을 보여주셨다. 그들은 자신들이 잃어버려졌음을 알고 있었다. 그러나 자신이 잃어버려졌다고 생각해 본 적이 없는 사람들은, 하나님의 열린 마음을 품위 없어 보인다고 생각한다. '그래서 하나님이 사람들을 그냥 **용서해** 주신다고요? 그냥 **그렇게**?'

아버지의 베푸는 마음

우리가 '탕자의 비유'로 알고 있는 이야기는 또 다른 두 형제의 이야기다. 이 형제들도 아버지를 대하는 태도가 서로 다르다. 형은 아버지를 기쁘게 해드리는 것에 관심이 있는 듯 아버지를 돕기 위해 할 수 있는 모든 일을 했다. 그러나 그의 마음은 아버지의 마음과 별로 닮지 않았다. 그는 용서하지 않았고 관대하지 않았다. 그는 정확한 계산을 원하고, 분리하고, 나누고, 벌하고자 하는 마음을 가졌다. 그는 아버지가 다른 아들에게 베푸는 사랑에 대해 질투했다.

둘째 아들은 집안의 상황을 평가해 보았고, 이제는 자신이 스스로 삶을 꾸려 가야 할 때가 되었다고 결심했다. 여기서 우리의 이야기가 시작된다.

> 어떤 사람에게 두 아들이 있는데 둘째 아들이 아버지에게 말했다. "아버지, 아버지가 돌아가실 때까지 기다릴 수 없으니 재산 중에서 내게 돌아올 몫을 지금 주십시오." 아버지는 재산을 아들들에게 나눠 주기로 동의했다. 며칠 후 둘째 아들은 자기 짐을 모두 싸 들고 먼 땅으로 여행을 떠났다(눅 15:11-13, 저자 사역).

이 이야기는 하나님의 마음을 놀랍도록 생생하게 보여준다. 그 마음은 우리 각 사람을 향한 자비의 마음이다. 마지막에는 항상 **자비**로 귀결되는 그 아버지의 사랑을 이해하기 전까지는 우리는 사랑을 진정으로 이해할 수 없을 것이다.

아버지의 마음은 베푸는 마음이었다. 우리는 때때로 그 당시의 둘째 아들이 그리 좋은 서열이 아니었다는 사실을 망각한다. 당시에는 아버지가 죽으면 모든 재산은 장남에게 돌아갔고, 장남은 다른 자식들에게 자신이 원하는 대로 나누어 주었다.

따라서 이 둘째 아들이 "아버지, 아버지의 재산 중에서 내게 주시고 싶은 만큼을 돌아가시기 전에 지금 주십시오"라는 말이 완전히 비합리적이기만 한 것은 아니었다. 그는 형에게서 아무것도 얻지 못하리라고 생각했을 수도 있다. 형은 옳고 정의롭지만, 베푸는 것이나 **용서하는** 것이나 자비에 대해서는 잘 모르는 사람이었기 때문이다.

둘째 아들이 이런 요청을 했을 때, 아버지는 아들 눈을 똑바로 보며 이렇게 말하기가 쉬웠을 것이다. "네가 무엇을 하려는지 알겠다. 내 재산을 너에게 주지는 않을 거다. 네가 얼마나 신뢰할 수 없고 얼마나 쉽게 흔들리는 아이인지 내가 잘 아니까." 하지만 아버지는 그렇게 말하지 않았다. 그는 둘째 아들이 요구하는 것을 그에게 주었다. 왜냐하면 아버지의 마음은 베푸는 마음이기 때문이다.

물론 이 아버지에게도 아들을 걱정할 만한 이유들이 분명 있었을 것이다. 하지만 대부분의 자녀는 결국은 충분히 성숙하게 되며, 그들 삶에서 부모의 역할이란 자녀가 하고자 하는 것을 돕는 데 있음을 알게 된다. "그건 너무 위험한 것 같아요!"라고 말할 수도 있다. 하지만 "안 돼. 난 너를 신뢰하지 않아"라는 정죄하는 마음이 아니라, 부모의 베풀고 돕는 마음이 자녀를 이긴다.

우리가 받은 자비가 우리로 하여금 자비를 베풀도록 만드는 때가 온다. 염색하려는 자녀에게 "그래, 내가 도와줄게. 머리를 무슨 색으로 염색하고 싶다고? 초록색, 보라색? 여기 앉아 봐. 내가 도와줄게"라고 말할 수 있게 된다.

자녀는 사랑하라고 주셨지 깔고 앉으라고 주신 것이 아니다. 우리는 종종 자녀들의 행동에 책임을 느끼지만, 그들을 놓아주고 "내가 도와줄게"라고 말해야만 하는 순간이 온다. 우리에게 하나님에 대한 확신이 있으므로 그들에 대해서도 확신을 가져야 한다. 이 비유에 나오는 아버지는 아들이 직면한 어려움을 이해했고, 그를 돕기로 선택했다.

호화로운 삶

아들이 여행 가방을 들고 집을 나서는 모습을 바라보던 아버지의 마음은 틀림없이 괴로웠을 것이다. 그는 이렇게 기도했을 것이다. “하나님, 저를 도와주세요. 하나님, 이 아이를 도와주세요.” 결국 그 청년은 돈을 들고 다른 나라로 가서 힘든 시간을 보냈다. 그의 아버지가 두려워했던 모든 일이 현실이 된 것이다. 예수님은 그 상황을 이렇게 묘사하셨다.

> 그곳에서 그는 파티를 벌이며 흥청망청 방탕하게 지내느라 가진 돈을 탕진해 버렸다. 돈이 다 떨어질 무렵, 그 나라에 심한 기근이 들어 그가 굶어 죽게 되었다. 그는 그 지역의 한 농부에게 의탁해 돼지 치는 일을 하게 되었다. 그는 너무나 굶주린 나머지 돼지 먹이로 주던 곡식 껍질조차 맛있게 보일 정도였다. 하지만 누구도 그에게 먹을 것을 주지 않았다(눅 15:13-16, 저자 사역).

그에게 돈이 많을 때는 친구가 많았지만, 어려움에 빠지고 길에 나앉게 되자 모두 떠났다. 돼지를 돌보는 일은 유대인 남자가 할 수 있는 가장 비천한 일이었다. 그는 돼지를 돌볼 뿐 아니라 **돼지 먹이까지 먹어야 할 정도로** 빈궁했다.

많은 사람들이 이런 자리에 있는 자신을 발견했다. 그들은 돼지가 먹는 것을 먹을 정도로 비참했고, 결코 **먹지 않았을** 것까지 먹어야 했다. 그들 대부분은 무엇이 최선인지 알면서도 그에 반항하는 행동을 하며, 자신이 하는 일을 계속 정당화하고 있었다. 이 모든 정당화 작업은 매우 중요하다. 그들은 아마도 돼지우리 주변 담장에 기대고 앉아 자신이 얼마나 멋진 시간을 보내고 있는지를 노래했을 수도 있다. 그들은 포기하고 "내가 다 **망쳤어**. 나는 길을 잃었어"라고 말하기보다는, 점점 더 망가져 가는 삶의 끝자락에 주저앉아 있기를 선택했다.

결국 이 둘째 아들은 돼지 여물통에서 끼니를 채우는 끔찍한 경험을 하고 나서야 자신이 잃어버려졌음을 깨달았다.

> 그제야 그는 제정신이 들어서 이렇게 중얼거렸다. "아버지 집에서 종들도 이보다 더 잘 먹는데, 나는 여기서 굶어 죽는구나. 이제 돌아가서 아버지께 이렇게 말해야겠다. '아버지, 제가 이제 아버지께 아무것도 요구할 권리가 없음을 잘 압니다. 아버지는 제게 줘야 할 것을 모두 주셨으니까요. 제가 원하는 건 단 한 가지입니다. 저를 품꾼으로 받아 주십시오'"(눅 15:17-19, 저자 사역).

우리는 아버지가 여러 날 동안 아들의 소식을 기다리며 무엇을 하고 있었을지 상상해 볼 수 있다. 아들의 소식을 확인하기 위해 종을 보냈을 수도 있다. 종은 아들이 돈을 모두 잃게 되는 동안 따라다니며 지켜보았고, 아들이 돼지우리에 있다는 사실까지 알았을 수도 있다.

어느 날 아버지가 밖에 서서 내다보다가 멀리서 아들이 오는 것을 발견했다. 아마도 아버지는 그리움과 상한 마음으로 매일 그 길을 내다보고 있었을 것이다. 그는 거실에 앉아 의로운 기준으로 자기의 어리석은 아들을 판단하지 않았다. 그는 아들이 집으로 돌아오기를 간절히 **바라고** 있었다.

> 그 아들이 아직 멀리 있는데, 아버지는 아들이 오는 것을 보고 사랑과 연민이 북받쳐 올라 달려가서 아들을 맞이했다(눅 15:20, 저자 사역).

그런 다음 아버지는 이렇게 말하지 않았다. "이제 가서 깨끗이 씻고 돼지 냄새가 좀 사라지면 오거라. 그러면 내가 안아 주고 뽀뽀해 주겠다." 대신에 아버지는 길을 달려 내려가 아들을 끌어안고 이렇게 말했다. "이리 와라, 아들아. 목욕은 다음에 하고." 그는 잃어버린 바 되었다가 발견되었다. 누구든 원하는 사람은 돌아올 수 있다.

아들의 마음이 집을 향하도록 한 것은 아들에 대한 아버지의 관대함이었다. 나는 아들이 아버지의 따듯한 마음을 이해했고, 아버지가 자신을 따듯하게 대할 것을 알았다고 생각한다. 회개로 이끄는 것은 바로 이러한 하나님의 인자하심이다(롬 2:4). 하나님은 "은혜를 모르는 자와 악한 자에게도 인자"하시다(눅 6:35). 그렇다. 하나님은 실제로 죄 짓는 것을 더 선호하는 사람들에게도 인자하시다.

수군거림과 추문

나는 용서는 쉽게 얻을 수 없다는 오래된 인간의 태도를 배우며 자랐다. 인간사에서 용서의 역할은 한 사람이 다른 사람의 잘못을 계속 들먹이며 끊임없이 괴롭히는 것이었다. 하지만 배우자나 자녀, 친척 등 우리 가족 중 누군가가 어리석은 짓을 했을 때, 그가 얼마나 어리석은 짓을 했는지 알게 하는 것은 우리가 할 일이 아니다. 아버지의 용서하는 마음은 잃어버린 자녀가 돌아오기를 갈망하고 기다리는 마음이다.

예언자 호세아는 자신의 삶에서 이것을 잘 보여주었다. 그는 이스라엘의 의인이었고 예언자이자 교사였으며, 오늘날로 말하면 목사와 같은 사람이었다. 이스라엘 민족에게 메시지를 전하기 위해 하나님은 신실하지 못한 여인과 결혼하라고 호세아에게 명령하셨다. 그의 순종은, 수군거림과 추문과 집 주위를 뛰어다니는 아이들이 자기 자식일까 하는 의문을 견디는 것을 의미했다.

호세아의 아내 고멜이 너무도 비참하게 되어 자기 자신을 노예로 팔아 버렸을 때, 주님이 호세아에게 오셔서 "오늘 경매장으로 내려가거라. 그녀가 오늘 팔려가게 될 것이다. 너는 그녀를 되사 오너라"고 말씀하셨다. 호세아는 내려가서 그녀를 다시 데려왔고, 자기 곁에 두었으며, 다시 한번 그녀를 사랑했다(호 3:1-3, 저자 사역).

이 상한 마음의 이야기 속에서 우리는 예수님이 구약성경으로부터 인용하신 놀라운 말씀을 발견하게 된다. 예수님은 이 말씀을 통해 사람들이 자비롭고 용서하시는 하나님의 마음을 이해하도록 돕고자 하셨다. "나는 인애를 원하고 제사를 원하지 아니하며 번제보다 하나님을 아는 것을 원하노라"(호 6:6; 마 9:13, 12:7).

자비의 힘

방탕했던 아들이 집으로 돌아왔을 때, 그를 향해 달려온 아버지는 아마도 오래전에 그를 용서했을 것이다. 이 아버지는 아들을 너무나 사랑했기 때문에 용서만이 그가 택할 수 있는 유일한 길이었다.

> 아들이 아버지에게 말했다. "아버지, 저는 하늘과 아버지께 죄를 지었으니 아버지의 아들이라고 불릴 자격이 없습니다." 그러나 그의 아버지는 그의 말을 끊고 종들에게 말했다. "빨리 집으로 가서 가장 좋은 옷을 가져와 내 아들에게 입혀라! 손가락에는 보석 반지를 끼우고 발에는 신발을 신겨라. 그리고 살진 송아지를 잡아라. 잔치를 벌여 축하해야겠다! 내 아들이 죽었다가 다시 살아났구나. 이 아들을 잃었다가 이제야 찾았다." 그렇게 잔치가 시작되었다(눅 15:21-24, 저자 사역).

아들에게는 용서를 **구할** 기회조차 없었다! 그는 돼지우리에 있는 동안 열심히 준비한 노래와 춤을 보여줄 수 없었다. 그는 그런 과정을 통과해야 할 필요가 없었다! 너무 열심히 연습했으니 실망했을지도 모르겠다. 자기 목에 매달려 기뻐서 큰소리로 울고 있는 아버지 앞에서는 아무것도 할 수 없었다. 아버지와 아들이 함께 겪었던 큰 고통의 시간 후에 찾아온 이 만남의 기쁨이란!

그러나 형은 그 기쁨을 누리지 못했다. 그것이 이 이야기에서 가장 슬픈 부분이다. 첫째 아들에 대해 많은 것을 말할 수 있다. 그는 아마도 동생을 사랑했고 떠나는 동생을 눈물로 지켜봤을 것이다. 아버지를 위해 열심히 일했고, 동생이 떠나 있는 동안 그의 일까지 떠맡아 했을지도 모른다. 하지만 형은 아버지의 사랑이 얼마나 깊은지 알지 못했다.

> 그동안 맏아들은 밭에서 일을 하고 있었다. 하루 일을 끝내고 돌아오는데 집에서 음악 소리가 들려왔다. 종 하나를 불러 무슨 일인지 물었다. "동생분이 돌아왔습니다. 그래서 주인어른께서 키우던 송아지를 잡고, 아들이 무사히 집으로 돌아온 것을 축하하는 큰 잔치를 여셨습니다."
>
> 형은 언짢아서 집으로 들어가려 하지 않았다. 마침내 아버지가 나와서 간곡히 청했다. 그러나 그는 아버지에게 말했다. "그동안 저는 아버지를 위해 열심히 일했고, 아버지가 하라는 일을 단 한 번도 거절한 적이 없습니다. 그 모든 기간 내내 아버지는 제가 친구들과 즐기도록 염소 새끼 한 마리도 내주지 않으셨습니다. 그런데 **당신의** 저 아들은 **당신의** 돈을 창녀들에게 다 써버리고 돌아왔는데도, 가장 좋은 송아지를 잡아 축하해 주고 있습니다."
>
> 아버지가 아들에게 말했다. "얘야, 사랑하는 내 아들아, 너와 나는

아주 가까운 사이란다. 내가 가진 것은 모두 네 것이다. 그러나 이 일은 축하를 해야만 해. 그 아이가 네 형제이기 때문이야. 그는 죽었다가 살아서 돌아왔고, 잃었다가 다시 찾았다!"(눅 15:25-32, 저자 사역)

아버지는 둘째 아들을 만나러 나갔던 것처럼, 둘째 아들을 위한 잔치를 비웃는 첫째 아들도 나가서 만났다. 아버지는 "네 마음이 바르지 않아서 나하고 문제가 생긴 거야"라고 말하지 않았다. "아들아, 너는 항상 나와 함께 있고, 내가 가진 것은 모두 네 것이다"(눅 15:31, 저자 사역)라고 말했다.

아버지는 첫째 아들에게 동생을 불쌍히 여겨 달라고 **간청했다**. 여기서 우리는 아버지의 마음이 **화해시키려는** 마음임을 알 수 있다. 이 아버지는 용서할 뿐만 아니라, 자신에게는 용서가 필요 없다고 생각하는 사람에게도 다가가서 자비를 이해해 달라고 간청한다.

어떤 의미에서 이 비유는 동생보다는 형에 관한 이야기다. 예수님은 불평하는 서기관들과 바리새인들에게 이 비유를 들려주심으로써 인애보다는 제사를, 자비로운 마음으로 사는 것보다는 번제나 종교의식을 더 좋아하는 사람들의 모습을 보여주셨다. 팔복 선언 중 하나도 "긍휼히 여기는 자는 복이 있나니 그들이 긍휼히 여김을 받을 것임이요"라는 말씀이지만, 많은 사람들이 긍휼히 여기는 것이 복되거나 유익하다고 믿지 않는다(마 5:7). 첫째 아들은 확실히 그것을 믿지 않았다. 아버지는 **자비**를 베풀고 있었지만, 그는 자신의 아버지가 전혀 복 있는 사람이라고 생각하지 않았다.

자신의 권리를 주장하는 많은 사람들은, 최후의 가치는 정의라고 믿으며 자비가 필요한 사람들에게 자비를 베푸는 것을 좋아하지 않는다. 교회 안에도 자비를 베푸는 것은 잘못이라고 굳게 믿는 사람들이 있다. 자비는 그들의 안전감을 위협한다. 왜냐하면 우리가 살아가는 세상의 인간 제도는 자비보다는 강제와 정죄와 사람들의 관리를 통해 작동하기 때문이다. 하지만 아버지는 자비의 **힘을** 알기에 자비를 베푸신다.

우리가 그리스도인으로서 고백하는 모든 것의 중심에는 십자가가 있다. 십자가는 하나님의 자비로운 마음이다. 하나님의 자비와 하나님의 공의가 대립되는 것이 아니라 동일한 사랑의 표현임을 이해하지 못하면, 우리는 십자가를 이해할 수 없다. 예수님은 십자가에서 우리를 위해 죽으셨다. 자신을 내어 주신 것은 그의 자비 때문이다. 그는 감사할 줄 모르는 악한 우리에게 친절을 베푸셨다. 그리고 그 친절은 하나님의 자비를 이해하는 열쇠다.

비난을 통한 통제

누군가를 선을 향한 길로 인도하는 가장 확실한 방법은 자비를 베푸는 것이다. 그들을 잘못과 분노에 빠지게 만드는 가장 확실한 방법은 **무자비하게** 그들을 대하는 것이다. 완고해진 마음을 정복하는 것은 자비의 힘이다.

당신은 이렇게 생각할 수도 있다. '하나님이 자비로우신 것은 괜찮지만 내가 자비롭게 된다면 어떤 일이 벌어질까? 그들이 그런 짓을 반복하지 않을까? 하나님은 자비를 베푸실 수 있지만, 나는 그럴 수 없을 것이다.'

오직 자비의 길로 들어설 때만 비로소 우리는 하나님의 능력 안에서 살기 시작한다. 자비의 흐름 속에서 살 때, 우리는 용서하고, 베풀고, 화해하며, 누구에게도 원한을 품지 않고 살게 된다. 그때 우리는 모든 필요를 채우시는 하나님의 풍성함을 진정으로 알게 된다.

예수님의 십자가에서의 죽음은 우리의 모든 죄를 용서하기에 충분했다. 예수님의 영을 우리가 받아들일 때, 우리는 우리의 모든 관계에서 베풀고 용서하고 화해하며 살 수 있는 힘을 얻게 된다. 우리는 우리 삶에서 하나님 나라의 능력을 알게 될 것이다.

사랑하는 사람이 잘못된 길로 들어섰을 때, 가장 큰 싸움은 가족 중 누군가는 자비를 베풀고 싶지만 다른 가족들은 그것을 거부하면서 일어난다. 그들은 자비를 베푸는 것이 그 사람이 저지른 잘못을 **용인하는** 모양새로 비칠까 봐 걱정한다. 또는 사람들을 통제하려면 그들에게 자비를 베풀지 않아야 한다고 생각할 수도 있다.

예수님은 이러한 정죄에 대해 가르치시며 "비판을 받지 아니하려거든 비판하지 말라"(마 7:1)고 말씀하셨다. 예수님이 언급하셨던 사람들은 **정죄를 통해 다른 사람들을 통제할 수 있다**고 믿는 사람들이었다. 즉, 그들은 정죄를 멈추면 범죄자가 계속 악한 일을 할 것이라고 믿었다.

오늘날에도 사람들은 끊임없이 거센 비난을 퍼부어 모든 사람이 자신이 정확히 무엇을 해야 하는지를 알게 하는 것이 중요하다고 믿고 있다. 그리고 진실은, 그들이 정확히 무엇을 해야 하는지 **알게** 된다는 것이다. 바로 **우리에게** 비난을 돌려주는 일이다. 예수님은 그것을 아셨다. 당신이 누군가를 정죄하는 캠페인을 벌이면, 당신은 확실히 정죄를 돌려받게 될 것이다.

탕자는 평생 동안 자신이 했던 일을 후회했을 것이다. 아버지의 흰머리와 주름살을 보며 이렇게 생각했을 것이다. '내가 아버지를 힘들게 해서 아버지가 더 늙으셨구나.' 한편 그는 자신이 얼마나 고통스럽게 잃어버려졌는지, 그리고 용서받음이 어떤 것인지, 하나님의 은혜로 하나님 나라에 들어가 그 안에서 행하는 것이 무엇인지를 알게 되었다.

우리가 하나님 나라 안에서 살 때, 우리는 모든 일에서, 가족·이웃·나와 다른 사람들과의 관계에서, 하나님의 마음 즉 사랑하고 베풀고 용서하고 자비롭고 화해하는 마음을 가질 수 있다. 우리가 하나님 나라에서 발견하는 풍성한 생명과 은혜와 자비는 모든 사람에게 전해질 수 있다.

하나님 나라에 관한 요점 정리

- 하나님 나라는 자비가 행해지고 화해가 이루어지며, 잃어버렸던 사람을 찾을 때마다 항상 잔치가 벌어지는 곳이다.
- 하나님은 잃어버린 사람들을 끊임없이 찾으신다. 하나님은 언제나 베풀고, 용서하고, 화해시키신다. 하나님의 마음은 용서하시는 마음이며, 회개하는 사람을 받아들일 준비가 언제나 되어 있으시기 때문이다.
- 하나님의 사랑에 담긴 최종 가치가 **자비**임을 이해하기 전까지 우리는 사랑을 온전히 이해하지는 못할 것이다. 완고한 마음을 정복하는 것은 자비의 힘이다.
- 하나님의 자비와 공의가 대립하는 것이 아니라 동일한 사랑의 다른 표현임을 이해하지 못한다면, 십자가를 이해할 수 없다.

10장

길을 예비하라

나 곧 내 영혼은 여호와를 기다리며 나는 주의 말씀을 바라는도다. 파수꾼이 아침을 기다림보다 내 영혼이 주를 더 기다리나니 참으로 파수꾼이 아침을 기다림보다 더하도다. _시편 130:5-6

이제 우리는 예수님의 지상 사역에서 중대한 전환점에 이르렀다. 이스라엘의 지도자들은 그를 거부했고, 예수님도 그들의 거부를 받아들이셨다. 예수님은 지도자들과 성전과 국가의 제도들로부터 돌아서셨다. 이스라엘 민족은 다시는 왕국을 소유할 수 없을 것이다. 예수님이 예루살렘을 외면하신 이유는, 이제 그곳이 자신이 십자가에 못 박힐 장소라는 것 외에는 별다른 의미가 남아 있지 않기 때문이다. 그분은 더 이상 군중에게 말씀하거나 지도자들을 향해 연설하지 않으셨다.

예수님은 자신의 임박한 죽음과 육체적 부재에 대비하여, 제자들에게 세 가지 비유, 즉 달란트 비유, 충성된 종과 불충한 종의 비유, 열 처녀의 비유를 말씀하시고, 이어서 세상의 주(主)로서 양과 염소를 구분하는 은유를 들려주셨다.

이 일련의 극적인 사건들은 마태복음 23장에서 시작되는데, 이 장은 이스라엘 백성에게 보내는 예수님의 마지막 메시지와 예수님이 그들과 그들의 제도로부터 돌아서는 모습을 기록하고 있다. 바리새인들의 위선을 슬퍼하신 예수님은 예루살렘으로부터 등을 돌리셨다.

> 예루살렘아, 예루살렘아, 선지자들을 죽이고 네게 파송된 자들을 돌로 치는 자여. 암탉이 그 새끼를 날개 아래에 모음같이 내가 네 자녀를 모으려 한 일이 몇 번이더냐. 그러나 너희가 원하지 아니하였도다. 보라, 너희 집이 황폐하여 버려진 바 되리라. 내가 너희에게 이르노니 이제부터 너희는 찬송하리로다. 주의 이름으로 오시는 이여 할 때까지 나를 보지 못하리라(마 23:37-39).

이것은 하나님의 구속 역사에서 왕이 이스라엘 백성에게서 왕국을 빼앗은 순간이었다. 다음 사건은 마태복음 24장 첫 부분에 생생히 묘사되어 있다.

> 예수께서 성전에서 나와서 가실 때에 제자들이 성전 건물들을 가리켜 보이려고 나아오니(마 24:1).

예수님과 제자들이 성전을 바라보는 장면을 마음속으로 상상해 보라. 아마도 제자들은 이렇게 말했을 것이다. "이 멋진 건물들 좀 보십시오! 하나님이 하신 일이 정말 놀랍지 않습니까!" 그러자 예수님이 그들에게 말씀하셨다.

> 너희가 이 모든 것을 보지 못하느냐. 내가 진실로 너희에게 이르노니 돌 하나도 돌 위에 남지 않고 다 무너뜨려지리라(마 24:2).

이스라엘 민족은 성전과 그 의식에 완전히 사로잡혀 살아가고 있었다. 예수님은 원한을 품으신 것이 아니다. 그는 대략 40년 안에 로마인들이 반란을 진압한 후 예루살렘을 점령하고 두 번째 성전을 파괴할 것(주후 70년)을 알고 계셨다. 예수님은 자신을 거부한 사람들에게 화를 내지 않으셨다. 그것은 예수님이 생각조차 하지 않으셨을 일이다. 그는 영원한 실재와 겉모습에 불과한 것을 비교하며 가르치고 계셨다.

예수님은 하늘과 땅의 기초가 흔들린 후, 참으로 하나님께 속한 것들만 남게 되리라는 놀라운 구약성경 구절(학 2:6, 21)을 반향하는 말씀을 하셨다. 예수님은 제자들을 향해 기초가 흔들려서 돌 하나도 다른 돌 위에 남지 않을 것이라고 말씀하신 것이다.

제자들을 준비시키다

요한복음도 예수님이 같은 시기에 작은 무리를 모아 놓고 가르치셨던 이야기를 담고 있다(요 14-17장). 예수님은 앞으로 일어날 일들에 대해 가르치시면서, 또한 친구들을 위해 아버지께 기도하며 중보하고 계셨다. "내가 기도하는 것은 이들만을 위한 것이 아니라, 모든 믿는 자들을 위한 것이다"(요 17:20, 저자 사역). 당신과 나도 그때 예수님에게서 기도를 받은 것이다.

예수님은 제자들에게 그들이 더 이상 성전을 볼 수 없게 될 때를 이해할 수 있도록 가르침을 주셨다. 마치 우물가의 여인에게 말씀하셨던 것과 같다. "여자여, 내 말을 믿으라. 이 산에서도 말고 예루살렘에서도 말고 너희가 아버지께 예배할 때가 이르리라.…… 하나님은 영이시니 예배하는 자가 영과 진리로 예배할지니라"(요 4:21, 24).

예수님은 우리 모두가 눈에 보이는 것을 원하고 붙잡으려고 애쓴다는 사실을 잘 알고 계셨다. 그는 자신이 육체적으로 부재하는 동안 어떤 일들이 벌어질 것인지, 사람들이 어떻게 스스로 준비하고 재림을 기대하며 그를 향해 마음을 열어 두어야 하는지를 가르치고자 하셨다.

이 비유들은 마태복음 14-25장에 기록된 연속적인 강화의 마지막 부분에 등장한다. 그 이후부터 예수님은 자신의 죽음에 대해 말씀하기 시작하셨다. "예수께서 이 말씀을 다 마치시고 제자들에게 이르시되 너희가 아는 바와 같이 이틀이 지나면 유월절이라. 인자가 십자가에 못 박히기 위하여 팔리리라 하시더라"(마 26:1-2).

제자들은 이 말씀을 받아들일 수 없었다. 도저히 그럴 수 없었다. 제자들의 머릿속에는 웅장한 성전 건물과 '어떻게 이스라엘을 로마의 지배에서 벗어나게 할 수 있을까?' 하는 생각만 있었기 때문이다. 그들은 예수님의 죽음을 상상조차 할 수 없었고, 2천 년의 교회 역사가 없었다면 우리도 마찬가지였을 것이다.

그래서 예수님은 지금 우리가 살고 있는 시대이기도 한 이 교회의 시대에 제자들이 어떻게 마음을 지키고 가꾸어야 하는지에 관해 이런 가르침들을 주셨다. 예수님은 지금부터 우리가 살펴볼 비유와 은유를 통해, 앞으로 벌어질 일에 대해 그들을 준비시키셨다.

네 마음이 있는 곳에

충성된 종과 불충한 종의 비유는 마태복음과 누가복음에 모두 나타난다. 누가복음 버전은 약간 다른 문맥에서 등장하므로 이 비유의 요점을 이해하는 데 도움이 된다. 이 비유의 요점을 이해하지 못하면, 이 비유의 내용을 대부분 놓칠 수 있다.

이 비유는 종종 미래에 있을 예수님의 재림에 관한 것으로 여겨지지만, 여기서는 단순히 재림보다 **훨씬 더 큰** 문제를 다루고 있다. 그 주제는 '오늘 우리의 보물이 어디에 있는가?' 하는 것이다. 우리의 마음은 정말로 무엇에 맞춰져 있을까?

누가복음 12:31-34에서 예수님은 우리 삶에 진정으로 필요한 것이 무엇인지 말씀하셨다.

> 다만 너희는 그의 나라를 구하라. 그리하면 이런 것들을 너희에게 더 하시리라. 적은 무리여, 무서워 말라. 너희 아버지께서 그 나라를 너희에게 주시기를 기뻐하시느니라. 너희 소유를 팔아 구제하여 낡아지지 아니하는 배낭을 만들라. 곧 하늘에 둔 바 다함이 없는 보물이니 거기는 도둑도 가까이하는 일이 없고 좀도 먹는 일이 없느니라. 너희 보물 있는 곳에는 너희 마음도 있으리라(눅 12:31-34).

충성된 종과 불충한 종의 비유에서 불충한 종은 자신의 보물을 엉뚱한 장소에 둔 사람이었다. 그것이 바로 앞에서 언급한 제목이 말하는 바다.

> 허리에 띠를 띠고 등불을 켜고 서 있으라. 너희는 마치 그 주인이 혼인집에서 돌아와 문을 두드리면 곧 열어 주려고 기다리는 사람과 같이 되라(눅 12:35-36).

"혼인집에서"라는 문구는 주인이 집을 종들에게 맡기고 결혼을 하러 떠났음을 말해 준다. 그러나 이제 그가 돌아오고 있다. 당시에는 시간을 알려 주는 시계가 없었음을 기억하라. 그때의 시간 계획은 지금과는 완전히 달랐다. 어느 날에 만나기로 약속하면, 그날에는 만남이 성사될 때까지 하루 종일 기다리는 것이 보통이었다. 그리고 아무도 화를 내지 않았다.

즉, 종들은 주인과 신부가 특정한 날짜에 돌아올 때를 대비해 주인을 맞이할 준비를 **갖추고 있어야** 했다. 여기에는 부부가 밤에 올 경우를 대비해 등을 준비하고 등에 사용할 기름이 충분한지 확인하는 것도 포함되었다. 등을 준비하는 일은 이 비유와 열 처녀의 비유에서 중요한 부분이다. 주인이 밤에 돌아왔는데 신랑과 신부가 어둠 속에서

문으로 들어오다가 걸려 넘어지기라도 한다면 그것은 별로 좋은 환영이 아닐 것이다.

이런 일을 피하기 위해 종들은 주위를 밝게 만들고 주인을 만나러 나갔을 것이다. 종들 중 한 명은 길을 따라 3-4킬로미터 앞까지 가서 주인이 오는 것을 지켜보고 신호를 보냈을 것이다. 당연히 온 집안이 깨어서 횃불을 들고 주인과 신부를 맞이하고, 그들을 호위하며 집으로 들어왔을 것이다. 이것이 당시의 관습이었다.

> 주인이 와서 깨어 있는 것을 보면 그 종들은 복이 있으리로다. 내가 진실로 너희에게 이르노니 주인이 띠를 띠고 그 종들을 자리에 앉히고 나아와 수종 들리라. 주인이 혹 이경에나 혹 삼경에 이르러서도 종들이 그같이 하고 있는 것을 보면 그 종들은 복이 있으리로다(눅 12:37-38).

이 경우 주인은 충성된 종들의 환대에 감사와 친절로 화답했다. "주인이 띠를 띠고 그 종들을 자리에 앉히고 나아와 수종 들리라"(눅 12:37). 주인이 종을 섬기는 것은 매우 드문 일이었다.

마지막 순간까지 기다림

반면에 주인이 집에 돌아왔는데, 모두가 자고 있고 불도 꺼 있어서 들어가다가 정강이를 부딪칠 뻔했다면 주인은 별로 고마워하지 않을 것이다.

> 그러므로 너희도 준비하고 있으라. 생각하지 않은 때에 인자가 오리라(눅 12:40).

"준비하고 있으라." 예수님은 주인이 언제 오실지 예측하는 전문가가 되어 가능한 한 오래 준비를 미루고 있으라고 말씀하지 않으셨다. 이러한 태도는 예수님이 언제 재림하실지에 대해 매우 정밀한 예측을 시도했던 사람들의 태도와 비슷하다. 그들은 모두 틀렸다. 예수님은 우리에게 언제 자신이 재림하실지를 알아야 한다고 하지 않으시고 재림을 기쁘게 기대하고 준비하라고 가르치셨다.

마태복음 24장과 25장에 연속적으로 등장하는 충성된 종과 불충한 종의 비유, 열 처녀의 비유, 달란트 비유에 대해 우리가 이해해야 할 심오한 것이 있다. 이 비유들은 우리의 마음을 드러내고, 우리가 예수님을 얼마나 소중한 보물로 여기는지를 행동으로 나타낸다는 점을 보여주기 위한 것이다. 이 모든 종의 행동은 그들의 마음속에 무엇이 있는지를 드러냈다. 이것은 달란트 비유에 나오는 한 달란트 받은 종에게서 잘 드러난다. 그는 주인에게 "나는 당신이 엄한 사람인 것을 알고 있습니다"(마 25:24, 저자 사역)라고 말했다. 이 말은 그 종의 마음을 드러냈다. 그는 주인을 전혀 알지 못했고, 주인이 없는 상황에서 그의 마음이 드러난 것이다. 주인을 사랑하는 마음이 있으면, 어떻게 최소한의 노력만 하면서도 주인을 기쁘게 할 수 있을지를 계산하지 않는다. 꼭 필요한 만큼만 하겠다고 생각하지 않는다. 우리의 온 마음과 삶이 주님께 드려지기 때문이다.

나는 오래전에 한 부유한 사람이 자신의 마차를 몰 마부를 찾는 이야기를 들은 적이 있다. 그는 절벽을 따라 이어지는 도로로 지원자들을 데려가서 가장자리까지 얼마나 가까이 운전할 수 있는지 보여달라고 했다. 대부분의 지원자들은 자신의 실력을 증명할 수 있는 이 도전에 흥미를 느꼈다. 하지만 한 마부는 가장자리 가까이로 운전하는 것을 거절했다. 그런데 그가 고용이 되었다. 그는 자신의 운전 실력을 과시하기 위해 상황을 이용하지 않을 만큼 승객의 안전을 먼저 염려

하는 사람이었다. 주님을 사랑하여 마음을 바친 사람은 항상 주님을 생각하므로 주님을 위한 수고가 결코 부담스럽지 않다.

동료 종들을 때리고 학대하기 시작한 불충한 종에게서 우리는 정 반대의 마음을 발견한다. 그는 단지 주님을 전혀 마음에 두지 않았다.

> 만일 그 종이 마음에 생각하기를 주인이 더디 오리라 하[면]……생각하지 않은 날 알지 못하는 시각에 그 종의 주인이 이르러(눅 12:45-46).

그 종은 주인과 문제가 되지 않는 선에서 어디까지 마음대로 할 수 있는지를 **계산하고** 있었다. 그는 "이제 내가 주인의 집을 책임지고 있다. 내 주인을 위해 이 일을 잘 해내야만 해"라고 말하지 않았다. 오히려 "주인을 거슬리게 하지 않으면서 내가 어디까지 마음대로 할 수 있을까?"라고 말했다. 그의 성품과 보물을 가렸던 베일이 벗겨진 것이다.

사람들은 선한 일을 할 수 있고 매우 좋은 사람인 듯 보일 수도 있지만, 기회가 생기면 원하는 것을 얻고자 무엇이든 하게 될 수 있다. 심지어 죄를 짓는 것조차 거리끼지 않는다. 성품은 사람들이 무엇을 하고 있는가에 관한 것이 아니다. 기회가 주어졌을 때 무엇을 하려고 하느냐, 또는 할 수 있느냐에 관한 것이다. 기회는 그들의 마음이 평소에 어디를 겨냥하고 있는지를 드러낸다.

X가 표시하는 지점

우리는 모두 자신에게 물어야 한다. "나는 무엇을 소중히 여기는가? 나는 무엇을 걱정하고, 생각하고, 무엇에 관심을 기울이며 시간을 보내는가? 우리는 무엇에 인생을 쏟아붓는가?" 그것이 바로 우리의 보물이다. 예수님은 "너희 보물 있는 곳에는 너희 마음도 있으리라"(눅 12:34)고 말씀하셨다.

주님의 재림을 생각할 때, 문이 닫히는 마지막 순간에 멋지게 솜씨를 부려 안으로 들어가는 상상을 해서는 안 된다. 우리 삶의 성취는 그 **순간에** 달려 있는 것이 아니라, 삶의 **전체 방향에서** 나타난다. 예수님은 우리에게 "내가 너희를 도무지 알지 못한다"고 말씀하실까, 우리를 "네 주인의 즐거움에 참여할지어다"라고 초대하실까(마 7:23, 25:23).

조지 캠벨 모건은 비유에 대한 연구에서 불충한 종을 언급하면서, 사람들이 다른 사람들을 학대하고 "형제들에게 마땅히 해야 할 행동을 하지 않는 것", 교회와 가정을 이익을 얻기 위한 장소요 "지상에서 사치스럽게 살기 위한" 도구로 여기는 것이 얼마나 슬픈 일인지 지적한다.[1] 이것은 "주님이 부재한 동안 그 부재한 주님을 위해 다른 모든 가족 구성원을 돌보는 데"[2] 힘을 쏟았던 충성되고 지혜로운 종의 태도와는 너무도 거리가 멀다.

이것은 여전히 사실이다. 슬프고 안타까운 일이다. 가라지 비유와 그물 비유에서 발견되는 특징에 이 특징을 더해 보면, 현재 지상에 존재하는 하나님 나라 안에서 일부 사람들은 올바른 생각을 가지고 있지 않다는 것을 우리는 알게 된다. 그들은 주님의 제자가 아니라 **자기 자신의 제자**다. 그들은 그들이 받은 죄 용서에 대해 감사하지 않는다. 그들은 많은 용서를 받은 사람들에게서 흘러나올 수 있고, 흘러나와야만 하는 사랑을 이해하지 못한다.

충성된 종과 불충한 종의 비유에서 중요한 질문은 바로 이것이다. '우리의 믿음은 예수님에 대한 믿음인가, 아니면 우리 자신에 대한 믿음인가?'

항상 준비하고 있으라

열 처녀의 비유는 다른 종류의 마음을 드러내는 비유다. 조지 캠벨 모건은, 충성된 종과 불충한 종의 비유는 교회 공동체에 대한 우리의 마음을 드러내고, 열 처녀의 비유는 개인의 책임에 대한 우리의 마음을 드러내며, 달란트 비유는 세상이라는 상황 안에서 우리의 마음을 드러낸다고 설명한다.[3] 이 세 가지 비유는 주님이 떠나 계시는 동안 우리 자신에 관한 무언가를 드러내기 위해 고안된 것이다. 즉, 모든 상황에서 우리의 섬김과 관련하여 우리 마음이 어디에 있는지를 보여준다.

많은 사람들이 이 비유를 예수님의 재림에 관한 이야기라고 생각하는 이유는 언젠가 예수님이 그의 신부인 교회를 위해 다시 오실 것을 알기 때문이다. 그러나 이 비유는 충성된 종과 불충한 종의 비유와 마찬가지로, 신랑이 **신부를 위하여** 오는 이야기일 뿐만 아니라 신랑이 **신부와 함께 집으로 돌아오는** 이야기이기도 하다. 우리는 비유를 우리의 관심사에 억지로 맞추려 해서는 안 된다.

이것은 멀리 여행을 떠난 부자에 관한 친숙한 이야기다. 예수님 시대의 거리는 오늘날과는 다른 의미였음을 기억하라. 사람들은 비행기나 기차를 탈 수 없었다. 60킬로미터를 가는 것은 꽤나 힘든 일이었다.

예수님은 이렇게 이야기를 시작하셨다.

> 그러므로 천국은 등을 들고 신랑을 맞으러 나간 열 처녀에 비유할 수 있을 것이다(마 25:1, 저자 사역).

여기에 등장하는 신부 들러리들은 그 집단의 가장 선두에서 신랑을 맞이하는 사람들이었다. 이야기 속 사건이 일어나고 있는 장소를 상상해 보라. 아마도 넓은 땅에 저택이 있고 그 뒤에 여러 창고가 있었을 것이다. 이 젊은 여자들은 분명히 그 가정의 구성원이었을 것이다. 당시에 큰 가정은 많은 사람들이 관련되어 있어 작은 마을과도 같았다.

이 젊은 여자들은 신랑과 신부가 돌아올 때 길을 밝히기 위해 등불을 켜고 길가에서 기다리는 임무를 맡았다. 날이 어두워지기 시작하고 결혼 행렬은 아직 도착하지 않았는데, 신부 들러리들은 길을 따라 멀리 나가서 자리를 잡았다.

열 명의 여자 중 다섯 명은 현명하게도 작은 주전자나 기름병에 여분의 기름을 담아 갔고, 등잔 기름이 떨어지면 다시 채울 수 있도록 준비했다. 나머지 다섯 명은 어리석게도 그런 준비를 하지 않았다. 그들은 이렇게 생각했을 것이다. '나는 등잔에 기름을 충분히 채웠어. 불편하게 여분까지 챙기진 않을 거야. 게다가 기름은 더럽잖아. 내 옷에 묻으면 이상한 냄새도 날 테고. 이 정도면 괜찮을 거야. 신랑이 곧 도착할 테니까.'

신랑이 더디 오므로 다 졸며 잘새(마 25:5).

그들은 기다리기에 좋은 편안한 장소를 찾았고, 결국 긴장이 풀린 나머지 잠이 들었다. 깊이 잠든 것은 아니고 가벼운 졸음에 잠깐 빠져 있었다.

밤중에 소리가 나되 보라, 신랑이로다. 맞으러 나오라 하매(마 25:6).

길가에 있던 종이 소리를 지르자 신부 들러리들이 놀라서 깼다. 그들은 빨리 등잔 심지를 다듬어서 가장 밝게 빛을 내도록 고쳐 등잔을 들었다. 그때 다섯 명의 어리석은 신부 들러리들이 "어머나!" 하고 소리를 질렀다.

우리 등불이 꺼져 가니 너희 기름을 좀 나눠 달라 하거늘 슬기 있는 자들이 대답하여 이르되 우리와 너희가 쓰기에 다 부족할까 하노니 차라리 파는 자들에게 가서 너희 쓸 것을 사라 하니(마 25:8-9).

지혜로운 다섯 여인이 인색하거나 비열하다고 생각해서는 안 된다. 그들은 단지 현명하게 행동했을 뿐이다. 그들은 현실적인 문제에 직면했다. 다른 사람들에게 기름을 나눠 주면, 전체 등잔이 다 꺼져 버릴 수도 있었다. 그들은 어리석은 신부 들러리들에게, 가서 기름을 좀 사 오라고 제안했다. 그래서 어리석은 신부 들러리들은 서둘러 기름을 사러 떠났다.

그들이 사러 간 사이에 신랑이 오므로 준비하였던 자들은 함께 혼인 잔치에 들어가고 문은 닫힌지라(마 25:10).

"준비하였던 자들"이라는 말은 내가 강조하고 싶은 부분이다. 그들은 결혼 잔치에 참석할 사람들로, 결혼식에 들어갈 수 있었다. 예식을 주관하는 사람들은 예식 도중에 사람들이 결혼식장에 들어오는 것을 원치 않았기 때문에 문을 닫았다.

그 당시에는 문을 닫는 것이 간단한 일이 아니었다. 예수님은 기도에 관한 이야기를 하나 들려주셨는데, 이웃이 한밤중에 찾아와서 여행을 온 친구에게 줄 빵을 좀 달라고 부탁했다. 그 남자는 이렇게 대답했다. "나를 괴롭게 하지 말라. 문이 이미 닫혔고 아이들이 나와 함께 침실에 누웠으니 일어나 네게 줄 수가 없노라"(눅 11:7). 당시의 문은 상당히 컸기에 문을 닫는 것이 간단한 작업이 아니었다. 닫힌 문 뒤로는 가족들이 모두 함께 모여 있는 작은 세상이 계속 이어졌다.

그 후에 남은 처녀들이 와서 이르되 주여, 주여, 우리에게 열어 주소서. 대답하여 이르되 진실로 너희에게 이르노니 내가 너희를 알지 못하노라 하였느니라(마 25:11-12).

여기서 "내가 너희를 알지 못하노라"는 문구가 두 번째로 등장한다. 다른 한 번은 우리가 8장에서 살펴보았다. 어떤 사람들이 "'주님, 우리가 귀신들을 쫓아냈습니다. 우리가 당신의 이름으로 많은 놀라운 일들을 했습니다'라고 말할 때, 그가 이렇게 말할 것이다. '나는 너희를 알지 못한다'"(마 7:22-23, 저자 사역). 중요한 질문은, "주님이 우리를 아시는가, 우리가 그의 삶에 중요한 요소인가"다.

지혜로운 종들과 신부 들러리들은 주인의 삶의 한 요소가 되기 위해 준비를 갖추었다. 주인은 그들을 알고 있었다. 그리고 때가 되었을 때, 그들을 만났다. 그러나 다른 이들은 준비를 하지 않았고 주인은 그들을 알지 못했다.

나와 함께 깨어 있으라

그런즉 깨어 있으라(마 25:13).

'깨어 있음'의 이미지는 성경에서 반복적으로 등장하며, 신약성경에서 중요한 역할을 한다. 이 단어는 보통 '정신을 차리고 준비를 갖춘 상태'를 의미한다. 구약성경에서는 **파수꾼**이라는 용어와 함께 등장한다(욥 27:18; 시 127:1; 사 21:5, 6, 11, 12; 겔 3:17, 33:1-7; 호 9:8; 미 7:4). 당시에는 파수꾼이 친숙한 존재였다. 그들은 부지런히 관찰하고 주의가 필요할 때 소리를 질렀다.

예수님은 제자들과 함께 기도하러 겟세마네로 들어가시면서 제자 중 세 명(베드로, 야고보, 요한)을 자신이 기도하던 장소 가까이로 데려 가셨다. 그는 슬픔과 고통 속에서 제자들에게 "내 마음이 매우 고민하여 죽게 되었으니 너희는 여기 머물러 나와 함께 깨어 있으라"(마 26:38)고 말씀하셨다. 잠시 후 예수님은 제자들이 잠든 것을 발견하시고 베드로에게 말씀하셨다. "너희가 나와 함께 한 시간도 이렇게 깨어 있을 수 없더냐. 시험에 들지 않게 깨어 기도하라. 마음에는 원이로되 육신이 약하도다"(마 26:40-41). 제자들이 계속 잠들어 있자 예수님은 제자들에게 "깨어 기도하라"고 말씀하셨다. 깨어 있음은 기회의 시간이 왔을 때 준비되어 있는 상태로 있도록 필요한 조치를 하는 것을 의미한다.

예수님은 그의 친구들에게 기도하며 깨어 있으라고 조언하셨다. 그렇게 함으로써 그들은 기도 없이는 불가능한 수준의 대응력과 힘을 얻을 수 있기 때문이다. 하지만 그들은 깨어 기도하지 않았기 때문에 예수님의 적들이 그와 맞설 때 예수님 곁에 설 수 없었다.

지극히 작은 자

열 처녀의 비유는 주님의 재림에 관한 이야기일 뿐만 아니라, 영적 기회에 관한 이야기이기도 하다. 이것은 당신과 내가 살아가는 유일한 장소인 지금 이 순간, 바로 이날을 붙잡을 준비가 되어 있는지에 관한 이야기다. 성경은 **오늘**이 구원의 날(고후 6:2)이며, 우리는 과거에서도 살 수 없고 미래에서도 살 수 없으므로 **오늘을** 살아야만 한다고 말한다.

구원(salvation)이란 성경적으로 말하면 구출(deliverance)이다. 구원은 단순히 죄의 용서를 넘어서는 새로운 삶의 질서이며, 우리가 "어둠의 권세로부터 구출되어 그의 사랑하는 아들의 나라로 옮겨진 것"(골 1:13, 저자 사역)을 의미한다. 우리는 이전과 **다른 삶의 질서**를 가져야 한다. 우리는 다른 '세상' 안에서 살며 다른 '세상'의 질서로 살아야 한다.[4]

그래서 우리는 하루 종일 주님을 찾기 위해 깨어 있어야 한다. 우리는 그를 알아볼 수 있을까? 주님은 이웃, 어린아이, 목회자나 교사, 친구, 심지어 원수의 모습으로 우리에게 다가오실 수도 있다.

깨어 있음은 우리가 사람들을 만날 때, 이것이 주님을 만나고 주님을 섬기고 주님과 함께 일할 수 있는 기회가 될 수 있다고 예상하며 만나는 것을 의미한다. 예수님은 양과 염소의 비유에서 이렇게 말씀하셨다.

> 내가 주릴 때에 너희가 먹을 것을 주었고 목마를 때에 마시게 하였고 나그네 되었을 때에 영접하였고 헐벗었을 때에 옷을 입혔고 병들었을 때에 돌보았고 옥에 갇혔을 때에 와서 보았느니라(마 25:35-36).

의인들은 당황했다.

> "주님, 우리가 언제 주님이 주리신 것을 보았습니까? 우리가 언제 주님이 감옥에 계신 것을 보고 가 뵈었습니까? 우리가 언제 주님이 벌거벗은 것을 보고 옷을 입혀 드렸습니까?" 그러자 예수님이 말씀하셨다. "이 형제자매 중 지극히 작은 자 하나에게 한 것이(또는 하지 않은 것이) 바로 나에게 한 것(또는 하지 않은 것)이다"(마 25:37-40, 저자 사역).

우리는 종종 마음을 엉뚱한 곳에 두곤 한다. 정신이 산만하고 다른 것들에 대해 생각한다. 우리의 등잔은 꺼지고, 우리는 행동할 준비가 되어 있지 않다. 기회는 왔다가 가고 문은 닫혀 버린다. 그리고 그게 전부다. 주님이 다시 오실 때, 많은 사람들이 이런 상황에 처할 것이다. 하지만 다른 방식으로 이런 일이 매일 사람들에게 일어나고 있다. 준비하라. 깨어 있으라. 기도하라.

카르페 디엠(오늘을 붙잡으라)

하나님 나라가 여기 있다. 왕이 오시지만, 또한 왕이 여기에 계시다. 기회는 바로 지금이다. 오늘이 구원의 날이다. 이스라엘 백성이 처음 약속의 땅 앞에 섰을 때, 그들은 들어갈 준비가 되어 있지 않았다. 그들은 정탐꾼들을 약속의 땅으로 보냈고, 돌아온 정탐꾼들은 "이 사람들은 괴물이다. 그들은 우리를 잡아먹고 메뚜기처럼 짓밟을 것이다!"라고 말했다(민 13:33, 저자 사역).

여호수아와 갈렙을 제외하고는 어른 세대 중 아무도 약속의 땅에 들어가지 못했다. 그들은 모두 돌아섰고 기회를 놓치고 말았다. 하나님이 그들을 광야로 보내기로 결정하신 후, 그들은 스스로 그 땅을 차지하고자 했다. 그들은 큰 전투를 벌였고 박살이 났다(민 14:41-45). 그들은 그날을 놓치고 말았다. 기회를 붙잡지 못했다. 주님이 움직이실 때 가지 않았다.

이와 비교되는 강력한 본문이 있다. 다윗이 블레셋 사람들과 싸우던 시기에 하나님은 그에게 전쟁을 어떻게 치를지 알려 주셨다.

> 다윗이 또 하나님께 묻자 온대 하나님이 이르시되 마주 올라가지 말고 그들 뒤로 돌아 뽕나무 수풀 맞은편에서 그들을 기습하되 뽕나무 꼭대기에서 걸음 걷는 소리가 들리거든 곧 나가서 싸우라. 너보다 하나님이 앞서 나아가서 블레셋 사람들의 군대를 치리라 하신지라. 이에 다윗이 하나님의 명령대로 행하여 블레셋 사람들의 군대를 쳐서

기브온에서부터 게셀까지 이르렀더니(대상 14:14-16).

다윗의 마음은 주님을 향하고 있었다. 그는 깨어 있었고, 행동할 준비가 되어 있었다. 그리고 주님이 움직이실 때, 그 기회를 붙잡았다.

빛의 자녀

그리스도의 제자들이 그리스도 안에서 세상의 빛이 되어, 모든 사람에게 하나님 나라가 무엇이며 그 안에서 지금 어떻게 살아야 하는지를 가르치게 되는 것이 하나님의 의도다. 우리의 운명과 기회는 예수님이 이 땅에 계실 때나 지금이나 동일하다. 우리는 빛의 자녀가 되어 온 인류를 향한 하나님의 사랑과 도움을 영광스럽게 드러내야 한다. 이것은 신실한 종의 삶으로부터, 즉 그의 마음과 영혼과 생각과 힘으로부터 자연스럽게 흘러나오는 것이다. 하나님이 내주하시기 때문이다.

우리의 가장 깊은 곳으로부터 생수가 흘러나올 것이다(요 7:38). 하나님과 연합한 인류가 땅을 다스리고 청지기로서 그것을 돌보는 것, 바로 여기에 우리의 보물이자 궁극적인 영광이 있다. 우리는 세상의 빛이며, 천국의 전초 기지다. 인류의 분주한 삶 한가운데서 은혜의 천사들이 오르락내리락하는 장소다. 하나님과 연합하여 우리는 위대한 일들을 성취한다. 우리를 임명하신 분이 그에게 있는 최선을 우리에게 공급해 주실 것을 굳게 믿고, 기회를 발견할 때마다 최선을 다해 섬긴다.

하나님 나라에 관한 요점 정리

- 이 장에서 살펴본 이야기들은 하나님 나라 안에서의 삶에는 즐거운 기대, 의도적인 준비, 항상 하나님의 뜻을 행할 수 있도록 주의를 기울이는 것이 포함됨을 가르쳐 준다.
- 하나님을 소중히 여길 때, 우리는 하나님이 주목하시는 사람들을 주목하게 된다. 그들은 (다른 사람들은 주목하지 않을 수도 있는) 우리의 가장 작은 형제자매들이다.
- 하나님 나라에 속한 마음은 주님을 사랑하고, 해야 할 최소한이 어디까지인지를 계산하기보다는 열정을 품고 전심을 다하여 하나님을 따르는 마음이다.

11장

용서의 기적

그러므로 너희는 하나님이 택하사 거룩하고 사랑받는 자처럼 긍휼과 자비와 겸손과 온유와 오래 참음을 옷 입고 누가 누구에게 불만이 있거든 서로 용납하여 피차 용서하되 주께서 너희를 용서하신 것같이 너희도 그리하고 이 모든 것 위에 사랑을 더하라. 이는 온전하게 매는 띠니라. 그리스도의 평강이 너희 마음을 주장하게 하라. 너희는 평강을 위하여 한 몸으로 부르심을 받았나니 너희는 또한 감사하는 자가 되라. _골로새서 3:12-15

이 세상에서 상처는 피할 수 없는 일이지만, 그것을 어떻게 처리할지는 선택할 수 있다. 용서라는 주제를 꺼내는 것은 많은 사람들에게 현명하지 못하고 괴롭고 지극히 개인적인 일처럼 보인다. 하지만 우리는 용서에 대해 말해야 한다. 하나님은 용서하신다. 단지 우리는 하나님이 **어떻게** 용서하시는지를 상상할 수 없을 뿐이다. 용서는 기적이다. 그것은 우리를 하나님의 온전한 세계로 인도하는 엄청난 은혜의 행위다.

용서하지 않는 종의 비유는 우리를 향한 하나님의 관대한 용서에 관한 비유다. 예수님은 베드로가 찾아와서 "주여, 형제가 내게 죄를 범하면 몇 번이나 용서하여 주리이까. 일곱 번까지 하오리이까"(마 18:21) 하고 물었을 때 이 비유를 들려주어야겠다고 생각하셨다. 아마도 베드로는 '일곱 번이면 충분하겠지'라고 생각했을 것 같다.

예수께서 이르시되 네게 이르노니 일곱 번뿐 아니라 일곱 번을 일흔 번까지라도 할지니라(마 18:22).

예수님이 "일곱 번을 일흔 번"이라고 말씀하셨을 때, 베드로는 기절했을 수도 있다. 그는 일곱 번이라는 자기의 제안이 이미 관대함을 훨씬 넘어선다고 생각했다. 하지만 예수님은 미소를 지으시며 "그것의 칠십 배!"라고 답하셨을 것이다. (물론 나는 그 말씀이 491번째 범죄에 도달하면 용서를 그만해도 된다는 뜻은 아니라고 믿는다.)

예수님은 본질적으로 "횟수를 세는 것은 올바른 방식이 아니다. 너는 용서하는 마음을 길러야 한다"는 말씀을 하심으로써 의와 용서를 **율법주의식으로** 정의하는 것을 비판하셨다. 하나님 나라에 속한 마음은 과거 문제에 대한 불만에 초점을 맞추는 마음이 아니라 용서하고 용납하는 마음이다.

그러나 타락한 상태에 있는 인간 본성이 취하는 방식은 용서하지 않는 것이다. 인간의 삶에서 용서하지 않는 마음을 제거한다면, 인류의 역사는 알아볼 수 없을 정도로 변화할 것이다. 그러나 하나님 나라 안에서의 삶의 방식은 이 비유에 나오는 왕의 예에서 보듯이, 일상적으로 쉽게 용서하는 것이다.

> 그러므로 천국은 그 종들과 결산하려 하던 어떤 임금과 같으니 결산할 때에 만 달란트 빚진 자 하나를 데려오매 갚을 것이 없는지라. 주인이 명하여 그 몸과 아내와 자식들과 모든 소유를 다 팔아 갚게 하라 하니(마 18:23-25).

오늘날에는 이러한 방식이 이례적으로 보일 수 있지만 당시에는 흔한 일이었다. 채무자 감옥은 역사 속에서 오래 활용되었으며, 1800년대 초까지 미국과 영국에도 존재했다.

간구의 힘

> 그 종이 엎드려 절하며 이르되 내게 참으소서 다 갚으리이다 하거늘 그 종의 주인이 불쌍히 여겨 놓아 보내며 그 빚을 탕감하여 주었더니(마 18:26-27).

종의 태도에 주인은 **놀라운** 관대함을 보였다. 주인은 단순히 빚 변제를 미루는 데 그치지 않고, 종을 빚에서 해방시키고 그를 용서해 주었다. 이러한 반응은 하나님께는 전형적인 모습이다. 이것은 탕자 이야기에 나오는 아버지가 그의 방탕한 아들을 종으로 보지 않고 온전히 아들로 받아들인 사건을 떠올리게 한다. 여기서 작용하는 힘은 바로 부탁(간구)의 힘이다.[1] 하나님은 단지 우리가 부탁한다는 이유로 기도에 응답하시고, 왕은 단지 그 종이 부탁했기 때문에 용서했다. 이것은 마치 왕이 "**네가 나에게 용서받기를 원했기** 때문에 내가 모든 것을 용서했다"고 말한 것과 같다.

> 그 종이 나가서 자기에게 백 데나리온 빚진 동료 한 사람을 만나 붙들어 목을 잡고 이르되 빚을 갚으라 하매 그 동료가 엎드려 간구하여 이르되 나에게 참아 주소서 갚으리이다 하되(마 18:28-29).

빚의 규모가 극명하게 대비되는 것을 주목하라. 그의 동료 종은 자신이 방금 탕감받은 것에 비하면 지극히 적은 돈을 빚지고 있었다.[2] 두 종은 빚을 갚으라는 요구를 받을 때 같은 말을 했다. "나에게 참아 주소서. 갚으리이다."

> [그러나 그는] 허락하지 아니하고 이에 가서 그가 빚을 갚도록 옥에

> 가두거늘 그 동료들이 그것을 보고 몹시 딱하게 여겨 주인에게 가서 그 일을 다 알리니 이에 주인이 그를 불러다가 말하되 악한 종아, 네가 빌기에 내가 네 빚을 전부 탕감하여 주었거늘 내가 너를 불쌍히 여김과 같이 너도 네 동료를 불쌍히 여김이 마땅하지 아니하냐 하고 주인이 노하여 그 빚을 다 갚도록 그를 옥졸들에게 넘기니라. 너희가 각각 마음으로부터 형제를 용서하지 아니하면 나의 하늘 아버지께서도 너희에게 이와 같이 하시리라(마 18:30-35).

용서하지 않는 것은 인간의 정상적이고 평범한 삶의 방식이다. 그것은 우리의 사고에 너무 깊이 박혀 있어서 종종 과거의 상처를 붙잡고 있으면서도 자신이 용서하지 않고 있다는 생각을 하지 않는다. 우리는 그것을 받아들이고 '그건 원래 그런 거야'라고 생각하는 경향이 있다. 어떤 나라들은 다른 나라들에 적대적인 것을 당연시한다. 사람들은 때때로 용서하지 않는 마음을 여러 세대에 걸쳐 물려주기도 한다. "네 할아버지가 우리 할아버지에게 그런 짓을 했으니 내가 네게 돌려줄 거야!"

수많은 소설과 영화의 줄거리가 복수와 앙갚음에 초점을 맞추고 있다. 하지만 실제로 누구도 똑같이 되갚을 수 없다. 왜냐하면 한쪽이 '지나치다'고 생각하는 것을 다른 쪽은 '모자란다'고 생각할 것이기 때문이다. 똑같이 되갚는 원칙이 **결코** 작동할 수 없음은 인간 본성에 새겨진 조건인 것 같다. 예를 들어, 아이들이 싸울 때는 마지막 주먹질이나 욕설이 제일 중요하다. 어쩐 일인지 마지막에 한 행동은 항상 그 이전의 어떤 행동보다도 더 큰 것이 되기 때문이다. 그 누구도 상대편에게 마지막 욕설이나 마지막 한 방을 허락함으로써 공평하게 끝내려고 하지 않는다.

주 예수 그리스도의 복음은 그런 싸움의 종말을 선언한다. 하늘

높은 곳으로부터 복음은, **하나님은 동점을 만드는 것을 원치 않으시며** 그런 행위를 할 필요가 없는 삶으로 당신과 나를 초대하신다고 선언한다. 이것이 바로 예수님의 복음의 속성이다. 가장 위대한 영적 실천 중 하나는 마지막 말을 하지 않는 것이다. 우리는 다른 사람에게 복수하거나 똑같이 되갚거나 이기려는 시도를 중단한다.

이것이 평화가 인간의 마음에 임하고, 그다음에 세상으로 퍼져 나갈 수 있게 되는 **유일한** 길이다. 국제 협상과 법정은 종종 실패하는데, 그 이유는 사람이나 국가 사이를 '공평하게' 조정하는 데 초점을 맞추기 때문이다. 그것은 불가능하다. 사람들이 공평하게 되갚아 주려는 시도를 넘어서기 전까지는 평화가 다스릴 수 없다.

형제자매 간의 관계나 배우자와의 관계에서도 마찬가지다. 우리가 공평하게 되갚아 주려고 **시도하는** 한 평화는 없다. 형제자매나 배우자 중 한쪽이 다른 쪽에게 깊은 상처를 줄 경우, 상처받은 사람이 잠시 평온할 수는 있지만 그 상처가 마음속에 자리를 잡고 그를 갉아먹는다. 그리고 얼마 지나지 않아 똑같이 되갚는 것이 좋은 생각인 듯 보이게 된다. 때때로 배우자들은 사회적 기술이나 가족의 재산 또는 지성 수준에서 동등하지 않은 상태로 결혼 관계를 시작하는데, 이러한 명백히 동등하지 않음이 마찰을 일으키면 상대방은 동등한 수준을 만들려고 노력하게 된다. 그렇게 될 경우 하나님이 의도하신 영혼의 하나 됨은 존재할 수 없다.

용서하는 사람들은 타인이 저지른 잘못을 아주 사소한 방식으로라도 되갚아 주려는 계획을 모두 내려놓는다. 그들은 배상을 요구하지 않으며, "너는 이 빚을 반드시 갚아야 해!"라고 말하지 않는다. 똑같이 돌려받는 것은 엄청난 짐이 되지만, 그것을 내려놓는 것은 큰 해방감을 맛보게 한다.

미래를 보며 내어줌

미래를 보며 내어줌(forward-giving)이라는 표현을 통해 용서에 대해 생각해 보자. 용서는 미래를 위한 내어줌인데, 미래를 바라보며 관대하고 베풀 수 있는 앞으로의 계획을 상상하기 때문이다. 용서는 과거를 붙잡고 살아가지 않고 과거의 잘못을 이유로 상대방에게 고통을 가하지 않는 것이다.

우리에게 잘못한 사람들을 향해 **행동**할 때, 우리는 더 이상 그들에게 책임지기를 요구하지 않으며 그들이 저지른 행위에 근거하여 대우하지 않는다. 우리는 원한을 내려놓는다. 용서의 **안쪽** 측면은 더 이상 상처나 잘못을 곱씹지 않는 것을 의미한다. 미래를 바라보기로 **선택**한다면, 우리는 상처로부터 어느 정도의 자유를 경험할 수 있다.

우리는 용서할 **준비가** 되어 있어야 하며, 심지어 우리의 용서를 받아들일 수 없는 사람에 대해서도 마찬가지다. 이것은 의지의 수준에서 작동한다. 고통은 일반적으로 그런 것이다. 우리에게는 마음을 고통으로 흠뻑 적셔 둘 것인지, 아니면 그리스도 안에서 우리 삶을 진전시키는 데 초점을 맞출 것인지에 대해 적어도 어느 정도 선택의 여지가 있다. 용서는 우리가 과거의 일에 사로잡히지 않는다는 것을 의미한다. 우리는 그것에 지배당하지 않는다.

어떤 상처는 너무 깊어서 평생 아픔이 계속될 수도 있다. 우리는 고통이 언제나 전적으로 나쁘기만 한 것은 아니라는 점을 이해할 필요가 있다. 마치 요셉이 형들이 가한 해악에 삼켜지지 않고 하나님이 그것을 선하게 사용하시는 것을 볼 수 있었던 것처럼(창 50:20), 우리는 고통이 하나님 나라 안에서의 우리 삶의 경험과 섞일 때 고통을 기억하면서도 그에 삼켜지지 않을 수 있다. 우리는 만족할 수 있고 하나님이 우리에게 주시는 영원한 생명 안에서 기뻐할 수 있다.

나는 사람들이 '자신이 당한 피해를 잊지 못하면 상대방을 진정으로 용서하지 못한 것'이라는 생각의 짐에 짓눌리는 것을 종종 보았다. 당신은 그 일을 완전히 잊지 못할 수도 있다. 하나님이 도와주실 수도 있고 언젠가는 잊게 될 수도 있다. 하지만 누군가로부터 깊은 상처를 받았을 때 그것을 잊을 수 없음을 알기에 나는 잊으려 노력하라고 권하지 않는다. 하지만 당신은 그들을 **용서할** 수 있다.

여러분에게 상처를 준 사람이 "네가 여전히 아파하고 있다면, 나를 용서하지 않은 거야"라고 말할 수도 있다. 그 말을 믿지 말라. 용서하는 것은 잊는 것이 아니다. 그런 말을 하는 사람들은 자신이 저지른 일을 받아들이기 힘들어 자기 마음 편하자고 당신을 조종하려는 것이다.

용서를 위해 아픔을 멈추려고 하면, 그것이 당신을 혼란스럽게 만들어 용서할 수 없게 될 수도 있다. 상대방을 놓아주었고 되갚으려는 의도를 버렸음에도 불구하고, 아픔은 계속될 수 있다. 용서의 표시는 당신이 더는 아파하지 않는 것이 **아니라**, 그 아픔에 더는 사로잡히지 않는 것이다.

하나님의 용서 안에서 성장하기

용서가 **무엇이며** 용서를 **어떻게** 해야 하는지 이해하는 것이 중요하다. 사람들은 **용서해야만 한다고** 느끼기 때문에 많은 슬픔을 경험한다. 그들은 용서에 대해 의무감을 느낀다. 심지어 용서하고 **싶지만** 어떻게 해야 할지 잘 모르는 경우도 있다. 당신이 좀 더 자연스럽고 쉽게 용서하는 사람으로 성장하기를 원한다면, 도움이 되는 다음 몇 가지를 실천해 볼 수 있다.

첫째, 영적인 삶에서 많은 일들이 그렇듯이 용서에 너무 직접적으로 접근하면 실패할 수 있다. 유혹과도 비슷하다. 어떤 유혹에 강하게 이끌린다고 느껴 그 유혹과 정면으로 맞서기로 결심하면, 아마 실패할 것이다. 식탁 위에 놓인 사탕을 먹고 싶은 유혹을 받을 때, 사탕을 먹지 않을 방법을 생각하는 대신 다른 할 일을 찾는 것이 좋다. 사탕을 계속 생각하면 사탕이 당신을 정복할 것이다. 사탕이 손을 뻗어 당신의 입을 움켜쥐고 바로 기어들어 올 것이다. 그리고 당신은 "아, 저 끔찍한 사탕! 저 사탕이 한 짓을 봐!"라고 말하게 될 것이다. 당신은 다른 일에 마음을 집중해야 한다.[3]

둘째, **용서는 단순히 의지의 행위가 아니라는** 점을 기억하라. 용서는 다른 많은 일들을 처리하는 것과 동일한 방식으로 처리할 수 없다. 용서는 의지와 관련이 있지만, 의지만으로 이루어지는 행위는 아니다. 나는 이런 식으로 접근하기를 제안한다. 누군가 당신에게 큰 상처를 주었다면, **그들에게 되갚지 않으려고만** 노력하지 말고 당신의 마음을 예수 그리스도와 예수님이 예수님 자신에게 상처를 준 사람들에게 어떻게 반응하셨는지에 대한 묵상으로 채우라. 예수님을 바라보라. 당신의 마음 앞에 그분을 두라. 그분의 삶에 대한 이야기를 깊이 생각하라. 그가 악행을 당하셨을 때 어떻게 느끼셨을지 생각해 보라. 그렇게 하면, 즉시 당신 자신과 상처로부터 당신을 떼어놓고 용서의 은혜를 받을 수 있는 올바른 장소로 마음을 데려갈 것이다.

셋째, 하나님의 도움 없이는 타인을 용서할 수 없음을 하나님 앞에서 인정하며 기도하라. 하나님의 은혜가 당신의 마음과 생각에 들어와서 용서할 수 있도록 도와 달라고 간구하라. 용서는 하나님께 얼마나 의존된 존재인지를 가르치기 위해 하나님이 사용하시는 여러 가지 일 중 하나다. 우리가 주님께 "나는 용서할 수 없습니다"라고 말하면, 주님은 "당연하다. 너는 **나의 도움 없이는** 용서할 수 없다"고 말씀하실 것이다. 당신은 용서가 하나님으로부터 와서 당신을 통과해 다른 사람에게로 나가는 것임을 받아들여야 한다. 그러면 그리스도께서 당신 안에 살아 계시므로, 당신이 결코 용서할 수 없다고 생각했던 사람들을 용서할 수 있게 될 것이다.

용서는 신속히 이루어지는 일이 아니며, 용서를 통해 관계를 완전히 회복할 수 있거나 회복해야만 하는 것도 아니다. 동업자에게 배신을 당했다고 가정해 보라. 당신은 큰 상처를 받았을 뿐만 아니라 금전적으로도 회복이 불가능할 수 있다. 자녀를 보내기로 계획했던 학교에 보낼 수 없게 될 수도 있고, 당신이 원하던 곳에서 살 수 없게 될 수도 있다. 어쩌면 이러한 일을 겪는 동안 그 동업자가 큰 부자가 되는 모습을 지켜봐야 할 수도 있다. 이런 감정들을 헤쳐 나가는 데는 많은 시간이 걸릴 수 있으며, 그 동업자에 대해 알게 된 것을 고려할 때 다시 그와 동업하는 것은 현명하지 않은 일일 수 있다. 그렇다고 해서 당신이 그를 용서하지 않은 것은 아니다.

나는 하나님이 은혜의 선물을 주시면 원망과 상처가 사라지는 때가 올 수도 있음을 알고 있다. 그런 일도 일어나지만, 매번 그것을 기대할 수는 없다. 그리고 그런 일이 일어나지 않는다고 해서 우리가 뭔가 잘못했다고 느낄 필요도 없다. 물론 실망스러운 일이지만, 깊은 상처로부터 회복하는 정상적인 과정에서는 용서가 오기까지 시간이 걸린다. 끈질기게 계속 기도하며 인내심을 갖고 기다리라.

용서가 이루어지게 만들어야만 한다는 부담을 갖지 말라. 당신이 할 일은 당신의 마음을 그리스도로 채우는 것이다. 용서의 은혜가 여러분을 통과해 다른 사람에게 전해지도록 기도하라. 용서는 결국 하나님으로부터 오는 것이기 때문이다. 용서는 다른 사람, 즉 예수 그리스도를 통해 **우리에게** 왔다.

그리고 무엇보다도 먼저 자신의 삶에서 해야 할 선한 일에 집중하라. 때로 그 일은 그저 뒷마당에 있는 꽃들의 아름다움에 주의를 기울이는 것일 수도 있다. 하나님이 그 꽃들을 만드셔서 마음을 기쁨으로 채우라고 당신에게 주셨다. 그러니 꽃들에 주의를 기울이라.

선한 것 안에 머무르기

많은 문제들이 우리 곁을 따라다니는 이유는, 먹는 것이나 쉬는 것 같은 소박한 즐거움들, 하나님이 우리 삶에 매일 주시는 작고 놀라운 것들을 우리가 받지 않기 때문이다. 서로 사랑하는 이웃들 간의 가벼운 대화까지도 선물이다. 그렇다. **가벼운** 대화. 나는 벨기에의 한 프란체스코회 수도원에 머물며 공부를 한 적이 있는데, 그때 가벼운 대화의 심오함을 배워야만 했다. 나는 인근 대학 도서관의 자료실에서 연구를 하는 동안 그곳에 머물렀다.

나는 봉사, 묵상, 기도에 근본적으로 헌신한 프란체스코회 수도사들에게 둘러싸여, 그들이 서로 인사하고 소소한 이야기를 나누는 것이 얼마나 중요한지를 목격했다. 그때 나는 일상적인 대화가 사람들이 서로에게 다가가고 삶을 공유하는 방법임을 깨달았다. 가벼운 대화를 통해 서로 함께할 수 있는 능력보다 사람을 더 깊이 연결하는 것은 없을지도 모른다.

한때 나는 "사소한 주제들로 내 시간을 낭비하면 안 돼. '날씨가 어떤가요?'라고 말하지 말고 중요한 생각이나 깊이 있는 주제로 바로 들어가야 해"라는 생각을 자랑스럽게 여겼다. 하지만 이제는 사람을 사랑한다는 것이 모든 수준에서 그들과 함께 살아갈 수 있는 능력을 기르는 일임을 안다.

사람들은 주로 작은 일들과 함께 살아간다. 그것에 주목하라. 하나님이 그런 것들을 당신에게 주셨다. 당신의 정원, 강아지, 당신을 기쁘게 하는 것들에 주의를 기울이고, 그곳에 있는 선함을 즐기라. 이렇게 하는 것이 용서하는 데 도움이 된다는 사실을 발견할 것이다. 당신이 꽃을 보거나 오리를 관찰하고 있을 때는, 누군가에게 화를 내기가 매우 어렵다. 그래서 하나님이 그것들을 만드셨는지도 모른다.

작은 걸음

여러분은 위에서 나열한 세 가지 기본적인 제안을 넘어서 때때로 자신에게 상처를 준 사람의 유익을 위해서나 그들이 끼친 피해에 관해 생각과 기도를 집중하고 싶을 것이다. 그렇다면 조금씩 관리할 수 있는 만큼만 하라. 그렇게 하는 동안 내가 상대방의 삶을 바로잡는 역할을 해야 한다고 생각하지 않도록 주의하라. 당신은 그들의 구원자가 아니다. 예수 그리스도가 그들의 구원자이시다. 그들의 유익을 위해 진심으로 기도할 수 있는 지점에 도달하도록 노력하라.[4]

예수님은 십자가에 달리셨을 때, 자신을 못 박은 군인들을 바라보시며 "아버지, 저들을 사하여 주옵소서. 자기들이 하는 것을 알지 못함이니이다"(눅 23:34)라고 기도하셨다. 예수님은 **용서에 능숙한 마음**을 가지고 계셨기 때문에 진심으로 그런 기도를 드리셨다. 그리고 그 말씀을 하실 때, 예수님의 마음에는 그들을 향한 관대함이 가득했다. 하나님께 잘 보이려고 이를 악물고 기도하신 것이 아니라, 진정으로 그들에게 가장 좋은 것을 원했기 때문에 그렇게 기도하셨다.

반면에 **우리가** 이렇게 하려고 할 때는 자신의 고상함에 대한 생각에 사로잡히거나 어느 정도 자기 칭찬에 빠지기 쉽다. 미묘한 정도겠지만, '나에게 해를 끼친 이 사람의 유익을 위해 기도하고 있으니 내가 참 대단하지 않은가'라고 생각할 수 있다. 그렇기 때문에 이런 종류의 기도는 감당할 수 있을 만큼만 드리는 것이 중요하다. 자신이 진정한 마음으로 편안하게 기도를 하고 있다고 느낄 때까지는 자신에게 이런 기도를 해야 한다는 부담을 주지 말라.

앞에서 언급한 것들을 시도하다 보면, 즉 다른 일에 몰두하고, 의지적으로 용서하려고 애쓰지 않으며, 하나님의 도움 없이는 용서할 수 없다는 사실을 인정하다 보면, 자연스럽게 용서가 시작될 것이다. 때가 되면 자신에 대해 전혀 생각하지 않고 상처를 준 사람을 위해 기도할 수 있는 자리에 도달할 수 있다. 그러면 기도가 당신이 얼마나 훌륭한 사람인지, 이런 상처에 어울리지 않는 사람인지를 보여주기 위한 행위가 되지 않을 것이다.

용서는 그것이 최선이기 때문에 행하는 단순하고 직접적인 행동이 될 수 있다. 그것은 어쩔 수 없는 의무나, 자신에 대해 무언가를 증명하기 위한 행위가 아니다. 그저 현명한 행위일 뿐이다. 그래서 하나님은 용서하신다.

하나님의 위대한 마음

용서가 존재하게 된 것은 하나님의 위대한 마음 때문이다. 그 마음은 역사 속에서 펼쳐졌고 예수님이 죽으신 십자가 위에서 절정에 이르렀다. 그 사건은 창세부터 예견되었으며(벧전 1:20-21), 하나님의 마음에 늘 있었으며, 앞으로도 사라지지 않을 것이다. 하나님은 하나님 닮은 삶으로 우리를 초대하시기 위해 그런 방식으로 우리의 구원을 계획하고 준비하셨다.

예수 그리스도의 성육신은 하나님이 인류의 문제를 다루시고 용서하시기 위해 필요했다. 성육신으로 말미암아 인간은 죄와 구속과 구원의 의미를 이해할 수 있게 되었고, 하나님은 모든 인간에게 자신의 은혜를 효과적으로 나타내실 수 있게 되었다. 이로써 세상을 향해 하나님의 긍휼의 문을 열기 위해 필요한 모든 것이 다 행해졌다.

획득하는 것과 받는 것

우리가 용서를 통해 살아가고 있음을 알고 있다면, 다른 사람들에게 용서를 베풀 준비가 된 것이다. 예수님은 용서하지 않는 종의 비유 마지막 부분에서 이것을 언급하셨다. "너희가 각각 마음으로부터 형제를 용서하지 아니하면 나의 하늘 아버지께서도 너희에게 이와 같이 하시리라"(마 18:35).

예수님은 주기도를 비롯하여 성경의 다른 곳에서도 이에 대해 가르치셨다. "우리가 우리에게 죄지은 자를 사하여 준 것같이 우리 죄를 사하여 주시옵고……너희가 사람의 잘못을 용서하면 너희 하늘 아버지께서도 너희 잘못을 용서하시려니와 너희가 사람의 잘못을 용서하지 아니하면 너희 아버지께서도 너희 잘못을 용서하지 아니하시리라"(마 6:12, 14-15). 왜 하나님의 용서가, 우리가 다른 사람을 용서하는 것과 관련이 있을까?

이 가르침은, 하나님으로부터 용서받는 것이 마치 자신에게 잘못한 사람을 용서하는 의로운 행위를 통해 획득하는 일인 것처럼 오해받아 왔다. 용서는 우리가 **획득하는**(earning) 것이 아니라 **받는** 것이다.

용서를 **획득하는** 것과 **받는** 것을 구분하는 일이 항상 중요하다. 당신은 구원을 획득하기 위해서는 아무것도 할 수 없지만 구원을 받기 위해서는 할 수 있는 일이 있으며, 그렇게 함으로써 훨씬 더 나은 상태가 될 수 있다. 선물은 당신에게 강제로 부과되거나, 받으라고 강요되거나, 어떤 식으로든 당신을 얽매는 것이 아니다. 선물은 **받는** 것이다.

나는 예수님이 우리가 하나님으로부터 오는 용서를 받으려면 우리 안에 하나님의 은혜로 형성된 어떤 종류의 마음과 삶이 있어야 한다고 말씀하고 계시다고 이해한다. 우리가 그리스도의 제자가 되어 그의 사역(우리를 위해 오심, 그의 삶과 삶의 방식)에 집중할 때, 우리는 그 은혜의 흐름 속으로 들어가게 되고 용서하는 마음을 받게 된다. 그 마음은 또한 믿음으로 손을 내밀어 하나님으로부터 오는 용서를 받는 마음이기도 하다.

바리새인과 탕자의 형은 용서하는 마음을 알지 못하는 사람들의 한 예다. 그들은 용서의 **경험이** 없었다.

용서의 흐름

우리는 직접 용서를 경험하기 전까지는 용서할 수 없다. 그것은 사랑과 비슷하다. "우리가 사랑함은 그가 먼저 우리를 사랑하셨음이라"(요일 4:19). 우리는 이 세상에서 완고하고, 불행하고, 사랑이 없고, 불친절한 사람들을 많이 발견하는데, 그런 사람 중 일부는 심지어 그리스도를 믿는다고 고백하기도 한다. 종종 이들은 사랑받는다는 것을 느끼지 못하고, 하나님이 '모든 것을 우리에게 거저 주시는'(롬 8:32) 분임을 경험하지 못한 사람들이다. 또한 그 어떤 것도 '우리를 우리 주 그리스도 예수 안에 있는 하나님의 사랑에서 끊을 수 없다'(롬 8:39)는 진리를 받아들이지 못한 사람들이다. 사랑과 마찬가지로 용서도 우리가 용서받았기 때문에 우리 삶에서 능동적인 부분이 된다. 우리에게 임하는 하나님의 관대하심이 우리로 하여금 우리에게 상처 준 사람들을 관대하게 용서할 수 있게 해준다.

용서를 경험할 때, 용서를 배우고 그것을 삶의 일부로 삼을 수 있게 된다. 하나님의 의의 기준에 부합할 수 없는 우리의 현실과 우리 죄를 생각할 때, 우리에게 이러한 용서의 마음가짐이 없다면 우리 믿음은 하나님으로부터 주어지는 용서를 받을 수 없을 것이다. 이것이 예수님을 따르는 많은 사람들이 계속해서 용서받지 못한 것처럼 행동하는 이유다. 그들은 과거의 일들, 즉 자신에게 일어난 일이든 자신이 저지른 일이든, 또는 그 둘의 조합이든, 그런 일들에 가로막히고 얽매여 있다. 마음과 생각 속에서 그들은 여전히 자신을 용서받고 깨끗해진 사람이라기보다는 '그 일'을 저지른 사람으로 간주하고 있다.

'깨끗해졌다'는 참으로 멋진 표현이다. 무언가를 깨끗하게 한다는 것은 어떤 부분의 더러움을 제거하는 행위다. 더러움이 있던 자리는 여전히 존재하지만, 그곳이 더 이상 더럽지 않다. 그런데 많은 그리스도인들이 여전히 더러움이 그곳에 남아 있다고 생각한다. 그들은 여전히 더럽다고 **느낀다**. 그 이유는 아마도 복음을 잘못 배웠거나 성령님과의 사귐이 부족하기 때문일 수 있다. 또한 마음속으로 누군가를 용서할 수 없는 상태에 있기 때문일 수도 있다. 그들의 삶에 용서하지 못한 사람이 있는 것이다. 우리 모두는 이에 대해 마음 깊은 곳을 들여다보고, 우리가 용서하지 못한 사람이 있는지 하나님께 여쭈어야 한다.

하나님이 당신을 용서하신 것과 당신이 다른 사람을 용서한 것 사이의 연결고리는 당신 안에 살아 계신 하나님의 실재와 얽혀 있다. 그리고 당신이 용서하지 않는다면, **용서할 수 없다면**, 그것은 적어도 어느 정도는 하나님이 당신 마음의 그 부분을 점령하지 못하셨음을 의미한다. 하나님이 그곳에 계신다면, 그는 당신이 용서할 수 있도록 만드신다. 그리고 만일 하나님이 그곳에 계신다면, 당신은 용서받은 것이다. 사랑받은 경험과 사랑할 수 있는 경험이 연결되어 있듯이, 용서받는 경험은 용서하는 사람에게 찾아온다.

용서하는 법을 배우면서 우리는 용서를 **받고** 용서를 삶의 방식으로 받아들이게 된다. "우리가 우리에게 죄지은 자를 사하여 준 것**같이** 우리 죄를 사하여 주시옵고"(마 6:12)라고 기도하는 것은 일종의 총체성을 나타낸다. "우리가 남을 용서하듯 우리의 죄를 용서하여 주소서." 그것은 온전한 하나다. 우리가 용서하기로 선택하는 이유는, 우리가 하나님의 행동에 관여되어 있고 하나님의 일은 용서하시는 일이기 때문이다. 우리도 같은 일에 참여하고 있다.

하나님 나라에 관한 요점 정리

- 용서하지 않는 종의 비유는 우리를 향한 하나님의 관대한 용서에 관한 이야기다.
- 하나님 나라 안에서 용서는 안전한 일이다. 하나님이 우리를 용서하시고 용서할 수 있는 힘을 주시기 때문이다. 하나님 나라에서는 똑같이 되갚을 필요가 없다.
- 용서를 받기 위해서는 자신을 하나님의 은혜 안에 잠기게 해야 한다. 그리스도의 인격과, 그가 이 땅에 오심과, 그의 삶의 방식에 집중할 때, 우리는 하나님의 은혜의 흐름 속으로 들어가는 길을 발견할 수 있다.
- 용서는 가장 단순하고 유익한 일이며, 가장 즐거운 삶의 방식이다.

12장

하나님의 놀라운 긍휼[1]

너희의 하나님 여호와는 신 가운데 신이시며 주 가운데 주시요 크고 능하시며 두려우신 하나님이시라. 사람을 외모로 보지 아니하시며 뇌물을 받지 아니하시고 고아와 과부를 위하여 정의를 행하시며 나그네를 사랑하여 그에게 떡과 옷을 주시나니. _신명기 10:17-18

하나님 나라의 예기치 못한 전복적인 특성은 예수님의 제자들을 계속 놀라게 했다. 하나님 나라는 사람들이 생각했던 것과 너무도 달라서 예수님의 말을 듣는 사람들이 그의 생각을 터무니없다고 여길 것이 분명했다. 그래서 예수님은 지혜롭게 비유를 사용하셔서 제자들이 받을 충격을 줄이고 하나님 나라 삶에 대한 개념들을 잘 파악하도록 도우셨다.

포도원 품꾼의 비유 또는 '시간의 비유'라고 불리는 이 비유는 세상의 지혜와 아주 달라서 오늘날 우리에게도 터무니없게 보인다. 이 비유는 불공평해 보이기 때문에 때로 사람들을 화나게 만들기도 한다. 하지만 예수님은 정의를 재정의하고, 하나님 나라의 정의가 우리가 일반적으로 생각하는 정의와 어떻게 다른지 깨닫도록 도우신다.

우리는 무엇을 받게 됩니까

이 비유에 대한 우리의 불편함은 이 비유를 존재하게 한 한 대화에서부터 시작된다. 제자들은 우리가 '부자 청년 관원'이라고 부르는 한 남자와 예수님이 대화하는 것을 보았다. 이 진지한 청년은 예수님을 찾아와 "내가 무슨 선한 일을 하여야 영생을 얻으리이까"라고 물었다(마 19:16).

이 청년에게 예수님이 재산을 가난한 사람들에게 나눠 주고 와서 제자가 되라고 말씀하실 때, 베드로가 어떤 표정을 지었을지 상상해 보라. 베드로와 다른 제자들은 경악한 얼굴로 서 있었을 것이다. 그들은 당시의 다른 사람들과 마찬가지로, 돈이 있는 사람은 하나님의 은혜를 입고 있다고 생각했기 때문이다. 왜 그 청년이 무슨 일을 더 해야 하는가? 특히, 왜 그의 돈을 나누어 주어야만 하는가? 그때 예수님은 분명하게 말씀하셨다.

> 내가 진실로 너희에게 이르노니 부자는 천국에 들어가기가 어려우니라. 다시 너희에게 말하노니 낙타가 바늘귀로 들어가는 것이 부자가 하나님의 나라에 들어가는 것보다 쉬우니라(마 19:23-24).

이것은 제자들의 믿음과 충돌하는 내용이었으며, 돈 많은 사람으로 하여금 예수님 따르기를 그만두게 만들 말이었다. 그 충격이 제자들에게까지 전해졌다.

> 제자들이 듣고 몹시 놀라 이르되 그렇다면 누가 구원을 얻을 수 있으리이까. 예수께서 그들을 보시며 이르시되 사람으로는 할 수 없으나 하나님으로서는 다 하실 수 있느니라. 이에 베드로가 대답하여 이르되 보소서. 우리가 모든 것을 버리고 주를 따랐사온대 그런즉 우리가 무엇을 얻으리이까(마 19:25-27).

베드로의 입에서 “**우리가** 무엇을 얻으리이까”라는 말이 불쑥 튀어나온 듯하다. 예수님이 이어서 하신 말씀은 틀림없이 베드로를 안심시켰을 것이다.

> 내가 진실로 너희에게 이르노니 세상이 새롭게 되어 인자가 자기 영광의 보좌에 앉을 때에 나를 따르는 너희도 열두 보좌에 앉아 이스라엘 열두 지파를 심판하리라. 또 내 이름을 위하여 집이나 형제나 자매나 부모나 자식이나 전토를 버린 자마다 여러 배를 받고 또 영생을 상속하리라(마 19:28-29).

그리고 예수님은 이렇게 마무리하셨다.

> 그러나 먼저 된 자로서 나중 되고 나중 된 자로서 먼저 될 자가 많으니라(마 19:30).

사도들은 분명히 “나중 된 자”의 범주에 속했다. 예수님이 그들을 선택하신 것 자체가, 이 세상에서 ‘아무것도 아닌’ 존재가 어떻게 하나님 나라에서는 ‘중요한’ 존재가 될 수 있는지를 보여준다. 예수님이 선택하신 사람들은 ‘중요함’과는 거리가 멀었으며, 랍비가 제자로 선택했을 법한 이들도 아니었다. 대신에 그들은 “영적으로 아무런 자격이 없는 자들이 복이 있다”(마 5:3, 저자 사역)는 마태복음의 첫 번째 복 선언을 상징적으로 나타내는 사람들이었다. 제자들은 “나중 된 자”로서 하나님 나라에서 “먼저 된 자”가 된 사람들이었다.

일하러 가자

예수님은 베드로의 질문, "보소서. 우리가 모든 것을 버리고 주를 따랐사온대 그런즉 우리가 무엇을 얻으리이까"(마 19:27)에 대한 대답으로 이 비유를 들려주셨다. 예수님은 제자들에게, 그들이 보좌에 앉겠고 포기한 것의 백 배를 받는다고 하신 후, 그런 일의 이면에 있는 하나님의 마음을 설명해 주는 포도원 품꾼의 비유를 말씀하셨다.

> 천국은 마치 품꾼을 얻어 포도원에 들여보내려고 이른 아침에 나간 집주인과 같으니 그가 하루 한 데나리온씩 품꾼들과 약속하여 포도원에 들여보내고 또 제삼시에 나가 보니 장터에 놀고 서 있는 사람들이 또 있는지라. 그들에게 이르되 너희도 포도원에 들어가라. 내가 너희에게 상당하게 주리라 하니 그들이 가고 제육시와 제구시에 또 나가 그와 같이 하고 제십일시에도 나가 보니 서 있는 사람들이 또 있는지라. 이르되 너희는 어찌하여 종일토록 놀고 여기 서 있느냐. 이르되 우리를 품꾼으로 쓰는 이가 없음이니이다. 이르되 너희도 포도원에 들어가라 하니라.
>
> 저물매 포도원 주인이 청지기에게 이르되 품꾼들을 불러 나중 온 자로부터 시작하여 먼저 온 자까지 삯을 주라 하니 제십일시에 온 자들이 와서 한 데나리온씩을 받거늘 먼저 온 자들이 와서 더 받을 줄 알았더니 그들도 한 데나리온씩 받은지라. 받은 후 집주인을 원망하여 이르되 나중 온 이 사람들은 한 시간밖에 일하지 아니하였거늘 그들을 종일 수고하며 더위를 견딘 우리와 같게 하였나이다. 주인이 그중의 한 사람에게 대답하여 이르되 친구여, 내가 네게 잘못한 것이 없노라. 네가 나와 한 데나리온의 약속을 하지 아니하였느냐. 네 것이나 가지고 가라. 나중 온 이 사람에게 너와 같이 주는 것이 내 뜻이니라.

내 것을 가지고 내 뜻대로 할 것이 아니냐. 내가 선하므로 네가 악하게 보느냐. 이와 같이 나중 된 자로서 먼저 되고 먼저 된 자로서 나중 되리라(마 20:1-16).

이 비유에 따르면, 하늘들의 나라는 일용직 노동자를 고용해야 하는 포도원 주인과 같다. 주인은 시장에 나가서 일자리를 기다리는 사람들을 발견했다. 그는 "내 포도원에서 일하면 하루 품삯을 주겠다"고 말했다. 커피 한잔 마시고 돌아왔을 때, 더 많은 사람들이 기다리고 있었다. 그래서 그는 "와서 내 일을 도와주려무나. 하루 일당을 줄 테니"라고 말했다. 이런 대화가 하루 종일 계속되었다. 오후에 낮잠을 자고 일어나 쿠키를 먹은 포도원 주인이 마지막으로 밖으로 나왔을 때, 여전히 고용되기를 바라며 서 있는 사람들이 있었다. 해질 때까지 한 시간밖에 남지 않았지만, 그는 "어서 오라, 어서! 아직 할 일이 남았다!"고 말했다. 이것은 정말 놀라운 가르침인데, 주인이 모든 노동자에게 동일한 품삯을 지급했기 때문이다.

거꾸로 뒤집힌 정의

여러분이 아침 일곱 시부터 땀 흘리며 일한 노동자 중 한 명이라고 가정해 보라. 하루 일을 마쳤을 때 몸은 지치고 더러워졌을 것이다. 품삯을 받으러 걸어가면서 '늦게 온 저 사람들보다 나는 더 많이 받겠구나'라고 생각했을 수도 있다. 그런데 포도원 주인이 늦게 온 이들과 똑같은 금액을 주는 것을 보고 '어떻게 이럴 수가 있지?'라고 생각했을 것이다.

이것은 예수님의 가르침이 '거꾸로 된' 것처럼 보이는 위대한 반전의 한 사례다. 세상적인 사고방식으로 이 일을 바라본 사람들은 화가 났을 것이다. "우리가 한낮의 뜨거운 열기를 참으면서까지 열심히 일했는데, 어찌 이제 와서 더 적은 시간 일한 사람들과 똑같이 삯을 지급하십니까?"

주인 입장에서는 약속한 금액을 정확히 지급했기 때문에 정당하게 행동한 것이다. 하지만 그들은 더 많은 것을 원했다. 주인은 그들의 정의 감각을 무너뜨렸다. 하나님 나라에서는 사랑이 없는 정의는 결코 정의다운 정의가 될 수 없다. 사랑과 자비는 그 나라의 모든 곳에 스며들어 있으므로 정의는 자연스럽게 실현된다. 마지막 시간까지 고용되지 못한 노동자들의 집에는 굶주린 아기가 있었다. 그들은 하나님 나라에서만 볼 수 있는 그런 종류의 정의를 받았던 것이다.

이 비유를 사랑에 기초한 정의의 관점에서 보면 매우 감동적이다. 나는 한때 여러 지역을 돌아다니며 들판에서 노동을 했다. 그래서 길모퉁이에 서서 누군가 나를 품꾼으로 선택해 주기를 바라며 기다리는 것이 어떤 기분인지 잘 안다. 우리는 비유에 나오는 이 노동자들, 특히 하루 종일 서서 기다리던 이들에게 동정심을 가져야 한다. 4시 30분이 되도록 그들은 고용되지 못했다. 그들은 집에 있는 아이들을 생각했다. 아이들을 먹일 음식이 필요했다. 집에 불을 땔 기름이 충분한지 염려했을 수도 있다. 어쩌면 집이 없었을지도 모른다. 단 하루의 일자리라 할지라도, 노동은 살아갈 장소와 먹을 양식을 공급해 준다. 포도원 주인은 이것을 이해했다.

포도원 품꾼 비유의 앞뒤에 "먼저 된 자로서 나중 되고 나중 된 자로서 먼저 될 자가 많으니라"(마 19:30, 20:16)는 예수님의 가르침이 있다. 이 구절은 복음서의 네 가지 주요 본문에 등장하며,[2] 얼핏 보면 "좋은 하루 보내세요!"와 같이 대수롭지 않게 여겨질 수 있는 말이다. 하지만 이 구절은 다양한 배경에서 등장하며 하나님 나라에 관한 기본적인 가르침으로 자리 잡고 있다. 즉, 하나님 나라는 인간사에 존재하는 순서를 뒤집는다는 가르침이다. 인간의 순서에서 맨 앞에 있는 것이 하나님의 순서에서 맨 뒤가 될 수 있고, 맨 뒤에 있는 것이 실제로는 맨 앞이 될 수 있다.

장사꾼의 의무

거의 모든 문화권에서 사람들은 보상을 원한다. 사람들은 자신이 하는 모든 일에 대해 보상받기를 원한다. 보상을 기대한다는 것은 보상을 받지 못하면 분개한다는 뜻이기도 하다. 하나님 나라의 성격은 보상의 원리가 아니라, 필요한 사람에게 주는 것에 기초한다. 예를 들어, 식사에 손님을 초대할 때 당신을 그의 집에 초대하여 되갚을 수 없는 사람을 초청하는 것이다.

> 잔치를 베풀거든 차라리 가난한 자들과 몸 불편한 자들과 저는 자들과 맹인들을 청하라. 그리하면 그들이 갚을 것이 없으므로 네게 복이 되리니 이는 의인들의 부활 시에 네가 갚음을 받겠음이라(눅 14:13-14).

1995년 12월, 매사추세츠주에 있는 섬유 제조 공장인 몰든 밀스(Malden Mills)가 완전히 불에 탔다. 붉은 벽돌로 된 이 회사의 공장 단지에 일어난 불은 매사추세츠주 역사상 가장 큰 화재가 되었다. 직원들이 공장에서 더는 일할 수 없게 되었지만, 소유주인 애런 포이어스타인(Aaron Feuerstein)은 직원들에게 계속 급여를 지급했다. 포이어스타인은 이렇게 말했다고 한다. "성탄절을 두 주 앞두고 삼천 명의 직원을 해고할 수는 없다."[3]

어떤 사람들은 이렇게 생각했을 것이 분명하다. '이건 그에게 절

호의 기회겠군. 보험금을 두둑하게 받을 테고, 공장은 땅값이 좀 더 싼 곳에 다시 지을 수 있으니 엄청난 돈을 벌게 되겠는걸.' 하지만 포이어스타인은 그렇게 하지 않았다. 그는 공장의 모든 직원의 일자리와 혜택을 유지하기로 결정하고, 공장을 재건하는 동안에도 계속해서 임금을 전액 지급했다.

많은 사람들이 그를 바보라고 생각했지만, 포이어스타인은 그저 좋은 사람이었다. 그는 자신의 이익만 생각하지 않고 자신을 위해 일하는 사람들을 생각했다. 이처럼 선한 기업가가 사람들이 생각하는 것만큼 드물지는 않다. 많은 경영자가 직원에 대한 책임을 인식하고 필요에 부응한다. 그들은 다른 사람들이 생각하는 세속적인 지혜를 제쳐두고 옳은 일을 한다. 아름다운 이야기다.

존 러스킨은 '장사꾼의 의무'에 관한 이런 반전에 대해 글을 썼는데, 애런 포이어스타인을 완벽하게 묘사하는 내용이다.

> 선장은 배가 침몰할 때 배를 떠나는 마지막 사람이 되어야만 한다.…… 마찬가지로 기업가는 사업의 위기나 곤경이 닥치면 직원들과 함께 그 고통을 감수해야 하며, 심지어 직원들이 느끼는 것보다 더 많은 고통을 스스로 감당해야만 한다. 마치 아버지가 기근이나 파선이나 전쟁에서 아들을 위해 자신을 희생하는 것처럼 말이다.[4]

비교하는 정의

포도원 주인이 품꾼들에게 품삯을 지급하는 방식을 예수님이 이 비유에서 어떻게 강조하셨는지 주목해 보라. 저녁이 되자 주인은 오전 7시에 도착한 품꾼부터 품삯을 주는 것이 아니라 한 시간 일한 품꾼에게 제일 먼저 품삯을 지급하고, 그다음에 몇 시간 일한 사람, 그리고 하루 종일 일한 사람의 순서로 지급했다. 그러니 아침 일찍 일을 시작한 사람들은 더 많은 품삯을 받으리라고 기대하며 지켜보게 되었을 것이다. 하지만 그들은 기대와 달리 돈을 더 받지 못하자 불만을 토로했다. 포도원 주인은 "내가 너희에게 잘못한 것이 없노라. 나는 우리가 합의한 대로 삯을 지불했다"고 말했다. 그들은 공정하고 적절한 품삯이라고 생각했던 금액에 동의를 했었다. 주인은 계속해서 말한다. "네 것이나 가지고 가라. 나중 온 이 사람에게 너와 같이 주는 것이 내 뜻이니라. 내 것을 가지고 내 뜻대로 할 것이 아니냐. 내가 선하므로 네가 악하게 보느냐"(마 20:14-15).

포도원 주인이 가장 오래 일한 마지막 품꾼들에게 품삯을 주자 그들은 항의했다. "아니, 이건 옳지 않습니다!" 생각해 보자. 무엇이 이 상황을 잘못된 것처럼 보이게 만들었을까? 품삯이 적절하게 지급되지 않았기 때문이었을까? 아니다. 그보다는 자신의 품삯을 다른 품꾼들과 **비교하여** 생각했기 때문이다. 만약 어떤 사람이 자신이 바라는 만큼 돈을 많이 받지는 못했지만, 이렇게 생각한다면 어떻게 될까? '나는 직장이 있어서 정말 다행이다. 나에게 일이 주어진 것이 참 감사하다.' 그런 생각은 그들의 관점을 바꾼다.

이 비유가 주는 심오한 교훈 중 하나는 비교의 효과다. 인간의 질서에서 이 효과는 치명적일 수 있다. 가진 것이 충분하거나 잘사는 사람이 **더 잘사는** 다른 사람을 보면 갑자기 자신이 별로 잘살지 못한다고 느낄 수 있다.

예수님은 비교가 시기를 포함한 모든 종류의 문제를 일으킬 수 있음을 아셨고, 그것이 바로 이 품꾼들이 겪는 문제의 핵심이었다. 시기심은 충분히 가진 사람이 더 많이 가진 사람을 향해 분노하게 하는 토대를 쌓는다.

비교는 문제의 핵심이며 인간의 질서가 정의라고 부르는 것의 뿌리다. 우리가 정의에 대한 관념에서 비교를 제거할 수만 있다면, 하나님 나라의 정의를 더 쉽게 이해할 수 있을 것이다. 종교 지도자들이 시기심 때문에 예수님을 십자가에 못 박았다는 사실을 빌라도는 알고 있었다. 종교 지도자들은 부유하고 지위도 높았지만, 예수님처럼 기적이나 치유를 행하지 못했고 사람들의 존경 또한 받지 못했다. 이런 비교가 그들을 예수님을 죽이는 길로 가도록 충동했다.

하나님 나라는 비교에 대한 걱정 없이 살 수 있는 곳이다. 마태복음 5장의 팔복이 이를 가르쳐 준다. 예를 들어, 가난한 사람도 부유한 사람만큼 잘살 수 있고, 그보다 더 잘살 수도 있다(눅 6:20-21). 우리가 두 세계에 살고 있다는 것을 이해하면 이것이 진실임을 알 수 있다.

하나님의 반전

이 비유는 인간의 질서로서 정의가 작용하는 세계와 하나님의 질서로서 사랑이 작용하는 세계 사이의 극명한 대조를 보여준다. 이 대조는 삶의 핵심과 사람들이 생계를 유지하는 방식과 직접적인 관련이 있다. 생계를 유지하기 위해 노력하다 보면, 정의와 옳고 선한 것과 우리가 마땅히 받아야 한다고 믿는 것에 대한 생각과 감정이 떠오르게 된다.

이것을 이해하고 나면, 예수님이 낮은 자의 지위 변화에 대해 반복해서 가르치신 이유를 음미할 수 있다. 인간적으로 절망에 빠진 사람들의 삶에 찾아오는 하나님의 손길은 성경에 가장 빈번히 나타나는 주제일 것이다.[5] 하나님 아래서 일어나는 지위의 변화를 강조하는 더 중요한 구절로는, 다윗과 골리앗의 이야기(삼상 17장)와 여호사밧의 기도와 전투 이야기(대하 20장)가 있다. 시편 37, 107편 등도 하나님이 인간 질서에서 낮아진 자를 높이시고 높아진 자를 낮추시는 주제를 다루고 있다.

위대한 반전의 원리가 예시된 가장 두드러진 성경 구절 중 하나는 모세와 미리암의 노래(출 15:1-21)다. 어떤 반전이 일어났는가? 이스라엘 백성은 말과 기병 등 죽음과 파괴를 위한 최첨단 도구를 갖춘 이집트 군대와 맞서고 있었다. 당시의 말은 우리 시대의 극초음속 미사일과 같았다. 당신에게 말과 전차가 있는데 적에게는 없다면, 당신의 승리는 확실히 보장되었다. 이 노래에서 우리는 꼭대기에 있던 사람들이 승리하지 못했음을 알 수 있다. "말과 그 탄 자를 바다에 던지셨음이로다"(출 15:1, 21).

또 다른 예는 한나의 기도인데, 아이를 낳지 못하던 여인 한나가 사무엘을 낳고 올리는 이 찬양에는 반전의 언어가 가득하다.

> 가난한 자를 진토에서 일으키시며
> 빈궁한 자를 거름더미에서 올리사
> 귀족들과 함께 앉게 하시며
> 영광의 자리를 차지하게 하시는도다.
> 땅의 기둥들은 여호와의 것이라.
> 여호와께서 세계를 그것들 위에 세우셨도다(삼상 2:8).

당신은 예수님의 어머니 마리아의 노래에 좀 더 친숙할 것이다.

> 그의 팔로 힘을 보이사
> 마음의 생각이 교만한 자들을 흩으셨고
> 권세 있는 자를 그 위에서 내리치셨으며
> 비천한 자를 높이셨고
> 주리는 자를 좋은 것으로 배불리셨으며
> 부자는 빈손으로 보내셨도다(눅 1:51-53).

시편 37편 또한 위대한 반전에 대한 확신을 제공한다.

악을 행하는 자들 때문에 불평하지 말며
불의를 행하는 자들을 시기하지 말지어다.
그들은 풀과 같이 속히 베임을 당할 것이며
푸른 채소같이 쇠잔할 것임이로다.……
잠시 후에는 악인이 없어지리니
네가 그곳을 자세히 살필지라도 없으리로다.
그러나 온유한 자들은 땅을 차지하며
풍성한 화평으로 즐거워하리로다(시 37:1-2, 10-11).[6]

이 구절은 '나중 된 자가 먼저 되고 먼저 된 자가 나중 되는' 구체적인 사례를 보여준다. 그러나 우리가 하나님 나라와 인간의 나라라는 두 세계의 현실에서 살고 있음을 이해하지 못하면 이 말을 믿기가 어렵다. 우리는 인간의 나라에서 눈에 보이는 것만을 근거로 판단할 수 없다. 우리는 눈에 보이는 것과 보이지 않는 것, 그리고 그 두 세계에서 추구되는 행동을 모두 고려하며 분별해야만 한다.

값싼 은혜

포도원 품꾼의 비유는 하나님이 은혜에 인색하지 않으신 분임을 보여준다. 주인은 아무도 속이지 않았다. 단지 가족을 먹여 살려야 하고, 포기하지 않고 끝까지 일하기를 갈망하는 성실한 품꾼을 고용했을 뿐이다.

이러한 하나님의 정의와 관대함 때문에 사람들은 죽기 직전까지 기다렸다가 예수님을 영접하는 것에 대해 때때로 내게 질문한다. 어떤 사람들은 예수님이 십자가 옆에 있던 강도를 천국에 들어가게 하신 것을 정의의 문제로 볼 것이다. 그들은 강도가 좋은 거래를 했거나 값싸게 문제를 해결했다고 생각한다. 또한 천국에서 영생을 누릴 자격이 없는 것이 분명함에도 어쨌든 그가 천국에 들어갔다고 생각한다. 나는 여기에 문제가 없다고 본다. 나는 자격이 있는지 여부가 아니라 '신뢰'라는 측면에서 생각하며, 신뢰를 헌신(surrendering)의 긍정적인 한 측면으로 본다.

디트리히 본회퍼가 "쉬운 기독교" 또는 "값싼 은혜"를 비판한 것은 타당하다.[7] 그러나 우리는 은혜가 우리에게 정말로 **값싼 것임**을 이해해야 한다. 이것은 제자도와 순종을 최소화하려는 것이 전혀 아니다(본회퍼의 요점은 바로 이 부분이다). 사실 십자가 옆 강도가 제자도와 순종의 삶을 살았다면, 그의 인생은 훨씬 더 풍성해졌을 것이다. 우리 모두에게와 마찬가지로, 선한 일에 대한 보상은 더 많은 일, 즉 통치하고 다스리면서 더 흥미롭고 창의적인 모험을 하는 것이다(계 5:10, 22:5).

종종 십자가 위의 강도에 대한 질문에 이어지는 또 다른 정의 관련 질문은, 연옥 개념과 천국에 들어가기 위해 더 많은 일을 하는 것에 관한 질문이다. 연옥의 문제점은 연옥이 공로에 근거한 제도라는 점이다. 사람들은 그곳에서 고통을 받음으로써 그들의 값을 치른다. 교회 역사 속 어떤 시기에는 다른 사람이 그 값을 **대신** 지불할 수도 있었다. 이것은 신뢰, 은혜, 하나님의 관대함이라는 개념에 모두 반한다.

하늘과 땅이 만나는 곳

베드로가 다른 제자들과 자신이 무엇을 얻게 될 것인지 질문했을 때, 예수님은 포도원 품꾼의 비유를 말씀해 주셨다. 이 비유는 하나님의 아낌없이 베푸시는 관대함으로 인해 나중 된 자가 먼저 될 것이라고 설명해 준다. 즉, 하나님의 관대함은 품꾼들이 가족을 돌보게 하는 것이 인간의 정의보다 더 중요함을 아는 관대함이다.

제자로서 우리는 보이는 세계와 보이지 않는 세계 사이의 접점이 되고 있다. 그 영역에서 하나님의 관대함으로 우리 주변 사람들의 커다란 필요가 채워진다. 가족을 돌보기 위해 일자리를 구하며 서 있던 사람들을 생각해 보라. 포도원 주인이 어떻게 반응했는지, 그리고 그의 반응이 그들에게 어떤 의미가 있었는지 살펴보라. 당신이 지금 여기서 하나님의 긍휼, 은혜, 관대함의 도구가 되는 것을 상상해 보라. 당신의 '일상의 업무'가, 세상의 인간적 순서에서는 가장 나중인 사람들에게 하나님 나라의 정의를 제공하는 일이 될 수 있다.

하나님 나라에 관한 요점 정리

- 하나님 나라가 운영되는 원리는 인간의 정의라는 질서가 아닌, 신적인 사랑의 질서와 아낌없이 베푸시는 하나님의 관대함이다. 이 비유에 나오는 품꾼들은 하나님 나라에서만 발견할 수 있는 종류의 정의를 경험했다.
- 하나님 나라에서 하나님의 손길은 인간적으로 소망이 없는 사람들의 삶 속으로 항상 찾아온다. 이것은 성경 전반에서 가장 두드러지게 나타나는 주제다.
- 하나님 나라의 특성은 보상의 원리가 아닌, 도움이 필요한 사람들에게 베푸는 원리에 기초한다.
- 하나님 나라는 기뻐하는 사람들과 함께 기뻐하고, 하나님이 관대하실 때 시기하지 않으며, 비교하지 않고 사는 나라다.

13장

당신의 삶은 무엇인가?

그들에게 이르시되 삼가 모든 탐심을 물리치라. 사람의 생명이 그 소유의 넉넉한 데 있지 아니하니라 하시고. _누가복음 12:15

재산의 소유는 부자와 가난한 사람 모두에게 중요한 문제다. 가장 가난한 사람의 가장 하찮아 보이는 소유물도 그에게는 소중하다. 그 소유물은 그의 보물이다. 그것을 빼앗기는 것은 엄청난 손실이며, 마치 부자가 주식 시장 폭락으로 막대한 재산을 잃는 것과 같다. 그런 상실감은 극복하기가 어렵다.

이 장에서 몇 가지 본문을 공부할 텐데 소유와 돈에만 집중하지는 않을 것이다. 가장 중요한 주제는 **이익**(gain, 더 많은 것을 바라고 그것을 얻는 데서 오는 만족감—옮긴이)이다. 가진 것이 많든 적든 "남의 집 뜰의 잔디가 더 푸르게 보이는 법이다." 물론 이 말이 진실인지는 알 수 없지만, 우리는 더 많이 소유하거나 더 좋은 것 또는 새로운 것을 가지면 얼마나 좋을지 늘 비교하며 상상한다.

어리석은 부자의 비유는 돈, 소유, 보물, 이익 등을 포함한 부(riches)와 우리의 관계에 관한 이야기다. 문제는 그런 것들을 **소유**하는 데 있지 않다. 그런 보물들이 우리 마음에 미치는 **영향**이 문제다. 이 이야기 속의 농부는 부자였기 때문이 아니라, 그의 부가 그의 보물이었기 때문에 어리석게 되었다. 부의 **속임**은 "말씀을 질식시켜 결실하지 못하게"(마 13:22, NIV) 한다.

부는 우리의 삶이 무엇인지에 대해 우리를 속일 수 있으며, 우리 삶이 우리의 부로 이루어진다고 생각하도록 유혹한다. 이 비유에서 우리는 부의 속임과, 그것이 "나의 삶은 무엇인가?"라는 질문과 어떻게 연관되는지를 살펴볼 것이다.

포도원 품꾼의 비유와 마찬가지로, 이 이야기는 우리가 부를 신뢰하는 것(자신의 것이든 다른 사람의 것이든)에 대해 경고하며 어떤 식으로 부를 소중히 여기며 행복과 안녕을 가져다줄 것이라 기대하는지 돌아보게 한다. 우리는 어리석은 부자처럼 자신이 재정적으로 안전하다고 생각하거나, 심지어 자신이 가난한 사람들보다 더 나은 사람이라고 생각할 수도 있다.

우리가 돈, 이익, 소유에 대해 올바르게 생각할 수 있다면, 부유함과 가난함으로 인해 인간의 삶에 생겨나는 많은 문제를 피할 수 있다. 이런 문제들은 하나님 앞에서 살아가는 우리 삶의 토대와 관련되는 문제들이다.

내 돈을 되찾아 주소서!

예수님이 어리석은 부자의 이야기를 들려주시기 전, 자신이 마땅히 받아야 할 것을 받지 못해서 흥분한 한 사람이 예수님께 나아왔다. 이 장면에 나오는 예수님의 말씀은 우리를 잠시 세워 우리가 예수님을 제대로 이해하고 있는지 돌아보게 한다.

> 무리 중에 한 사람이 이르되 선생님, 내 형을 명하여 유산을 나와 나누게 하소서 하니(눅 12:13).

이 문화권의 관습에서 부모의 재산이 주로 자녀 중 장남에게 상속되었으며, 장남이 자산의 수탁자 또는 유언 집행자 역할을 했음을 우리는 이미 배웠다. 이 이야기의 배경은 동생이 형이 상속받은 재산 중 자신의 정당한 몫을 받아야 한다고 생각했던 상황이다.

하지만 사람들은 무언가를 당장에 하지 않을 이유를 찾아낸다. "그럼 6개월 정도 기다렸다가 채권을 팔면 어떨까? 값이 더 오를 거야." 예수님을 찾아온 이 사람은 자신의 상황에 사로잡혀 있었고, 마음이 단 한 가지 문제에만 쏠려 있었다. '나는 그 돈을 되찾아야 해!'

이 사람은 예수님을 "선생님"이라고 부르며 추켜세웠지만, 예수님은 우리가 꼭 배워야 할 태도로, 즉 아첨에 휘둘리지 않고 대답하셨다. 예수님의 대답이 이 사람에게 충격을 주었을 것이 확실하다.

> 이 사람아, 누가 나를 너희의 재판장이나 물건 나누는 자로 세웠느냐(눅 12:14).

그 후에 예수님은 그 남자를 더욱 실망시키셨다. 예수님은 그를 도와주는 대신 그의 영혼 상태를 진단하며 그에게 권고하셨다.

> 삼가 모든 탐심을 물리치라. 사람의 생명이 그 소유의 넉넉한 데 있지 아니하니라(눅 12:15).

이 사람은 설교를 원한 것이 아니었다. 자신이 원하는 바를 예수님이 해주시기를 원했다!

탐욕과 우상숭배

탐심은 다른 사람이 가진 것을 원하는 마음으로, 이 사람은 다른 사람이 소유한 것을 원하는 마음에 삼켜져 있었다. 그래서 그는 예수님이 대단히 권위 있게 말씀하시는 것을 듣자마자 '이 사람이 내 문제를 해결해 줄 수 있겠구나'라고 생각했다. 나는 이 동생이 잘못되었다고 말하는 것이 아니다. 단지 그가 주님의 가르침과 사역을 듣고 지켜볼 때, 그의 마음이 어디에 있었는지를 지적하려는 것이다.

그 동생은 사실상 이렇게 말하고 있었다. "선생님이 가셔서 내 형에게 말씀해 주소서." 그는 예수님이 명령으로 악한 영들을 쫓아내시는 장면을 목격했거나, 병자들에게 말씀하시자 그들이 치유되는 모습을 보았을 것이다. 그래서 그는 "내 형에게 말씀하셔서 내가 원하는 것을 가질 수 있게 하소서"라고 말한 것이다.

나는 동생에게 정당한 이유가 있었을 것이라고 생각한다. 그러나 예수님의 대답은 더 깊은 문제에 초점을 맞춘다. "삼가 모든 탐심을 물리치라"(눅 12:15). 사도 바울은 탐욕을 품은 사람을 우상숭배자라고 말한다(골 3:5). 왜냐하면 무언가를 탐하면 마음이 그것에 고정되기 때문이다. 그들은 그것을 얻기 위해 무엇이든 하고자 할 것이다. 그러기에 예수님의 대답은 중요하다. 그 동생의 더 깊은 문제를 드러내고, 그 문제가 얼마나 중요한지를 적절하게 강조하기 때문이다.

탐심에 대해 생각할 때 우리의 문제 중 하나는, 탐심이 베푸는 것과 관련 있다는 잘못된 믿음이다. 우리의 재산을 **주는** 것이 문제가 아니라, 재산을 **관리하는** 것, 그것을 **소유하는** 것이 문제다. 하나님께는 우리의 돈이 필요하지 않다. 따라서 이것은 주는 것이 아닌, 어떻게 잘못된 또는 올바른 방식으로 부를 소유하는가에 관한 것이다. "당신이 재물을 소유하는가, 재물이 당신을 소유하는가?"

하나님의 손안에서

> 또 비유로 그들에게 말하여 이르시되 한 부자가 그 밭에 소출이 풍성하매 심중에 생각하여 이르되 내가 곡식 쌓아 둘 곳이 없으니 어찌할까 하고 또 이르되 내가 이렇게 하리라. 내 곳간을 헐고 더 크게 짓고 내 모든 곡식과 물건을 거기 쌓아 두리라(눅 12:16-18).

이 시점에서 부자는 아무 잘못도 하지 않았다. 사실 그는 매우 현명하게 생각하고 있었다. 그러나 다음 순간 그는 실수를 저질렀다. 소유의 풍부함이 곧 자신의 삶을 이루는 것이라고 믿었던 것이다.

> 또 내가 내 영혼에게 이르되 영혼아, 여러 해 쓸 물건을 많이 쌓아 두었으니 평안히 쉬고 먹고 마시고 즐거워하자 하리라(눅 12:19).

'평안히 쉬라.' 당신은 모든 것을 성취했다. 더 이상 걱정할 필요가 없다. 그냥 휴가를 보내라. 당신의 투자금이 늘어나는 것을 지켜보라. 마음을 편안하게 하라.

농부가 자신의 영혼과 대화를 나눈 점이 흥미롭다. 그것은 좋은 일이지만, 그가 말한 내용은 문제가 있다. 먹고, 마시고, 즐겁게 지내겠다는 그의 계획은 괜찮은 것이다. 예수님 자신도 그렇게 하셨다. 그의 영혼이 쉬는 것도 아무런 문제가 되지 않는다. 문제는 영혼이 무엇 **안에서** 쉬는가다. 부와 여가를 우상으로 삼고, 그것을 자신의 삶의 본질로 간주하는 것이 문제였다.

예수님이 들려주신 이 이야기 안에서 하나님은 이 농부의 영혼의 성향에 직접적으로 초점을 맞추셨다.

하나님은 이르시되 어리석은 자여, 오늘 밤에 네 영혼을 도로 찾으리니 그러면 네 준비한 것이 누구의 것이 되겠느냐 하셨으니 자기를 위하여 재물을 쌓아 두고 하나님께 대하여 부요하지 못한 자가 이와 같으니라(눅 12:20-21).

부자는 자신의 영혼에 관한 결정이 자신에게 달려 있다고 잘못 생각했다. 우리 중 누구도 자신의 수명을 예상하거나 통제할 수 없다. 그것은 하나님의 손에 달려 있다. 마치 하나님이 "네 모든 곳간에 옥수수가 가득하고, 네 소들은 모두 들판에서 잘 자라고 있다. 그러나 네 영혼은 거두어질 것이다. 너 자신은 너의 통제 아래 있는 것이 아니다"라고 말씀하시는 것과 같다. 바로 이것이 문제의 핵심이다. 우리는 우리의 통제 아래 있지 않다. 하나님의 통제 아래 있다.

마음이 원하는 것

당신의 삶은 무엇인가? 이 부자는 자신의 삶이 성공을 즐기고, 휴식을 취하고, 자신에게 있는 재물을 신뢰하는 것으로 이루어져 있다고 생각했다. 이제 이러한 문제들을 정리해 보자. 이 망상으로 인해 농부는 어리석은 행동을 하게 되었고, 예수님은 다음과 같은 진단을 내리셨다. "자기를 위하여 재물을 쌓아 두고 하나님께 대하여 부요하지 못한 자가 이와 같으니라"(눅 12:21).

예수님의 진단에서 우리는 두 가지를 발견한다. 즉, 자신을 위해 보물을 쌓아 두는 것과 하나님을 향해 부요한 자가 되는 것이다. 이 비유는 부자가 되는 것에 관한 비유가 아니다. 그것은 우리가 가난이나 부를 어떻게 **붙잡는가**에 관한 비유다. 이 사람은 부가 마치 자신의 것인 양 붙잡고 있었다. 그는 자신이 그것들을 완전히 통제하고 있다고 생각했고, 그래서 자신을 위해 보물을 쌓아 두었다.

우리가 자신을 위해 보물을 쌓고 있는지, 아니면 하나님을 향해 부요한지 어떻게 알 수 있을까? 이것을 알아내는 가장 좋은 방법은 이런 질문에 답해 보는 것이다. "당신의 삶은 무엇인가?" 우리 삶은 우리의 시간, 에너지, 생각들을 점령하고 있는 것이다. 예수님이 말씀하신 바와 같이 우리가 **마음을 고정하고 있는** 것이다. "네 보물 있는 그곳에는 네 마음도 있느니라"(마 6:21).

사람들은 많은 것을 보물로 여기고 붙잡고 있다. 그중 하나가 안전이다. 즉, 국가 안보, 사회 보장, 보험, 은행 계좌와 같은 것이다. 이것은 하나님을 떠난 인간의 삶이 **안전하지 않다**는 사실을 반영한다. 사람들은 발생할 수 있는 모든 끔찍한 일들을 생각하면서 안전을 확보하기 위해 애쓴다.

뮤지컬 '지붕 위의 바이올린'에서 테비에가 노래하는 통찰력 있는 가사가 있다. 그는 자신이 부자가 되면 모든 마을 사람들이 자신에게 조언을 구하러 올 것을 알고 있었다. "부자가 되면 사람들은 당신이 정말로 뭔가를 알고 있다고 생각해요."[1] 부는 사람들이 그 주인을 똑똑하고 영리하다고 믿게 만든다. 그가 다른 사람들은 모르는 것을 알았기 때문에 앞서 나갈 수 있었다고 생각하게 한다.

큰 이익

사도 바울은 디모데전서 6장에서 부에 대해 현명하고 통찰력 있는 말씀을 전한다. 그는 이 주제를 소개하면서, 늘 다투고, 진리를 소유하지 않으며, 경건을 이익의 수단이라고 믿는 사람들에 대해 먼저 언급한다. 그들에 관해 바울은 "그런 자들에게서 떠나라"(딤전 6:5, KJV)고 말한다.

어떤 사람들은 부자가 되는 것과 더욱 안전해지는 것(이익을 취하는 것)을 더 높은 수준의 경건에 도달하는 것으로 잘못 생각한다. 혹은 그들은 경건해지면 더 많은 부와 안전을 얻을 수 있다고 생각한다. 무엇을 하든, 당신은 경제적 이익과 경건을 혼동하지 말아야 하고, 그렇게 생각하는 사람들을 멀리해야 한다. 이익은 경건이 아니며, 경건은 이익이 아니다. 그러나 우리가 가진 것에 자족하는 것은 큰 이익이라고 바울은 말한다.

> 그러나 자족하는 마음이 있으면 경건은 큰 이익이 되느니라. 우리가 세상에 아무것도 가지고 온 것이 없으매 또한 아무것도 가지고 가지 못하리니 우리가 먹을 것과 입을 것이 있은즉 족한 줄로 알 것이니라. 부하려 하는 자들은 시험과 올무와 여러 가지 어리석고 해로운 욕심에 떨어지나니 곧 사람으로 파멸과 멸망에 빠지게 하는 것이라(딤전 6:6-9).

앞으로 가는 데만 초점을 맞추는 사람들의 길을 피하는 것이 현명하다.[2] 부자가 되고자 하는 사람들은 이익에 대한 사랑 때문에 자신과 주변 사람들에게 상처를 준다.

> 돈을 사랑함이 일만 악의 뿌리가 되나니 이것을 탐내는 자들은 미혹을 받아 믿음에서 떠나 많은 근심으로써 자기를 찔렀도다. 오직 너 하나님의 사람아, 이것들을 피하고 의와 경건과 믿음과 사랑과 인내와 온유를 따르며 믿음의 선한 싸움을 싸우라. 영생을 취하라. 이를 위하여 네가 부르심을 받았고 많은 증인 앞에서 선한 증언을 하였도다(딤전 6:10-12).

그리고 바울은 우리가 가난하거나 부유하거나 부자가 되고 싶은 욕망을 지녔거나 상관없이 다음과 같은 말로 권고한다.

> 네가 이 세대에서 부한 자들을 명하여 마음을 높이지 말고 정함이 없는 재물에 소망을 두지 말고 오직 우리에게 모든 것을 후히 주사 누리게 하시는 하나님께 두며(딤전 6:17).

문제가 되는 것은 교만과 잘못된 확신이다. 농부가 곡식 창고를 가득 채운 것이 잘못이 아니다. 그 창고 안에 있는 것들을 신뢰한 것이 문제였을 뿐이다. 그의 믿음은 잘못된 장소에 놓여 있었다. 그는 하나님을 신뢰해야만 했다.

> 오직 우리에게 모든 것을 후히 주사 누리게 하시는 하나님께 [소망을] 두며 선을 행하고 선한 사업을 많이 하고 나누어 주기를 좋아하며 너그러운 자가 되게 하라. 이것이 장래에 자기를 위하여 좋은 터를 쌓아 참된 생명을 취하는 것이니라(딤전 6:17-19).

당신의 삶은 무엇인가? 당신의 삶은 무엇으로 구성되어 있는가? 예수 그리스도에 대한 지식으로 채워져 있는가, 아니면 단지 창고와 사업으로 구성되어 있는가? 누군가는 창고를 돌봐야 한다. 하지만 창고는 당신 삶의 한 부분일 뿐 하나님은 당신의 삶에 더 관심이 있으시다. 당신의 삶은 영원한 삶이며, 하나님 나라의 자원에 의존하여 살아가는 삶이기 때문이다. 당신이라는 존재 자체와 당신이 하는 일 사이를 조심스럽게 구분한다면, 당신을 오도하는 것들에 맞설 수 있는 자리를 얻게 될 것이다. 여러분 안에 하나님이 온전히 사시는 것을 당신이 허락했기 때문에 당신의 일 속에 하나님을 모셔올 수 있다. 그리고

"우리에게 모든 것을 풍성히 누리게 하시는" 하나님을 신뢰하면, 그를 향해 부요한 사람이 될 것이다.

우리가 신뢰하는 맘몬

"나의 삶이란 무엇인가?"라는 질문에 정직하게 답하는 데 도움이 되는 사고 훈련이 있다. 모든 것을 다 빼앗긴다면 당신이 어떻게 반응할지 생각해 보는 것이다. 마음속으로 불이 타오르는 제단을 상상하며 집, 은행 계좌, 퇴직금 등 당신이 소중히 여기는 모든 것이 그 불에 타 없어지는 장면을 그려 보라. 그것들이 모두 사라져 버렸다. 그런 다음 자신에게 질문해 보라. '이 상황에 대해 나는 어떤 느낌이 드는가? 그런 상황에서도 경건함과 만족을 유지할 수 있을까?' 우리는 자신이 가진 것들과 너무 밀착되어 있어서 무엇을 신뢰하고 있는지 모를 때가 있다. 우리는 평안을 얻었다고 생각하고 그것이 주님으로부터 왔다고 결론을 내린다. 하지만 우리 소유를 빼앗긴다고 상상하는 동안 자신이 다른 반응을 보이는 것을 발견할 수 있다. 그 반응은 우리의 삶이 무엇인지를 드러낸다.

이 훈련을 완료하려면 그 제단에 우리가 사랑하는 사람들을 조심스럽게 올려놓는 것이 중요하다. 그들이 떠난다면 어떤 느낌일지 상상해 보라. 언젠가는 그들을 하나님께 돌려 드려야 한다. 그렇게 하고 나서 죽음의 순간이 오면 그들에게나 우리에게 모든 것이 달라질 것이다. 우리가 이미 그들을 하나님께 맡겨 드렸기 때문이다. 그들은 하나님의 것이다. 우리는 그들을 하나님께 맡겨 드리는 연습을 통해 우리의 보물이 어디에 있는지를 알 수 있다.

우리는 사람과 사물에 의존하기 쉬운데, 그렇게 하면 그들이 우리를 지배하도록 힘을 넘겨주게 된다. 일상의 걱정과 염려 또한 우리 마음을 복잡하게 하고 삶을 단순하게 만들지 못하게 한다. 이러한 불안들은, 우리 자신이 하나님의 손안에서 취약한 상태로 있는 것을 허용하는 대신, 통제하고 조종하려는 욕망을 가지게 만든다. 그래서 우리는 이를 보상하려 한다. 남에게 잘 보이기 위해 옷을 입고, 잘 보이기 위해 재산을 축적한다. 이 모든 것은 우리가 안전함과 모든 것을 통제하고 있음을 확인하려는 노력이다.

존 웨슬리는 재물이 착한 신앙인에게 어떻게 올무가 되는지를 지적했다. 웨슬리의 사역은 매우 강력한 영향력을 발휘했고, 사회의 가장 낮은 계층에서 무너지기 직전의 삶을 살던 많은 사람들이 그 덕분에 구원을 받았다. 그러던 중 웨슬리는 한 가지 패턴을 발견했다. 남자들과 여자들이 하나님과의 관계 속에서 살아가게 되자, 열심히 일하고, 총명하며, 은혜의 인도를 받으며 사는 사람들이 되었다. 그런 다음에는 전에는 보지 못했던 많은 돈을 갖게 되었다. 하지만 그 후에 그들은 돈을 위해 헌신했다.

웨슬리는 하나님과 바른 관계를 맺으면 세상과 바른 관계를 맺게 되고, 세상과 바른 관계를 맺으면 번영하게 된다고 말했다. 종종 이것은 사실이다. 삶을 피폐하게 하고 돈과 에너지를 낭비하게 하는 현명하지 못한 일을 그만두면, 우리는 필요한 자원을 확보할 수 있다.

토마스 아퀴나스도 같은 패턴을 발견했다고 한다. 한번은 아퀴나스가 로마에서 교황과 함께 있다가 그 자리에 거액의 돈이 펼쳐져 있는 것을 보았다. 교황이 말했다. "보게나. 교회는 더 이상 '은과 금은 내게 없거니와'라고 말할 수 없다네." 아퀴나스가 답했다. "맞습니다, 교황님. 그리고 교회는 이제 '일어나 걸으라'고 말할 수도 없게 되었습니다."[3]

재물의 힘을 신뢰하면, 재물이 당신이 가진 유일한 힘이 된다. 하나님의 능력을 신뢰하면, 다른 질서에 속한 다른 크기의 힘을 접하게 된다.

교회는 반복해서 소유와 부의 힘을 받아들여 왔다. 많은 교회 지도자들이 나에게 이렇게 말했다. "우리는 정말 멋진 교제를 경험했었습니다. 우리가 새 건물을 완공하기 전에는 주님께서 이곳에 계셨고 이곳저곳에서 모든 일을 하셨습니다." 이제 그 건물이 그들의 관심과 애정의 주된 초점이 되었다.

흥미롭게도, 교회 건물은 아무도 치유할 수 없다. 교회의 재산은 사람의 영혼을 구속할 수 없다. 교회는 소유와 권력과 영향력으로부터 차단되었을 때, 영적으로 가장 번영했다. 나는 건물을 허물라고 말하는 것이 아니다. 그러나 우리는 그것의 유익과 유익하지 못한 점을 기억할 필요가 있다.

얼마나 더 소중한가

이 비유를 말씀하신 후 예수님은 비유가 아닌 가르침으로 전환하시고, 하나님께 부요한 사람이 되기 위해 우리가 해야 할 일을 교훈과 이미지로 제시하셨다.

> 또 제자들에게 이르시되 그러므로 내가 너희에게 이르노니 너희 목숨을 위하여 무엇을 먹을까 몸을 위하여 무엇을 입을까 염려하지 말라(눅 12:22).

이 말씀은 우리의 중심 질문인 "당신의 삶은 무엇인가?"로 돌아가게 한다. 예수님은 하나님이 우리 삶을 돌보고 계시니 염려하지 말라고 가르치셨다. 여러분은 하나님의 책임 아래 이 지구상에 존재하고 있다. 당신은 하나님이 정하신 시간보다 이곳에 한 순간도 더 머물고 싶지 않을 것이니 당신의 죽음에 대해 걱정할 필요가 없다.

> 목숨이 음식보다 중하고 몸이 의복보다 중하니라. 까마귀를 생각하라. 심지도 아니하고 거두지도 아니하며 골방도 없고 창고도 없으되 하나님이 기르시나니 너희는 새보다 얼마나 더 귀하냐(눅 12:23-24).

예수님은 그들에게 본질적으로 이렇게 말씀하셨다. "너희의 삶은 너희가 먹는 음식보다 훨씬 더 많은 것으로 이루어져 있고, 너희 몸은 너희가 입는 옷보다 더 많은 것으로 이루어져 있다. 너희 몸은 살아 계신 하나님의 성전이다. 그러므로 그가 돌보지 않으실 거라고 생각하지 마라. 너희는 까마귀보다 더 소중하다. 새들이 일찍 일어나 일하지만 염려하지 않는 것을 보아라." 예수님은 일하지 말라고 말씀하신 것이 아니다. 그저 '걱정하지 마라. 네 것이 아닌 것을 네 손에 쥐지 마라'고 말씀하신 것이다.

쓸 수 있는 모든 것을 쓰라

존 웨슬리는 부가 우리를 얽매지 않도록, 부를 다루는 방법에 대해 지혜로운 조언을 했다. "벌 수 있을 만큼 벌고, 아낄 수 있을 만큼 아끼고, 줄 수 있을 만큼 주라."[4] '벌 수 있을 만큼 벌라'는 첫 번째 말은 그가 무엇을 염두에 두었는지 이해하기 전까지는 충격적으로 들릴 수 있다. 웨슬리는 현명하게도 우리가 이 땅 위에 청지기로 세워졌으며, 그 역할에 따라 우리가 얻을 수 있는 모든 것을 얻기 위해 노력해야 함을 깨달았다.

나는 이 목록의 "줄 수 있을 만큼 주라"는 말 앞에 "쓸 수 있는 모든 것을 쓰라"는 말을 삽입하고 싶다. 여러분의 건강과 복지를 위해, 그리고 하나님의 영광을 위해 쓸 수 있는 모든 것을 쓰라. 재산을 소유하라. 그리고 자신의 삶의 즐거움뿐만 아니라 하나님의 영광을 위해 그것을 사용하라. 하나님은 우리가 이 세상의 재물에 대해 책임감을 갖도록 인도하신다. 재물은 더 많이 축적하기 위해 애쓰는 것 외에는 무엇을 해야 할지 모르는 불경건한 통치자나 탐욕스러운 사람들의 손에 있는 것보다, 선한 일을 할 사람들의 손에 있는 것이 더 낫다. 하나님은 재물이 구속받은 자들의 손에 들어가기를 원하신다. 당신이 거주하는 도시의 모든 건물주가 그리스도를 따르는 사람들이라면 어떤 일이 벌어질까? 모든 은행가와 기업의 주인이 그리스도의 제자라면 어떻게 될까? 그 도시의 삶이 어떻게 달라지겠는가?

우리가 쓸 수 있는 모든 것을 쓸 때, 우리의 모든 금전적 결정(집, 자동차, 어려운 사람들을 돕는 일, 주식, 십일조, 의복, 오락 등)은 하나님을 향한 제자도로부터 흘러나오며, 하나님의 청지기 직분을 수행하는 방식으로 이루어진다. 이는 하나님의 임재와 그의 나라 안에 있는 우리의 지위를 이해하고, 모든 결과가 안전하게 그의 손안에 있음을 기억하는 데서 비롯된다.

짐을 나누어 지라

하나님은 종교적 활동에서조차 우리가 다른 사람이 부탁하는 모든 짐을 지는 것을 결코 의도하지 않으셨다. 내가 신앙생활을 처음 시작했을 때, 나는 '하나님을 위해 소진되는 것'에 대한 이야기에 매료되었다. 좋은 뜻도 있었겠지만, 나는 우리가 하나님을 위해 탈진하는 이유가 하나님의 풍요로움에 의지하여 우리 영혼을 충전하지 않았기 때문이라는 것을 알게 되었다. 우리는 하나님 앞에 있는 우리의 지위에 대한 오해 때문에, 자신과 다른 사람들에게 너무 많은 압력을 가해왔다.

신실하다는 것은 과도하게 일하거나 다른 사람의 일을 떠맡는다는 의미가 아니다. 하나님은 소수의 사람만 그분의 일을 하도록 의도하지 않으셨고, 모든 일을 함께 나누도록 하셨다. 우리 모두는 하나님 아래에 있는 제사장과 왕으로 부름을 받았다. 각자의 역할은 다르지만, 이상적인 상황은 강력한 두세 사람이 아니라 강력한 공동체를 통해 일이 행해지는 것이다. 그들은 일할 때 누가 일하는지가 아니라 하나님에 대해서만 주의를 기울인다. 그것이 하나가 된 교회의 사역이다. 우리가 보는 위대한 노력의 표현들은 너무도 자주 자기 의와 조급함에서 나온 움직임이며, 종종 좋지 않게 끝이 난다. 나쁜 결과를 내지 않는다고 해도, 그들의 자리에서 주변 사람들에게 하나님 나라의 사역을 행할 기회를 대다수 그리스도인들로부터 빼앗는 부정적인 영향을 미친다. 예수님은 계속해서 말씀하셨다.

> 또 너희 중에 누가 염려함으로 그 키를 한 자라도 더할 수 있느냐. 그런즉 가장 작은 일도 하지 못하면서 어찌 다른 일들을 염려하느냐. 백합화를 생각하여 보라. 실도 만들지 않고 짜지도 아니하느니라. 그러나 내가 너희에게 말하노니 솔로몬의 모든 영광으로도 입은 것이 이 꽃 하나만큼 훌륭하지 못하였느니라(눅 12:25-27).

새들과 달리 식물은 심지어 **일도** 하지 않는다. 그냥 자랄 뿐이다!

> 오늘 있다가 내일 아궁이에 던져지는 들풀도 하나님이 이렇게 입히시거든 하물며 너희일까 보냐, 믿음이 작은 자들아. 너희는 무엇을 먹을까 무엇을 마실까 하여 구하지 말며 근심하지도 말라. 이 모든 것은 세상 백성들이 구하는 것이라. 너희 아버지께서는 이런 것이 너희에게 있어야 할 것을 아시느니라. 다만 너희는 그의 나라를 구하라. 그리하면 이런 것들을 너희에게 더하시리라. 적은 무리여, 무서워

말라. 너희 아버지께서 그 나라를 너희에게 주시기를 기뻐하시느니라(눅 12:28-32).

하나님은 우리에게 그 나라를 **주기** 원하신다! 이것이 우리가 있는 바로 이곳에, 우리를 향해 임하는 하나님의 은혜다.

사람이 중요하다

너희 소유를 팔아 구제하여 낡아지지 아니하는 배낭을 만들라. 곧 하늘에 둔 바 다함이 없는 보물이니 거기는 도둑도 가까이하는 일이 없고 좀도 먹는 일이 없느니라(눅 12:33).

예수님은 우리에게 필요하거나 사용할 수 있는 것보다 더 많이 쌓아 두지 말라고 말씀하셨다. 우리가 가진 모든 것을 없애라고 조언하신 것이 아니다. 우리는 스스로를 부양해야 한다. 그러나 예수님은, 우리가 사람들과 그들의 성품에 투자하는 데 초점을 맞추는 것을 원하셨다. "각각 은사를 받은 대로 하나님의 여러 가지 은혜를 맡은 선한 청지기같이 서로 봉사하라"(벧전 4:10).

"낡아지지 아니하는 배낭"이란 무엇인가? 우리, 즉 우리 자신과 다른 사람들이 바로 하늘에 있는 보물들이다. 하늘에 보물을 쌓아 두고 싶다면, "의와 경건과 믿음과 사랑과 인내와 온유"를 여러분의 성품에 심고, 다른 사람들도 그렇게 하도록 도와주라(딤전 6:11). 당신이 다른 사람들의 삶에서 만들어 낸 그러한 차이는, **그들이** 천국에 갈 때 당신도 함께 천국에 가게 할 것이다. 그러므로 당신은 사람들과 그들의 성품에 투자하라. 다른 사람을 위해 할 수 있는 일은 무엇이든 영원히 남게 된다. "그러므로 피차 권면하고 서로 덕을 세우기를 너희가 하는 것같이 하라"(살전 5:11).

중요한 것은 사람이다. 그들이 하나님의 성전이다. 하나님이 세상으로부터 택하신 존재들이다. 그들은 하나님의 신부다. 우리가 다른 사람들을 위해 할 수 있는 것, 특히 "내 형제 중에 지극히 작은 자 하나"를 위해 할 수 있는 것, 그것이 천국에 들어가게 할 보물이다(마 25:40). "당신의 삶은 무엇인가?"라는 질문에 대한 답은 부나 소유나 이익에서 찾을 수 있는 것이 아니다. 그 답은 하나님을 전적으로 신뢰하는 마음, 하나님을 향해 부요하고 다른 사람들을 사랑하는 마음에서 발견된다.

하나님 나라에 관한 요점 정리

- 우리가 하나님과 그의 나라를 의지할 때, 우리의 부(돈, 소유, 보물, 이익)에 대한 관계와 부가 우리 마음에 미치는 영향이 달라진다.
- 우리가 '하나님을 향해 부요해'지면, 우리는 더 이상 부와 여가를 우상으로 삼지 않으며 그런 것들이 우리를 사로잡지 못한다.
- 하나님 나라 안에 사는 사람들은 하나님의 영원한 생명에 들어갔으며, 하나님이 은혜롭게 제공하신 것 안에서 만족을 찾는다.
- 우리는 우리가 어디에 신뢰를 두는지 주의를 기울여야만 하며, 하나님의 손안에서 연약해지는 것을 허용해야 한다.
- 하나님 나라 안에서의 삶은 우리 자신의 인격과 다른 사람들의 삶과 인격에 투자하는 것이다.

14장

성장의 전제 조건, 끈기

> 형제들아, 나는 아직 내가 잡은 줄로 여기지 아니하고 오직 한 일 즉 뒤에 있는 것은 잊어버리고 앞에 있는 것을 잡으려고 푯대를 향하여 그리스도 예수 안에서 하나님이 위에서 부르신 부름의 상을 위하여 달려가노라. _빌립보서 3:13-14

풍성한 삶은 예수님이 오셔서 우리에게 주고자 하시는 선물이지만, 수동적인 사람에게는 오지 않는다(요 10:10). 그것은 끈기 있고, 열정적이며, 올바른 방향으로 추구하는 행동을 통해서만 온다. 이것이 바로 베드로가 우리에게 "오직 우리 주 곧 구주 예수 그리스도의 은혜와 그를 아는 지식에서 자라 가라"(벧후 3:18)고 지시한 이유다. 우리에게는 끈기(persistence), 즉 우리의 목표를 위해 수단을 꾸준히 적용하려는 의지가 필요하다. 우리에게는 인내심, 즉 우리의 삶이 성장하도록 허락하고 현명한 행동 방침을 기꺼이 따르고자 하는 태도가 필요하다. 그리고 우리에게는 예수 그리스도의 놀라운 약속에 대한 확신이 필요하다.

이러한 성품 특성들은 열매 맺는 삶에 필수적인 것들이다. 인생에서 가치 있는 일들 중 초기 단계부터 즐거운 일은 거의 없기 때문이다. 인격 발달과 관련해 경험이 있는 교사로서 나는 이것이 거의 예외 없이 사실임을 발견했다. 이 말은 아마도 우리가 듣고 싶은 말은 아닐 것이다. 왜냐하면 즐겁지 않을 수 있고 심지어 매우 불쾌할 수도 있는 일을 해야 한다는 뜻이기 때문이다.

예를 들어, 우리 중 많은 사람들이 어렸을 때 음악 레슨을 받았다. 하지만 악기 연습이 즐겁지 않아 인내심과 끈기를 가지고 계속 연습하는 태도가 없었기 때문에 우리는 부모님이 레슨을 통해 기대했던 연주 기술을 익히지 못했다. 몸 상태가 좋을 때는 운동이 쉽지만, 몸 상태가 안 좋을 때는 고문과 다름없다. 정말로 가치 있는 일의 초기 단계에서 어려움을 만나는 것은 인간 삶의 자연스러운 부분이다. 이는 새로운 기술과 능력을 습득할 때뿐만 아니라, 성격이나 인간관계 영역에서 성장할 때도 마찬가지다. 많은 것들을 경험을 통해서만 배울 수 있기 때문이다. 성령 안에서 행하는 법을 배우는 것도 마찬가지다. 끈기는 하나님 나라에서 열매 맺는 삶을 위한 전제 조건이다.

우리는 하나님의 은혜가 구원을 가져온다고 배웠고, 그것은 정말로 그러하다. 구원은 노동으로 획득하지 못하며 우리는 그것을 받을 자격이 전혀 없다. 구원은 우리 스스로 얻어 낼 수 있는 무엇이 아니다. 그렇다고 우리가 할 수 있는 일이 아무것도 없다는 뜻은 아니다. 예수님은 "좁은 문으로 들어가기를 힘쓰라. 내가 너희에게 이르노니 들어가기를 구하여도 못하는 자가 많으리라"(눅 13:24)고 말씀하셨다. 힘쓰라! 바울은 인생을 달리기나 상대와 겨루는 권투에 비유하며, "내가 내 몸을 쳐 복종하게 함은 내가 남에게 전파한 후에 자신이 도리어 버림을 당할까 두려워함이로다"(고전 9:27)라고 말을 맺는다. 성숙한 제자였던 사도 바울조차 자격을 얻지 못할까 봐 염려했다.

우리는 하나님의 은혜로 구원을 받지만, 하나님의 은혜에 대한 응답에는 치열한 노력이 필요하다. 이것은 전투이며 경주다. 마치 마지막 몇 초를 남겨 두고 승부를 다투는 챔피언 결정전 농구 경기와 같다. 예수님의 다음 비유는 우리의 영적인 삶에서 끈기가 필요한 네 가지 핵심 영역, 즉 용서, 봉사, 기도, 겸손을 강조한다.

끈기 있는 용서

누가복음 17장에서 예수님은 제자들이 어떻게 믿음 안에서 진보할 수 있는지를 가르치셨는데, 이와 관련된 첫 번째 주제는 죄와 용서였다. 사람들이 모이는 곳에서는 언제든 죄짓는 일은 피할 수 없으므로, 누군가 나를 화나게 한다고 해도 놀라지 말아야 한다(눅 17:1). 우리가 다른 사람을 화나게 하고 그들도 우리를 화나게 하는 것은 인생에서 자연스러운 일이다. 예수님은 이렇게 시작하셨다.

> 너희는 스스로 조심하라. 만일 네 형제가 죄를 범하거든 경고하고 회개하거든 용서하라(눅 17:3).

누군가를 직접 대면하여 잘못을 지적하며 조언하는 것은 공동체 생활에서 자주 행하는 일이 아니며, 심지어 그렇게 하도록 가르치는 경우도 드물다. 대신에 우리는, 형제나 자매가 우리에게 죄를 지으면 구석에 숨어서 자신의 불행을 한탄하곤 한다. 그러나 진실하고 신실하게 건네는 교정의 말은 그리스도의 도를 따르는 데 필요한 힘겨운 삶의 일부다.

하지만 조심하라. 예수님은 "그 사람에게 쏘아붙이라" 또는 "그 사람을 책망하라"고 말씀하지 않으셨다. 우리는 예수님의 사랑스럽고 온화한 태도로 그들에게 다가가야 한다. 사도 바울도 이 점을 이해했다. "형제들아, 사람이 만일 무슨 범죄한 일이 드러나거든 신령한 너희는 **온유한** 심령으로 그러한 자를 바로잡고……"(갈 6:1).

그런 마음으로 상대방이 당신에게 상처를 주었다는 사실을 알게 하라. 상대방이 "미안해요. 그럴 의도는 아니었어요. 제가 배상하겠습니다"라고 말한다면 용서하라. 용서란 상대방의 잘못에 집착하지 않고, 그 문제를 다시 거론하지 않으며, 어떤 식으로든 상대방에게 대가를 치르게 하지 않기로 선택하는 것임을 기억하라.

예수님은 계속 말씀하셨다.

> 만일 하루에 일곱 번이라도 네게 죄를 짓고 일곱 번 네게 돌아와 내가 회개하노라 하거든 너는 용서하라(눅 17:4).

당신은 예수님이 왜 "**하루에** 일곱 번"이라고 말씀하셨다고 생각하는가? 아마도 우리가 누군가를 용서하고 나서 그가 다시는 같은 잘못을 저지르지 않으리라고 기대하는 문제를 다루고자 하셨던 것 같다.

사도들이 한목소리로 "주님, 우리의 믿음을 더해 주십시오! 일곱 번은 너무 많습니다. 두 번도 많은데, **일곱** 번은 절대 안 됩니다!"라고 말하는 소리가 생생하게 들리는 것 같다.

용서는 멋진 일이다. 우리는 다른 사람을 조종하기 위해 용서하는 것이 아니다. 용서가 우리에게 좋기 때문에 용서한다. 용서의 좋은 점은 용서 자체에 있지, 용서에서 비롯되는 결과에 있는 것이 아니다. 상대방이 진심이 아니더라도 용서하라. 끝없이 용서할 수 있도록 자신을 설정하라. 그 이유는 매우 간단하다. 다른 어떤 방식보다 그런 방식으로 사는 것이 훨씬 더 좋기 때문이다. 하나님 나라에서의 삶은 최소한을 넘어서는 삶이라는 것을 다음 비유들이 우리에게 가르쳐 준다.

믿음 이해하기

깜짝 놀란 예수님의 제자들이 믿음을 더해 달라고 요청(눅 17:5)하자 예수님은 이렇게 대답하셨다.

너희에게 겨자씨 한 알만 한 믿음이 있었더라면 이 뽕나무더러 뿌리가 뽑혀 바다에 심기어라 하였을 것이요 그것이 너희에게 순종하였으리라(눅 17:6).

우리는 이런 구절을 오해하여 '내 믿음이 얼마나 될까? 내가 저 나무를 움직일 수 있는지 한번 보자'라고 생각할 수 있다. 많은 사람들이 그런 시도를 해보았지만, 뽕나무는 그냥 그 자리에 서 있었다. 이에 그들은 부끄러워했다.

예수님이 "너희가 **기도할 것이다**"라고 하지 않으시고, 하나님이 "빛이 있으라"고 **말씀하셨을** 때 빛이 생겨난 것처럼, '너희가 **말할 것이다**'라고 하신 것을 주목하라.[1] 믿음은 하나님의 창조 능력이 있는 말씀을 우리가 하나님과 **함께** 말하는 것과 관련이 있다. 믿음 안에서 우리는 모든 사물을 하나님의 뜻과 비전과 목적 안에 있는 그대로 본다. 이런 식으로 우리는 하나님과 **함께하며** 창조의 말을 한다.

예수님은 제자들에게 "하루에 일곱 번 형제를 용서하는 것이 불가능하다고 생각한다면, 너희는 믿음을 이해하지 못하는 것이다"라고 말씀하셨다. 예수님은 제자들과 우리에게 하나님 나라에서 무엇이 가능한지에 대한 비전을 열어 보이셨던 것이다.

반복해서 용서하라는 말을 들으면 어떤 사람은 이렇게 생각할 것이다. '아니, 하루에 일곱 번이나 용서해야 한다고? 내가 해야 할 일이 또 하나 더 생긴 거야?' 하지만 믿음이 무엇인지 깨닫게 되면, 무엇을 **해야만 하는지**를 생각하지 않고, 주님을 기쁘시게 하기 위해 할 수 있는 일이 마음속에 가장 먼저 떠오를 것이다.

끈기 있는 봉사

예수님은 흥미로운 비유를 통해 하나님을 섬긴다는 것에 대한 개념을 확장하셨다. 그리고 완전히 다른 접근법을 보여주셨다. 이 이야기는 **진짜** 믿음이 어떤 것인지 이해하도록 돕기 위해 제시되었다. 즉, 믿음은 구체적으로 주어진 의무와 최소한의 요구 사항을 항상 넘어서는 것(누군가를 일곱 번 **이상이라도** 용서할 준비가 되어 있는 것)이다. 진정한 믿음에는 확신이 따르는데, 그 확신은 무엇을 행하라는 지시를 기다리지 않고 주도적으로 하나님 나라의 **능동적인 삶**으로 들어가게 하는 확신이다. 하지만 우리가 하나님과의 관계에 대해 종종 상상하는 그림은 단순히 무엇을 행할지 지시를 기다리며 서 있는 모습이다.

> 너희 중 누구에게 밭을 갈거나 양을 치거나 하는 종이 있어 밭에서 돌아오면 그더러 곧 와 앉아서 먹으라 말할 자가 있느냐. 도리어 그더러 내 먹을 것을 준비하고 띠를 띠고 내가 먹고 마시는 동안에 수종 들고 너는 그 후에 먹고 마시라 하지 않겠느냐. 명한 대로 하였다고 종에게 감사하겠느냐(눅 17:7-9).

이 이야기의 후반부는 예수님 시대에 종들이 일반적으로 어떻게 대우받았는지를 묘사한다. 오늘날 우리에게는 가혹하게 보이는 대우다. 종은 하루 종일 밭에서 일한 후, 더러운 옷을 벗고 씻은 다음 집사복으로 갈아입고, 음식을 가져와 주인이 식사하는 동안 뒤에 서서 사소한 것 하나까지 시중을 드는 것이 관례였다. 그런 문화에서 주인은 **결코** 돌아서서, "고맙구나! 너는 정말 훌륭한 사람이야!"라고 말하지 않았을 것이다. 예수님은 이 터무니없는 생각으로 청중의 관심을 끌었을 것이다.

주인에게 칭찬받을 종은, 주인이 지시하지 않아도 주인이 기뻐할 만하고 주인에게 도움이 되는 일을 찾아서 행하는 사람이다. 그러면 주인은 이렇게 말할 것이다. "와, 이 친구가 어디서 왔지? 이 사람은 내 사업에 **정말 유익한** 사람이야. 이렇게 고마울 수가!" 이런 종은 **유익한** 종이며, 그 종은 주인의 기쁨에서 비롯한 보상을 얻게 될 가능성이 크다.

그 일에 마음을 두라

> 이와 같이 너희도 명령받은 것을 다 행한 후에 이르기를 우리는 무익한 종이라. 우리가 하여야 할 일을 한 것뿐이라 할지니라(눅 17:10).

우리는 종종 '나는 시키는 대로 했다. 더 이상은 할 필요가 없다'고 생각한다. 당신은 항상 최소한의 일만 하는 사람들을 알고 있을 것이다. 그들은 시키는 일만 한다. 그것이 모두를 기쁘게 할까? 그것은 우리가 기대하는 섬김의 모습이 아니다.

지시를 기다렸다가 시키는 일만 하는 사람보다는, 자신이 하는 일을 진심을 담아서 하는 사람들과 함께 생활하고 일하는 것이 훨씬 낫다. 당신은 그룹의 핵심 관심사들을 잘 파악하고 당신보다 일들을 더 잘 관리할 수 있는 사람을 원할 것이다.

예수님은 이 비유를 통해 섬김에 대한 우리의 생각이 그저 시키는 대로만 하는 데 있다면, 하나님 나라의 삶이 어떤 것인지 아직 이해하지 못한 것이라고 가르치신다. 그런 믿음은 겨자씨 하나만큼도 되지 못하는 믿음이다. 우리가 이러한 것들을 이해하지 못하기 **때문에** 용서, 봉사, 정직과 같은 일상적인 일에 여전히 많은 노력을 투입해야 한다고 느낀다. 하지만 우리가 하나님 나라의 풍성한 현실 속에서 삶을 사는 수준으로 성장하면, 다른 것들과 함께 이러한 것들도 저절로 해결될 것이다.

그리스도의 마음과 일치하게 되는 것, 즉 지시받지 않아도 나서서 그의 일을 할 준비가 되어 있는 것이 주님을 끈기 있게 섬길 수 있는 능력의 기초다.

많은 사람들이 십계명을 어기지만 않으면 할 일을 다 한 것이라고 생각한다. 나는 순종의 중요성을 결코 경시하지 않는다. 하지만 하나님과 동행하는 삶에는 여러 단계의 순종이 있다. 예수님은 우리가 최소한의 수준에서 시키는 일만 했다면, 우리 스스로를 "무익한 자"라고 불러야 한다고 말씀하셨다. 그런 종류의 믿음은 자신의 삶을 적극적으로 펼치지 않는, 겨자씨보다 작은 수준의 믿음이다. 믿음은 우리가 무익한 종이라는 사실을 깨닫고, 더 많은 일을 하기 위해 노력할 때 성장한다.

함께하는 삶

하나님의 뜻을 행하는 것에 대해 고민할 때, 사람들은 '하나님은 내가 무엇을 하길 바라실까?'라고 질문한다. 하지만 하나님은 그들 곁에서 "**너는** 무엇을 하고 싶니?"라고 물으신다. 하나님은 **우리가** 원하는 일과 우리 삶에 대한 하나님의 목적에 대해 우리와 대화하고 싶어 하신다. 하나님은 우리가 성장하고 성숙하도록 돕고자 하시며, 때로는 조용히 계시면서 하나님과의 깊어져 가는 관계를 바탕으로 스스로 선택하게 하신다. 그때 우리는 하나님 앞에서 우리의 진정한 모습을 발견하게 된다.

주님은 우리를 아첨꾼이나 단순히 명령을 기다리는 로봇으로 만들지 않으셨다. 하나님은 우리를 그분의 세상에서 무언가를 **하면서** 살아가는 남자와 여자로 부르셨다. 그것이 바로 하나님의 동역자이자 하나님의 친구가 되는 비전이다(고후 6:1; 약 2:23). 예수님은 제자들을 친구라고 부르시고 가족 사업의 동역자로 삼으셨다(요 15:15).

예수님을 따르는 것은 단순히 "예수님이라면 어떻게 하셨을까?"라고 묻는 것 이상이다. 우리가 예수님과 예수님의 방식을 알게 되면, 그 지식을 통해 대부분의 경우 무엇을 해야 하는지를 알 수 있다. 나는 인생의 대부분을 제인 윌라드와 행복하게 결혼생활을 해왔기 때문에 대체로 제인에게 무엇을 원하는지, 무엇이 좋은지 물어볼 필요가 없다. 마찬가지로, 예수님과 그의 나라에서 함께하는 삶이 우리를 다듬어 주고, 그를 더 잘 알기 위해 우리가 해야 할 일을 더 잘 이해할 수 있게 해준다. 바울은 이것을 위해 기도했다. "내가 [그를] 알고자 하여"(빌 3:10). 그리고 우리가 예수님을 알면 그는 우리 마음속에서 말씀하신다.

이처럼 전심을 다해 하나님을 섬기는 것은, 우리가 해야 할 일이 무엇인지 알게 하고, 순전하게 실행하는 동역자와 같은 사람이 되도록 돕는다. 그것이 바로 더 깊은 수준의 관계이며, 하나님과 상호작용하며 지금 여기에서 하나님 나라를 사는 관계다. 우리는 하나님과 아주 가깝기에 그의 말씀을 듣기 위해 기다릴 필요가 없고, 예수님과 그의 나라의 친구들과 함께 자유로운 마음으로 협력하게 된다.

끈기 있는 기도

부지런하고 인내하는 마음을 가진 사람의 또 다른 특징이 내가 가장 좋아하는 예수님의 비유 중 하나에서 잘 나타난다. 그 비유는 누가복음에 나오는, 포기하거나 '낙심'하지 않는 끈질긴 과부에 관한 이야기다.

예수께서 그들에게 항상 기도하고 낙심하지 말아야 할 것을 비유로 말씀하여 이르시되 어떤 도시에 하나님을 두려워하지 않고 사람을 무시하는 한 재판장이 있는데(눅 18:1-2).

낙심하지 않는다는 것은 포기하지 않는다는 뜻이다. 이 비유에 나오는 재판장은 선한 사람이 아니라 심술궂고 고약한 사람이다. 이 비뚤어진 재판장은 정의의 종이라기보다는 범죄자들의 두목에 더 가까웠다(눅 18:6). 그는 다른 사람이나 하나님을 존중하지 않았으며, "나에게 하나님이 무슨 의미가 있나?"라고 말했다.

그 도시에 한 과부가 있어(눅 18:3).

당시에 과부는 가장 힘없는 존재로 여겨졌다. 과부는 보호해 줄 남편이 없어서 함부로 취급당하는 일이 잦았다. 아무런 권리가 없는 이 과부와 재판장은 사회적 권력의 반대 극에 서 있는 존재였다. 그녀가 할 수 있는 일은 그저 찾아가서 간청하는 것뿐이었다.

자주 그에게 가서 내 원수에 대한 나의 원한을 풀어 주소서 하되(눅 18:3).

과부는 정의를 원했다. 누군가가 그녀에게 잘못을 저질렀기 때문이다. 아마도 그녀의 물건이나 땅을 빼앗았을 것이다. 예수님은 그녀가 어떻게 피해를 입었는지 정확히 말씀하시지는 않고 단순히 그녀의 주장에 대해서만 말씀하셨다. 그녀는 법으로부터의 정의가 필요했고, 재판장에게 가서 말했다. "이 문제를 바로잡아 주소서. 나의 원한을 풀어 주소서."

그가 얼마 동안 듣지 아니하다가(눅 18:4).

두려울 것 없는 재판장이 왜 도와주겠는가? 그는 아마도 이렇게 생각했을 것이다. '이 과부는 누구이기에 이리도 나를 귀찮게 하는가? 이 여자에게 시간을 낭비하고 싶지 않구나!' 그러나 과부는 포기하지 않았고, 재판장이 무시해도 계속해서 자신의 사건에 대해 호소했다.

후에 속으로 생각하되 내가 하나님을 두려워하지 않고 사람을 무시하나 이 과부가 나를 번거롭게 하니 내가 그 원한을 풀어 주리라. 그렇지 않으면 늘 와서 나를 괴롭게 하리라 하였느니라(눅 18:4-5).

이것이 바로 끈기다.

잘 알려진 것처럼 많은 사람들은 계속 무언가를 부탁받으면 굴복하는 경향이 있다. 예수님은 이 점을 예로 들면서 제자들에게 끊임없이 기도하라고 강권하셨다. 예수님은 부탁하는 것이 부수적이고 사소한 일이 아니라 인간관계의 가장 근본적인 측면임을 알고 계셨다. 부탁하고 베푸는 것은 인간의 본성과 인격의 가장 깊은 곳에서 나오는 일이다.

무관심한 재판장이 과부의 끈질긴 요구에 반응한 것을 전하신 후 예수님은 이렇게 말씀하셨다.

그러나 인자가 올 때에 세상에서 믿음을 보겠느냐(눅 18:8).

예수님은 우리에게 포기하지 말라고, 하나님께 요구하는 것을 그만두지 말라고 강권하신다. 기억하라. 예수님이 이 비유를 들려주신 이유는 우리가 항상 기도하고 낙심하지 않도록 하기 위해서다. 주님은 많은 사람들이 쉽게 포기한다는 점을 지적하고 계셨다.

그러므로 우리는 바울의 권면을 따라, 일이 잘 풀릴 때나 기도하고 싶지 않을 때도, 할 수 있는 모든 방법으로 **항상** 기도해야 한다(살전 5:17). 우리는 **의무** 때문이 아니라 **관계** 때문에, **복종** 때문이 아니라 **사랑** 때문에 기도해야 한다. 우리의 믿음이 자라면 하나님께 기도하고 대화를 나누고 싶은 우리의 욕구도 커진다.

기도가 무엇인가? 그것은 하나님과의 대화다. 하지만 우리는 종종 기도를 시작하기까지 시간이 많이 걸린다. 늘 기도를 미루다가 한 번 한다고 해도, 기도한 뒤 그 내용을 잊고 한동안 다시 기도로 돌아오지 않는다. 이것은 우리의 믿음이 얼마나 작은지를 드러낸다. "주님, 우리에게 믿음을 더하소서!"

도움이 필요한 친구

예수님은 기도에 끈기가 필요하다는 것을 한 사람의 이야기를 통해서도 설명하셨다. 그의 친구가 한밤중에 찾아와서 예상치 못했던 손님을 대접할 빵을 달라고 부탁했다. 당신은 예수님이 이 사람의 곤란한 상황을 어떻게 묘사하셨는지 기억할 것이다.

> 여보게, 빵 세 덩이만 꾸어 주게나. 친구가 내 집에 찾아왔는데, 배고파하는 그에게 내놓을 게 하나도 없구만. 그가 밤늦게 길을 나섰는데 도로가 꽉 막혀 고생했다는군(눅 11:5-6, 저자 사역).

이 사람의 가족은 모두 잠자리에 들었고, 문은 닫혀 있었다. 그는 친구에게 짜증스러운 말을 중얼거렸지만 결국 그를 도왔다.

내가 너희에게 말하노니 비록 벗 됨으로 인하여서는 일어나서 주지 아니할지라도 그 간청함을 인하여 일어나 그 요구대로 주리라(눅 11:8).

이 사람은 친구의 '끈기'에 굴복했다. 끈기로 번역된 이 말은 흥미로운 단어인데, 핵심 의미는 '뻔뻔함'이다.[2] 이것은 마치 당신이 음식을 먹고 있는데 개가 옆에 와서 먹을 것을 던져 줄 때까지 부끄러움 없이 끝까지 바라보고 있는 모습과 비슷하다. 이 친구는 부끄러움을 전혀 모르는 듯이 문 앞에 서 있었다. 결국 그 사람은 친구의 부탁을 들어주었다.

하나님께 무언가를 구하는 과정에서 우리는 그분의 임재를 인정하고 환영한다. 우리는 우리 자신을 하나님 앞에 있게 한다. 한 사람이 다른 사람 앞에 있는 것, 바로 그것이 요청의 본질이다. 하나님은 왜 우리가 부탁하는 것을 주실까? 우리가 부탁하기 때문이다. 위의 두 가지 경우에서 효과를 발휘한 요소는 단지 부탁의 힘이며, 특히 몇 번이고 계속 부탁하는 것이다.

하나님과 함께 일하기

하나님은 기도에 응답하시며 그렇게 하기를 **원하신다**. 하나님은, 과부가 혹시 자신을 더 괴롭게 할까 봐 굴복하는 불의한 재판장과 같지 않으시다. 이 우주의 궁극적 실재는 성부, 성자, 성령의 인격적 공동체이며, 우리는 바로 그러한 우주에 살고 있다. 마태복음 7:7-8은 이러한 현실을 엿볼 수 있게 해준다. "구하라. 그리하면 너희에게 주실 것이요 찾으라. 그리하면 찾아낼 것이요 문을 두드리라. 그리하면 너희에게 열릴 것이니 구하는 이마다 받을 것이요 찾는 이는 찾아낼 것이요 두드리는 이에게는 열릴 것이니라." 그렇기 때문에 이런 가르침들을 통해 예수님이 우리에게 주신 요청의 법칙은 중력의 법칙보다 더 근본적인 토대가 되는 법칙이다.

기도가 효과가 있는 이유는 무엇인가? 부탁하고 주는 것이 우주의 근본 법칙이기 때문이다. 사람들은 구걸하는 사람과 눈을 마주치지 않으려고 피하며 길을 건너간다. 요청의 힘에 압도당할 만큼 가까이 가고 싶지 않기 때문이다. 주어야만 한다는 부담감을 느끼고 싶지 않기 때문이다.

나는 당신에게 이 점을 깊이 생각해 보도록 요청하고 싶다. 즉, 기도란 일차적으로 누군가에게 무언가를 하도록 유도하는 행위가 아니며, 종종 치유 효과가 있기는 하지만 자기 치료를 위한 방법 중 하나인 자기 대화 연습이 아니라는 점이다. 기도는 하나님과 함께 일하는 방식이다.

기도는 하나님과 일하는 관계 안으로 들어가는 것이며, 그 관계에는 하나님과 함께 말하는 것이 포함되어 있다. "너희에게 겨자씨 한 알만 한 믿음이 있었더라면……라 [말]하였을 것이요." 이것을 이해할 때, 기도가 어떻게 하나님과 함께 무언가를 하는 것인지 알게 될 것이다. 기도와 하나님과 함께 말하는 것은 연속선상에 있다.

이제 당신이 무언가를 위해 기도하기 시작하면, 당신은 매우 복잡한 관계에 들어가게 된다. 대부분의 사람들은 자신과 밀접하게 관련된 대상, 즉 가족, 이웃, 교회, 사랑하는 사람들에 대해 기도할 것이기 때문이다. 당신이 그런 종류의 일들에 대해 기도하기 시작하면 당신 자신도 변화될 가능성이 크다.

예를 들어, 나는 많은 여인들이 자기 남편이 하나님과의 관계에 마음을 열게 되기를 기도하는 것을 보았다. 결혼이라는 친밀한 관계 안에서 그 기도가 응답되려면 아내도 함께 변화되어야만 할 것이다.

내가 한번은 아들을 위해 기도하고 있었는데 아무런 변화가 보이지 않았다. 그때 나는 주님이 '네 아들에게 화내는 것을 멈추어 보지 않겠니?'라고 말씀하시는 것을 느꼈다. 그리고 내가 분노에서 벗어나자 아들은 즉시 변화하기 시작했다. 하나님은 관련된 모든 사람과 함께 일하시므로, 우리 역시 우리 **자신을 변화시킬** 준비가 되어 있어야 한다.

주님과 함께하는 기쁨

많은 사람들이 기도보다 더 중요하게 할 일이 있다고 생각하는 것은 아이러니하다. 그러나 기도가 대화가 될 때, 찬송 가사처럼 기도는 "기도하는 달콤한 시간"이 될 수 있다.[3] 사랑하는 사람들과 나눈 가장 즐거웠던 대화를 떠올려 보고 자신에게 물어보라. '다시 그런 대화를 할 기회가 생긴다면 주저하겠는가?' 우리는 시편의 시인이 주님의 성전에 머물며 하나님의 임재 안에서 보낸 시간의 즐거움을 노래한 것을 이해할 수 있다. 그는 악인의 장막에 사는 것보다 하나님의 성전 문지기로 있기를 원했다(시 84:10).

우리가 최소한의 요구만 충족하는 신앙의 수준을 넘어서서 성장하게 되면, 용서가 우리 자신에게 좋은 일이기 때문에 자유롭게 용서하기 시작한다. 하나님의 동역자이자 친구로서 하나님의 일에 참여하기 시작하면, 우리는 기도의 달콤함과 주님 임재 안에서 보내는 시간의 **기쁨**을 경험할 수 있다. 심지어 하나님과 떨어져 보내는 모든 순간을, 소중한 시간을 낭비하는 것이라고 생각하기 시작할 것이다.

기도는 우리가 하나님과 함께 일을 이루는 과정에서 기꺼이 변화할 것을 요구한다. 변화는 성장이고 성장에는 시간이 걸린다. 기도로 주님 앞에 자신의 요구 사항을 지속적으로 올려 드리고자 하지 않는 사람은, 식물에게 하루 종일 햇빛이 필요하다는 사실을 알면서도 매일 아침 5분 동안만 밖에 놓아두는 사람과 같다. 기도는 동역자로서 우리가 하는 일에 마음을 다하며 주님께 드리는 봉사(service, 예배)다.

끈기 있는 겸손

예수님은 누가복음 18장에 나오는 불의한 재판장 비유에 이어 제자들에게 믿음을 더하기 위한 비유 시리즈의 결론으로서, 겸손한 기도에 관한 비유를 말씀하신다. 겸손과 기도는 깊은 관련이 있는데, 우리를 기도로부터 멀어지게 하는 것 중 하나가 겸손의 결여다. 과부가 자신의 문제를 호소하기 위해 법정에 갈 때, 그녀는 교만이 아니라 겸손한 자세로 나아갔다. 만일 그녀가 교만했다면 재판장에게 도움을 요청하지 않았을 것이다. 그녀는 아마도 이렇게 생각했을 것이다. '나는 저 못된 사람에게 굽히지 않을 거야! 저 사람은 나를 아무것도 아닌 것처럼 대하고 있어!'

겸손은 기도의 주된 요소들 중 하나다. 겸손은 하나님에 대한 의존을 보여주기 때문이다. 우리가 기도하지 않는 것은 우리가 하나님보다 우리 자신을 더 신뢰하기 때문일 수 있다. 우리는 "주님, 도와주세요!"라고 외치기보다는 '내가 할 수 있어, 내 힘으로 해결할 거야'라고 계속 생각한다. 자신을 증명하고 자신의 능력으로 원하는 것을 얻으려는 노력에 너무 몰두한 나머지, 우리는 하나님이 함께 일하실 공간을 남겨 두지 않을 수도 있다. 우리는 우리 자신만을 신뢰한다.

겸손은 우리의 믿음을 키우고 하나님 나라 안에서 진보하는 일에 끈기 있게 노력할 수 있는 비결이다. 자신에게 겸손이 부족하거나 자신만을 신뢰하고 있다는 사실을 깨닫지 못했을 청중을 위해 예수님은 한 이야기를 들려주셨다.

또 자기를 의롭다고 믿고 다른 사람을 멸시하는 자들에게 이 비유로 말씀하시되 두 사람이 기도하러 성전에 올라가니 하나는 바리새인이요 하나는 세리라(눅 18:9-10).

당신은 세리들이 로마 정부로부터 임명을 받고, 대체로 사업상 거래에서 부패한 탓에 크게 멸시를 받는 정치적 인물이었음을 기억할 것이다. 바리새인들은 '자기들이 의롭다고 믿었다.' 그들은 어떻게든 하나님의 마음에 들어야 한다고 생각했고, 마치 기도에 뭔가 복잡한 조건이 있는 것처럼 행동했다. 그러나 기도의 유일한 조건은 그저 부탁하는 것이다. 하지만 당신이 하나님 대신 자신을 더 믿는다면, 아마도 기도하지 않을 것이다. 섬김에 제한을 두고, 용서하는 데 어려움을 겪을 것이다. 자신에 대한 신뢰는 하나님 나라 안에서 진보하기 위한 우리의 끈질긴 노력을 방해한다. 바리새인들은 자신을 신뢰하고 다른 사람을 경멸의 눈으로 보았다.

바리새인은 서서 따로 기도하여 이르되 하나님이여, 나는 다른 사람들 곧 토색, 불의, 간음을 하는 자들과 같지 아니하고 이 세리와도 같지 아니함을 감사하나이다. 나는 이레에 두 번씩 금식하고 또 소득의 십일조를 드리나이다 하고 세리는 멀리 서서 감히 눈을 들어 하늘을 쳐다보지도 못하고 다만 가슴을 치며 이르되 하나님이여, 불쌍히 여기소서. 나는 죄인이로소이다 하였느니라(눅 18:11-13).

이 세리는 바리새인처럼 자신의 개인적인 자격에 의지하지 않았다. 그는 그저 "하나님, 자비를 베풀어 주소서"라고 말했다. 그가 가슴을 친 것은 고뇌와 절망의 정직한 표현이었다. 세리는 겸손하게 우주의 하나님 앞에 나아갔다. 하나님은 부탁하면 주시는 본성을 지니셨다. 예수님은 이 두 사람의 기도의 결과가 당시의 문화적 기대와는 정반대였음을 지적하셨다.

> 내가 너희에게 이르노니 이에 저 바리새인이 아니고 이 사람이 의롭다 하심을 받고 그의 집으로 내려갔느니라. 무릇 자기를 높이는 자는 낮아지고 자기를 낮추는 자는 높아지리라 하시니라(눅 18:14).

겸손은 방해물이 되는 자아를 치우고 하나님과 연결할 수 있게 해준다. "하나님의 능하신 손 아래에서 겸손"하면 때가 되었을 때 어떤 일이 일어날까? 하나님이 여러분을 '높이실' 것이다(벧전 5:6). **당신이** 자신을 높이는 것이 아니라, 적절한 때에 **하나님이** 당신을 높이실 것이다. "이같이 너희 빛이 사람 앞에 비치게 하여 그들로 너희 착한 행실을 보고 하늘에 계신 너희 아버지께 영광을 돌리게 하라"(마 5:16). 그들은 누구에게 영광을 돌리는가? **당신**인가? 아니다. 이 빛이 여러분 안에 있는 생명과 사랑과 능력을 드러낼 때, 사람들이 "하늘에 계신 너희 아버지께 영광을 돌리게" 될 것이다.[4]

진정한 겸손은 자신을 낮게 보는 관점이 아니라, 하나님과 타인을 높게 보는 관점에 근거한다. 우리는 다른 사람을 높임으로써 겸손해진다. 사도 바울이 쓴 것처럼 "각각 자기보다 남을 낫게" 여겨야 한다(빌 2:3). 하지만 때때로 사람들은 이렇게 말한다. "내가 저 여자보다 더 잘하고 있는 게 확실해. 그런데 **저 여자**가 **나**보다 낫다고 생각해야 해?" 그래서 그들은 속이기로 결심한다. "나는 그냥 그녀가 나보다 낫다고 **말해야**겠다." 어떻게 우리는 진심으로 나보다 다른 사람을 더 낫게 생각하는 법을 배울 수 있을까?

바울이 실천한 방법은 고린도전서 2:2에 나와 있다. "내가 너희 중에서 예수 그리스도와 그가 십자가에 못 박히신 것 외에는 아무것도 알지 아니하기로 작정하였음이라." 내가 여러분 안에 계신 그리스도가 무엇을 행하실 수 있는지를 볼 때, 나는 나 자신보다 여러분이 더 낫다고 생각할 수 있게 된다. 그리고 내가 하나님을 사랑하고 경배하는 마음에 사로잡히고, 나의 이웃이 하나님의 자녀이기 때문에 그들을 사랑하는 마음에 사로잡히면, 나는 나 자신에 대해 전혀 생각하지 않게 될 것이다. 특히 하나님이 나를 항상 생각하시고 돌보신다는 것을 알고 있을 때 더욱 그렇게 될 수 있다.

다른 사람을 낮게 보는 것은 절박한 전략이다. 기도하던 그 바리새인은 다른 사람을 깎아내림으로써 자신을 안전하게 만들려고 했다. 슬프게도, 서로를 헐뜯는 것이 정상적인 삶의 방식이 되어 있다. "그 친구는 좋은 사람이야"라는 말을 들으면 나는 덜컥 두려운 마음이 든다. 보통 다음에 이어지는 말은 "하지만 그 친구의 문제점에는 이런저런 것들이 있어"이기 때문이다. 물론 판단을 내려야 할 때도 있을 것이다. 그러나 사랑과 겸손의 교제 안에는 정죄함이 들어설 자리가 없다.

어린아이 같은 마음

예수님은 겸손에 관한 이 비유를 강조하기 위해 어린아이 같은 마음이 천국에 들어가는 데 필요한 태도임을 예를 들어 보여주셨다.

> 사람들이 예수께서 만져 주심을 바라고 자기 어린 아기를 데리고 오매 제자들이 보고 꾸짖거늘 예수께서 그 어린아이들을 불러 가까이 하시고 이르시되 어린아이들이 내게 오는 것을 용납하고 금하지 말라. 하나님의 나라가 이런 자의 것이니라. 내가 진실로 너희에게 이르노니 누구든지 하나님의 나라를 어린아이와 같이 받아들이지 않는 자는 결단코 거기 들어가지 못하리라 하시니라(눅 18:15-17).

어린아이는 끈기와 겸손에 뛰어나다. 아이들은 넘어져도 일어나서 다시 시도한다. 아이들은 옹알이를 계속하면서 말하는 법을 배운다. 어린아이들이 성장할 때는 마치 무한한 능력을 가진 것처럼 겸손하게 끈기를 발휘하며, 무언가를 배우고 포기하지 않는다.

겸손한 사람은 용서하는 능력에서 어린아이와 같다. 어린아이는 (적어도 충분히 연습하기 전까지는) 원한을 품을 수 없다. 한 아이가 이렇게 말한다. "나는 다시는 지미와 놀지 않을 거야. 절대로! 난 지미가 **미워!**" 5분 후 아이는 창밖으로 지미를 바라보고, 또 몇 분 더 있다가는 지미에게 줄 수 있는 것이 무엇인지 생각한다. '이 과자가 어떨까?' 그리고 곧 아이들은 다시 놀기 시작하고 모든 것을 잊는다.

어린아이들의 겸손은 '체면 차리기'를 생각할 필요가 없는 모습에서 드러난다. 체면 차리기는 겉모습을 보호하는 장치다. 어른들은 주변 사람들에게 자신을 잘 보이기 위해 스스로 만든 겉모습을 지키려고 체면 차리기를 한다. 어린아이에게는 아직 그렇게 보호해야 할 겉모습이 없다. 이러한 종류의 정직함, 즉 모든 가식을 벗어던지고 있는 그대로의 모습이 되면, 정직하고 연약한 부드러운 마음을 가질 수 있다.

이런 개념은 또한 마태복음에서도 나타나는데, 예수님은 어린아이를 불러 제자들과 나란히 세우고 이렇게 말씀하셨다.

> 진실로 너희에게 이르노니 너희가 돌이켜 어린아이들과 같이 되지 아니하면 결단코 천국에 들어가지 못하리라. 그러므로 누구든지 이 어린아이와 같이 자기를 낮추는 사람이 천국에서 큰 자니라(마 18:3-4).

우리가 어린아이처럼 겸손하게 되어 하늘들의 나라에서 큰 자가 되려면, 우리는 자신이 유능하며 스스로 자신의 삶을 잘 관리할 수 있다고 생각하는 일반적인 태도로부터 돌아서야 한다. 어린아이는 자신이 무방비 상태이므로, 또한 신체적·영적으로 연약하기 때문에 어쩔 수 없이 주위 사람들에게 인도와 보호와 도움을 요청할 수밖에 없다. 하나님의 통치 안에서 자신의 자리를 이해할 때, 우리는 자연스럽게 하나님의 강력한 손 아래 자신을 낮추고 우리를 돌보시는 그분께 의지하게 된다.

'당연한 기대'(presumption)는 어린아이의 겸손의 또 다른 측면이다. 아이들은 타인으로부터 관심을 받을 것을, 심지어 애정을 받을 것을 당연히 기대한다. 우리는 일반적으로 사람들이 서로에 대해 당연한 기대를 하는 것을 부정적으로 경험했기 때문에, 당연한 기대를 부정적인 것으로 생각한다. 하지만 아직 자신의 존재를 정당화할 필요가 없다고 느끼는 어린아이들은, 자신이 사랑받을 것이며 받아들여질 것이라는 확신을 가지고 산다. 대기실에 앉아 있는데 한 아이가 당신에게 다가온다고 생각해 보라. 이 조그만 아이가 당신에게 말을 걸기 시작한다. 그리고 손을 뻗어 당신의 셔츠에 초콜릿을 묻히려고 한다. 아이는 당신의 허락도 구하지 않고 당신이 기쁨으로 자신의 관심을 받아주기를 전적으로 기대한다.

당연한 기대는 멋진 일이 될 수 있다. 그것은 이렇게 말한다. "내가 여기 있어요. 나는 당신이 주목할 만한 사람이에요!" 자신이 가치 있는 존재라는 감각을 빼앗기지 않은 아이들은 편안하고 신뢰하며 자발적으로 행동할 수 있다. 하지만 그들은 성장하면서 자신의 가치를 방어하고 입증해야만 한다는 것을 배우게 되며, 더 이상 자신이 사랑받고 인정받을 것이라는 당연한 기대를 품고 살지 않게 된다. 우리 중 많은 사람들이 이런 영역에서 자신과 하나님에 대해 배워야 할 (그리고 배운 것을 잊어버려야 할) 것이 많다.

끈기에는 연습이 필요하다

용서, 섬김, 기도, 겸손에서 우리는 의식적으로 끈기를 실천해야 하며, 사도 바울과 같은 경주에 참여하려면 의도적으로 끈기를 길러야 한다(고전 9:24-27). 자유롭게 용서하고, 전심으로 봉사하며, 쉬지 않고 기도하고, 어린아이처럼 겸손하게 다른 사람을 나보다 낫게 여기려는 우리의 끈기 있는 노력은 하나님에 대한 믿음과 신뢰와 의존을 더하여 줄 것이다. 우리가 진지하게 숙고할 필요가 있는 부분은, 우리가 어떻게 이러한 삶의 방식을 경험하고 하나님의 은혜를 받으며 그의 나라 안에서 풍성한 삶을 살 수 있는가 하는 것이다.

당신은 이것을 위해 자신을 훈련할 수 있다. 이 훈련을 시작하려면, 일상의 반복되는 일정 안에 몇 가지 특별한 장치를 마련해 두는 것이 좋다. 이를 통해 용서하고, 봉사하고, 기도하고, 겸손히 어린아이처럼 하나님을 의지하며 사는 것을 기억할 수 있다. 예를 들어, 커피 포트나 욕실 거울에 아침 기도를 상기시켜 주는 표시를 붙일 수 있다. 하나님은 가정과 직장의 상황에 맞는 맞춤형 습관을 개발하도록 인도하실 것이다.

핵심은 단순하다. 삶에서 늘 행하는 단순한 일들과 당신이 개발하기 원하는 실천을 결합하여 습관을 바꾸어 나가는 것이다. 끈기를 발휘한다면, 모든 것이 변화하기 시작할 것이다. 그리고 당신은 하나님이 믿음을 더하시는 선물을 주심을 발견할 것이다.

하나님 나라에 관한 요점 정리

- 용서, 봉사, 기도, 겸손에서 끈기를 발휘하는 것은 하나님 나라

에서 열매 맺는 삶을 위한 전제 조건이다.

- 하나님 나라에서 봉사를 행하는 방법은, 하나님을 사랑하며 하나님과 연결된 마음을 가지는 것, 앞으로 나설 준비가 되어 있는 것, 바로 다음 상황에서 올바른 일을 행하는 것이다.
- 우리는 하나님과 맺은 사랑의 관계를 떠올리며 기도해야 한다. 우리의 믿음이 자람에 따라 하나님께 기도하고 하나님과 대화하고자 하는 우리의 열망도 커진다. 기도할 때 우리는 하나님과 협력하며 일하는 관계 안으로 들어가며, 그 자리에서 우리 자신도 변화에 열려 있게 된다.
- 겸손은 우리 자신만 신뢰하는 것을 멈추고 하나님을 의지할 수 있게 해준다.

15장

긍휼을 따라 행하다

어떤 멸시받던 사마리아 사람이 지나가다가 그 사람을 보았는데, 그에게 긍휼한 마음이 들었다. _누가복음 10:33, NLT

선한 사마리아인의 비유는 하나님 나라의 말씀이 어떤 모습으로 작용하는지 보여준다. 나는 이 비유가 예수님의 가장 위대한 비유라고 말하고 싶은 유혹을 받지만, 그렇다고 그 주장을 굳이 옹호하지는 않겠다. 우리의 공부를 이 비유로 마무리하는 것은 매우 적절한 듯하다. 이 비유는 모든 사람을 환영하는 하나님 나라 안에서 사는 것이 무엇을 의미하는지를 가장 구체적으로 나타내 주기 때문이다. 여러 면에서 이 비유는 예수님이 선포하신 하나님 나라 메시지와 그 나라를 실제적으로 살아 내는 것의 의미를 온전히 담고 있다.

이 비유는 성경에서 가장 오래된 메시지 중 하나인 타인에 대한 책임에 대해 가르친다. 하나님이 가인에게 오셔서 말씀하셨다. "네 아우 아벨이 어디 있느냐." 가인은 이렇게 대답했다. "내가 내 아우를 지키는 자니이까"(창 4:9). 가인이 이렇게 대답한 이유는, 자신이 실제로 동생을 지켜야 할 사람임을 알고 있었기 때문이다. 그는 자신이 동생에 대해 책임이 있다는 사실을 알고 있었다. 우리 역시 우리의 삶에 다른 사람에 대한 책임이 있음을 알고 있다. 우리 삶에는 다른 사람에 대한 책임이 있다.

우리는 하나님 나라 말씀의 여러 측면을 공부했다. 씨앗으로서의 말씀, 생명으로서의 말씀, 원리로서의 말씀 등이다. 그러나 이제는 그 말씀의 **실제적인** 측면을 보려 하는데, '이웃'이라는 한 단어에 초점을 맞추어 설명하겠다. 영어 단어 'neighbor'(이웃)는 흥미로운 단어로, 중세 영어 'neigh-boor'로부터 유래했다. 당시에 'boor/bor'는 농부나 시골 사람을 뜻하는 단어였다. 이 용어는 당신과 가까운(neigh: nigh/near) 사람(bor)을 나타낸다.

예수님 당시의 문화에서 이웃을 두는 것은 책임감이 따르는 일이었다. 그리고 우리 시대에도, 적어도 사회 보장 제도나 의료 보험과 같은 정부 도움을 의존하게 되기 전에는, 응급 상황에서 911에 전화할 수 있게 되기 전에는, 사람들은 서로에게 의지해 왔고 자기 주변에 있는 사람들을 돌보아 주었다. 그들은 서로가 필요했고 서로를 돌보았다.

모든 언어에는 'neighbor'와 같은 단어가 있는데, 가까운 곳에 있고 어느 정도의 책임을 지는 사람이라는 의미를 담고 있다. 오늘날 우리가 사는 세상에서 내 이웃이 누구인지는 주로 나에게 달려 있다. 내 이웃의 대부분은 내가 특별한 방식으로 관심을 기울이고, 내 삶에 밀접하게 관여된 사람들이다. 가장 친밀한 이웃은 가족 구성원이다. 우리는 종종 가족을 이웃이라고 생각하지 않으며, 결과적으로 매우 자주 가족을 무시하고 긍휼을 베풀지 않게 된다. 그러나 우리는 그들로부터 시작하여 바깥쪽으로 나아가야 한다.

우리의 이웃은 우리가 도움이 될 만한 일을 해줄 수 있는 사람들이다. 우리 시대에는 지구 반대편에 있는 사람들까지도 도울 수 있다. 우리는 굶주린 아이들을 먹이고 선교 활동을 지원한다. 그러나 세상의 타락한 환경 때문에 절망하고, 다른 사람들에 대한 우리의 책임을 부인하고 싶은 큰 유혹이 따른다. 왜냐하면 필요로 하는 이들은 많으나 모든 사람을 효과적으로 도울 수는 없기 때문이다. 타인에 대한 우리의 책임을 잘못 이해하면 무력감과 절망감을 느낄 수 있다. 우리는 모든 사람을 도울 수 없다. 그것은 오직 하나님만 하실 수 있는 일이지만, 우리 각자는 어떤 식으로든 도와야 할 책임이 있다.

우리는 또한 다른 사람을 돕는 대신, 비유에 나오는 제사장이나 레위인처럼 종교 활동을 하는 데 만족하고 싶은 유혹을 받기도 한다. 이 영향력 있는 지도자들은 곤경에 처한 사람을 돕지 않았는데, 그 이유는 그렇게 하지 않아도 괜찮다고 생각했기 때문이다. 그들의 마음속에 있는 무언가가 '내가 외면하고 돕지 않아도 괜찮아'라는 믿음을 가지게 했다. 자신들의 종교적 신분을 핑계로 삼는 그들 때문에 예수님은 의도적으로 그 이야기 속에 특정한 종교적 역할을 하는 인물들을 삽입하신 것으로 보인다. 그들은 그들의 의를 다른 곳에 간직했다. 말하자면, 다른 쪽 주머니 안에 숨겨 두고 있었던 것이다. 그들은 도움이 필요한 사람을 보면 그 주머니를 확인하고 '그래, 괜찮아'라고 생각한 후 즉시 자기 갈 길을 가버렸다.

평범한 사람들이 세상을 변화시킨다

제자들이 하나님 나라의 능력으로 사람들을 치유한 후 예수님은 그들과 대화하면서 이 비유를 들려주셨다(눅 10:1-23). 예수님은 이러한 치유 행위들을 매우 놀랍게 여기시며 "사탄이 하늘로부터 번개같이 떨어지는 것을 내가 보았노라"(눅 10:18)고 외치셨다. 이 일은 예수님이 온 세상에 복음을 전하는 것에 관한 한 가지 계획을 마음속에 확고히 하시는 계기가 되었다. 그는 어부와 세리 등 평범한 사람들에게 헌신하셨고, 그들이 하나님 나라의 **능력**을 발휘함으로써 승리하게 된 것을 아셨다. 이것은 우리의 비유와 무관하지 않다. 힘이 부족하면 절망을 느낄 수 있다고 내가 언급했던 것을 기억하라.

> 제자들을 돌아보시며 조용히 이르시되 너희가 보는 것을 보는 눈은 복이 있도다. 내가 너희에게 말하노니 많은 선지자와 임금이 너희가 보는 바를 보고자 하였으되 보지 못하였으며 너희가 듣는 바를 듣고자 하였으되 듣지 못하였느니라(눅 10:23-24).

예수님이 축하의 시간을 보내시던 중에 한 율법교사가 예수님께 질문을 던졌다. 율법교사는 그 사회에서 종교인이자 공적인 인물로서 큰 권력을 가진 사람이다. 복음서에서는 주로 율법에 관한 글을 쓰는 서기관으로 등장한다. 율법은 유대 문화의 중심이었기 때문에 율법을 연구하는 사람들은 큰 권위와 권력이 따르는 지위에 있었다.

나는 이 율법교사가 예수님이 말씀하신 것을 생각하면서 많은 질문을 마음속에 떠올렸으리라고 상상한다. 그는 주로 자신과 같은 사람들이 특별히 복 받은 자들이라고 믿었기 때문이다. 그러나 그는 어부, 상인, 농부 등의 잡다한 무리가 파송 사역을 마치고 돌아와서 "주님, 우리가 주님 나라의 권세를 행사했습니다!"라고 말하는 것을 보았다.

사람들은 이미 알고 있다

율법교사는 이 평범한 사람들이 하나님 나라의 능력을 행사하는 것이 불쾌했고, 자신의 지위가 의심받는 것처럼 느꼈다. 그는 긴장하며 이렇게 생각했을 것이다. '잠깐만, 이게 도대체 뭐지?' 그는 공격적인 태도로 예수님을 시험하면서, 예수님이 자신이 건네는 말의 의미를 알고 있는지 확인한 뒤 예수님이 틀렸다는 것을 증명하고자 했다.

선생님, 내가 무엇을 하여야 영생을 얻으리이까. 예수께서 이르시되 율법에 무엇이라 기록되었으며 네가 어떻게 읽느냐(눅 10:25-26).

예수님은 율법교사가 이미 알고 있다고 생각하시고, 그 내용들을 암시하며 그에게 대답하신 것이다. "너는 율법교사이니 네가 내게 말해 보아라. 영생을 얻기 위해 너는 무엇을 하고 있느냐?"

예수님은 어떤 논쟁을 시작할 필요가 없으셨기에 단순히 그가 이미 알고 있는 것을 그에게 물으셨다. 증거와 가르침에서 흥미로운 부분은, 대부분의 사람들이 알아야 할 것을 이미 알고 있다는 것이다. 그들은 답을 어느 정도 이미 알고 있다. 좀 더 명확히 하거나 확인을 받거나 예시를 필요로 하는 부분이 있기도 하지만, 기본적으로는 알고 있다.

이것과 동일한 개념이 정죄에도 적용된다. 우리는 누군가를 정죄할 필요가 거의 없는데, 그들이 스스로를 이미 정죄하고 있기 때문이다. 사람들은 자신이 잘못한 일들을 이미 알고 있다. 예수님은 "내가 세상에 온 것은 정죄하기 위한 것이 아니다"(요 3:17, 저자 사역)라고 말씀하셨다. 당신이 누군가를 정죄하려 했는데 그들이 다소 격렬하게 반응한다면, 그것은 대개 자기 스스로의 가혹한 비판으로 인해 이미 아픈 부분을 건드렸기 때문이다.

따라서 세상은 더 이상의 비난이 필요하지 않다. 그리고 비난의 대부분은, 우리가 진짜로 옳은 것을 알고 올바른 길을 간다는 것을 모두에게 알리고자 하는 자기 의의 표현일 뿐이다. 때로는 그들이 해야 할 일에 대한 부드러운 말 한마디가 필요하다. 만일 정죄가 우리의 역할이라면, 우리는 도움을 주고자 하는 마음과 단호한 태도로 말해야 한다.

여기서 그 율법교사는 자신의 질문에 답했다.

대답하여 이르되 네 마음을 다하며 목숨을 다하며 힘을 다하며 뜻을 다하여 주 너의 하나님을 사랑하고 또한 네 이웃을 네 자신같이 사랑하라 하였나이다. 예수께서 이르시되 네 대답이 옳도다. 이를 행하라. 그러면 살리라 하시니(눅 10:27-28).

율법교사는 정답을 말한 뒤 불편한 마음을 느끼기 시작했다. 그는 자신의 입으로 자신을 정죄한 것이다. 율법교사는 자신이 이웃을 사랑하지 않았음을 마음속으로 알고 있었다. 그는 자신의 입으로 말한 "네 이웃을 네 자신같이 사랑하라"는 말씀을 듣고 자신이 사랑하지 않는 사람을 **생각했을** 것이다. 그래서 그는 즉시 영리한 질문을 생각해냈다. (이것이 교육의 유용한 점이다. 즉 곤란한 것은 회피하고 영리한 질문을 하는 법을 가르쳐 준다.) 율법교사는 이렇게 물었다. "내 이웃이 누구니이까"(눅 10:29). 아마도 그 질문에 대해 생각할 시간이 예수님께 필요하리라고 그는 생각했을 것이다.

예수님의 대답은 비유가 작동하는 방식을 보여주는 완벽한 예다. 왜냐하면 예수님은 이 질문을 들으셨을 때, **이웃**이라는 단어를 정의하거나, 그 율법교사의 이웃이 누구인지 목록을 제시하지 않으셨기 때문이다. 대신에 예수님은 이 흥미로운 이야기를 통해 그가 하나님 나라를 탐험할 수 있도록 도와주셨다. 이 이야기는 "내 이웃은 누구인가?"에서 "나는 누구의 이웃이 **될** 것인가?"로 질문을 바꾸었다. "내 이웃은 누구인가?"라는 질문은 잘못된 질문이다. 이 질문에 대한 토론과 논의는 끝이 없을 것이기 때문이다. 하나님 나라의 질문은 "당신은 누구의 이웃이 되겠는가?"다.

내 이웃을 나 자신같이 사랑하는 것은, 이웃이 누구인지 파악하고 목록을 만든 다음에 그 사람들을 찾아가서 사랑하는 과제를 수행하는 것이 아니다. 그것은 능동적인 사랑이며, 우리는 항상 주의를 기울이고 깨어 있어야 한다. 왜냐하면 우리가 다음에 만나는 사람이, 우리가 비록 한 번도 본 적 없고 우리와는 전혀 다른 사람이지만 이웃이 되기로 선택해야 할 사람일 수 있기 때문이다. 이것은 이웃이 되는 행위에 중점을 둔다. 이웃이 되는 것은 하나님 나라에서는 하나의 기회다.

함께 고통받다(com-passion)

누군가의 이웃이 되려면 통찰력과 이해력과 힘은 물론 그 사마리아인이 가졌던 놀라운 자질인 긍휼(compassion)이 필요하다. 영어 단어 'compassion'은 헬라어 '심파테이아'(*sympatheia*)에 대응하는 라틴어 단어에서 유래했으며, '심파테이아'로부터 "함께 고통받다, 함께 느끼다"라는 뜻의 또 다른 영어 단어 '심퍼티'(sympathy)가 생겨났다. 그 사마리아인은 다른 사람과 함께 고통받고, 다른 사람과 함께 느끼고, 자신이 긍휼을 발휘하도록 허용할 수 있는 능력을 지니고 있었다. 이야기 속에서 우리가 만나는 다른 두 사람은 그것을 행할 수 없었다.

긍휼의 사람은 다른 사람의 괴로움을 느끼고, 다른 사람의 고통에 의해 마음이 움직이는 사람이다. 그러기 위해서는 인격적인 강인함뿐만 아니라 행동하는 지혜가 필요하다. 당신의 이웃을 당신 자신처럼 사랑하는 것은, 일차적으로 당신이 어떤 존재인가의 문제이지 당신이 무엇을 하기로 결심하느냐의 문제가 아니다.

당신의 이웃을 당신 자신처럼 사랑하려면, 먼저 사랑이 무엇인지 이해해야 하고, 또 **자신이 하나님으로부터 넘치도록 풍성한 사랑을 받으며 모든 것을 공급받는다는 것**을 이해해야 한다. 그 사랑과 공급을 알기 때문에 당신은 이웃을 불쌍히 여기는 긍휼과 자비의 사람이 되기로 헌신할 수 있다. 이것이 바로 가장 큰 계명에서 먼저 하나님을 사랑한 다음 이웃을 사랑하라고 명령하는 이유다. 이 두 계명은 동떨어진 명령이 아니라 두 가지 측면을 가진 하나의 계명이다. 이 점은 하나님으로부터 용서받고 다른 사람을 용서하라는 가르침과 유사하다.

사람들에 대해 자비와 긍휼의 마음을 갖는 것은, 이웃을 사랑하는 법을 배우는 일의 중요한 요소 중 하나다. 이웃을 사랑하지 않는 사람은 대개 이웃에게 지나치게 가혹하다. 우리는 사람들을 가혹하게 대하는 대신 그들이 어려운 상황에 직면했을 때 어떤 감정을 느끼고 있을지에 주의를 기울이기로 결심해야 한다. 이것이 바로 긍휼한 마음을 갖는 것이다.

당신이 여유를 가지고 긍휼을 베풀 수 있는 경우는, 풍부한 긍휼을 공급해 주며 그럴 만한 적절한 수단을 가진 존재가 당신에게도 있다는 것을 알고 있을 때다. 그런 존재는 일차적으로 하나님이시다. "우리가 사랑함은 그가 먼저 우리를 사랑하셨음이라"(요일 4:19).

긍휼의 사람이 되기로 헌신할 때는 단순히 사람들을 기쁘게 하는 사람이 되기보다 자신의 지성을 사용해야만 한다. 자신이 가진 자원을 살펴보고 현명한 결정을 내려야 한다. 사마리아인이 행한 일은 그를 파산시킬 정도의 일은 분명 아니었다. 그는 여관 주인에게 "비용이 더 들면 내가 돌아올 때에 갚으리라"(눅 10:35)고 했다. 당신은 반드시 당신 자신을 고려해야 한다. '이 사람을 돕더라도 나는 내 생활과 다른 사람과의 관계를 계속 이어 갈 수 있을까?'

우리는 긍휼을 베풀 때, 그 과정에서 주님과 대화해야 한다. 분명히 하나님이 하실 말씀이 있으실 것이기 때문이다. 주님이 사실상 "네가 판단해라"고 하실 때도 있을 것이다. 우리가 누군가를 위해 행동하기 위해 우리 자신이 지저분하고 취약한 상황에 처할 가능성까지 열어 두어야 할 때는, 어느 정도까지 친밀하게 관여해야 할지, 그것이 우리의 더 큰 책임들에 어떤 영향을 미칠 수 있는지를 신중하게 판단해야 한다.

다른 사람의 삶에 친밀하게 관여하는 것이 오래 지속되는 관계로 이어지지 않을 수도 있다. 하지만 이러한 관여는 일상적인 삶의 사건들 속에서 드러날 것이다. 그 사마리아인은 단지 같은 길 위에 있었다는 이유만으로 폭력 피해자의 상황에 친밀하게 개입하게 되었고, 그에 따라 적절히 대응했다. 그 사마리아인과 상처 입은 사람이 이 상황 속에 함께 있게 되었을 때, 사마리아인은 '저 사람을 내 이웃으로 만들어야겠다'고 생각한 것처럼 보인다. 그리고 그는 실제로 그렇게 했다.

그래서 예수님이 들려주신 이야기

> 예수께서 대답하여 이르시되 어떤 사람이 예루살렘에서 여리고로 내려가다가(눅 10:30).

이 묘사를 통해 우리는 이 사람이 유대인이자 예루살렘 주민임을 알게 된다. 예수님의 청중은 제사장과 레위인이 이 사람에게 관심을 갖고 호의적으로 대하리라고 기대할 것이다. 다시 말해 이 사람은 적어도 **공간적** 의미에서 이웃이었다. 사실상 예수님은 그들의 이웃 중 한 사람이 예루살렘에서 여리고로 내려갔다고 말씀하시는 것이다.

> 강도를 만나매 강도들이 그 옷을 벗기고 때려 거의 죽은 것을 버리고 갔더라(눅 10:30).

장면을 그려 보기 위해 당신이 구불구불하고 위험한 내리막길을 운전하고 있다고 상상해 보라. (오늘날 예루살렘에서 여리고로 가는 도로도 그렇게 생겼다.) 그런데 도로 옆에 사람처럼 생긴 무언가가 눈에 띄었다. 사람이 아니면 그저 박스일 수도 있다. (성경을 읽을 때 세부 사항들을 상상해 보면 실제로 무슨 일이 있었는지 이해하는 데 도움이 된다.)

> 마침 한 제사장이 그 길로 내려가다가 그를 보고 피하여 지나가고(눅 10:31).

그 제사장이 무슨 생각을 하고 있었는지는 알 수 없지만, 그는 멈춰 서서 보려고 하지 않았다. 우리가 어릴 때부터 배우게 되는 요령 중 하나는 바라보지 않는 것이다. 왜냐하면 바라보게 되면 어떤 책임감을 느낄 수 있기 때문이다. 마치 무언가를 요청할 듯한 사람이 길모퉁이에 보이면, 고개를 돌려 다른 것에 집중하는 것과도 같다. 아마도 그 제사장은 강도의 다음 희생자가 되고 싶지 않았을 것이다. 그는 성경 구절을 외우면서 '나는 성경 외우는 데 집중해야 해. 한눈팔면 안 돼'라고 생각했을 수도 있다. 그 생각이 잠깐 머릿속을 스쳐 지나갔을 때, 이미 그곳을 한참 지나 길가의 사람은 시야에서 사라져 버렸다.

예수님이 첫 번째와 두 번째의 행인으로 두 명의 종교 지도자를 선택하신 것에는 종교적 삶에 대해 뭔가를 말씀하시려는 의도가 있었던 듯하다. 아마도 그 당시 사람들은, 제사장이 사람들을 돕는 일보다 더 중요한 일을 해야 한다고 생각했을 것이다. 무의식적으로 우리는, 영적인 지도자 위치에 있는 사람이라면 누구든 너무 바빠서 잠시 멈추어 서서 다른 사람을 도울 수 없을 것이라고 생각한다. 경건 생활과 교회 활동이 도움이 필요한 사람을 돕는 것보다 더 중요하다고 생각하는 것이다. 하지만 우리의 종교적 관행이 사람들의 필요를 보지 못하게 만든다면, 그러한 관행은 올무가 되고 있는 것이다.

> 또 이와 같이 한 레위인도 그곳에 이르러 그를 살펴보고 피하여 지나가되(눅 10:32, NKJV).

레위인은 실제로 그를 **살펴보았다**(looked). 무엇보다도 레위인은 제사장의 직무를 돕는 사람이었기에 살펴보는 행위는 그의 지위와 잘 어울리는 행동이다. 그는 앞에 서는 사람이 아니라 무대를 설치하고 의자를 꺼내 놓고 음향 장비를 배치하는 사람이었다. 그래서 예수님은 레위인이 살펴보았다고 묘사했지만, 결과는 다르지 않았다.

여기서 우리는 제사장은 속도도 늦추지 않았지만, 적어도 레위인은 잠시 정지했거나 아예 멈췄을 수도 있었음을 알 수 있다. 하지만 두 사람 모두 심하게 구타당한 사람 근처까지는 가지 않았다. 유대인의 종교에서 매우 중요한 한 가지는 어떤 대가를 치르더라도 병든 사람이나 죽은 사람을 만짐으로써 부정하게 되는 것을 피하는 것이었다. 아마도 제사장과 레위인은 그 사람이 죽었다고 상상하고 그를 만지면 며칠 동안 직무를 수행할 수 없으리라고 생각했을 것이다. 그 제사장은 전도 집회를 위해 여리고로 가고 있었고, 레위인은 제사장을 돕기 위해 가는 길이었을 수도 있다. 레위인이 의식적 부정함을 일으킬 행동을 한다면 제사장을 도울 수 없게 될 것이다.

제사장과 레위인이 이 사람을 돕지 않은 데에는 그들이 생각하기에 마땅한 이유가 있었다. 그것을 보지 못하면 우리는 예수님의 가르침을 이해할 수 없다. 예수님은 그들을 나쁘게 보이게 하거나 사마리아인을 영적 영웅처럼 보이게 하려고 하지 않으셨다. 이 부분에서 우리는 아주 조심스럽게 본문을 해석해야 한다. 예수님은 그 사마리아인을 '선한' 사마리아인이라고 하시지 않고 단지 '어떤 사마리아인'이라고 부르셨는데, 여기에는 여러 가지 복잡한 함의가 담겨 있다.

정치적으로 올바르지 않음

이 비유를 예수님 당시의 상황 속에서 이해하려면 '사마리아인'

이라는 용어가 주는 불쾌감을 인식해야 한다. 요한복음 8:31-59에는 예수님과 "[그]를 믿은 유대인들"(31절) 사이의 가장 격렬한 대화 중 하나가 기록되어 있다. 이 대화 중에 혈통과 의로움, 적합성에 대한 뜨거운 논쟁이 일어났다. 이 싸움은 결국 인신공격으로까지 치달았다. 유대인들은 자신들을 "아브라함의 자손"이라고 주장했고, 이에 예수님은 "너희는 너희 아비 마귀에게서 났"다고 응답하셨다(요 8:33, 44). 예수님은 그들이 하나님의 말씀을 듣지 못한 이유를 "너희는 하나님께 속하지 아니하였음"이라고 하셨고, 이에 대해 그들은 "우리가 너를 사마리아 사람이라 또는 귀신이 들렸다 하는 말이 옳지 아니하냐"(요 8:47-48)고 응답했다.

당시 유대인을 사마리아인이라고 부르는 것은 가장 모욕적인 말이었다. 이와 같은 충격과 혐오감을 불러일으키는 오늘날의 표현을 찾기가 어려울 정도다. 따라서 사마리아인이 유대인을 돕는 이야기는 끔찍하고 불쾌했을 것이다. 마찬가지로 예수님이 사마리아인 여인과 대화하거나 사마리아인 나병환자를 고치는 장면을 목격하는 것도 놀라운 일이었을 것이다(요 4:5-42; 눅 17:11-16). 예수님은 사마리아인은 선할 수 없다는 생각을 깨뜨리기 위해 자신의 사역에 주기적으로 사마리아인을 참여시키셨다.

멸시받는 사마리아인을 본보기로 삼아 이야기를 들려주신 의도는, 청중의 지배적인 문화적 신념에 지진과 같은 충격을 주시려는 데 있다. 아마도 이것은 예수님의 비유 중 가장 큰 논란을 불러일으킨 비유였을 것이다. 이 사마리아인과 유대인의 관계에 대응할 만한 현대적인 예를 든다면, 나치와 유대인, 오스만 제국과 아르메니아인, 제국주의 일본인과 중국인, 후투족과 투치족 등이 있을 것이다.

'사마리아인'이라는 용어는 북이스라엘의 열 지파가 이스라엘인이 아닌 사람들과 통혼한 시절로부터 유래했다. 그 결과, 순혈 유대인은 이 혼혈 계보를 가진 사람들에게 혐오감을 느꼈다. 거룩함을 중시한 유대인들은 절기를 지키려고 예루살렘에 갈 때에도 사마리아를 지나지 않고 요단강을 건너 반대편으로 다님으로써 사마리아인과 접촉하지 않으려 했다.

예수님이 사마리아인을 이야기에 포함시킨 이유는 유대인의 종교가 그들을 어떻게 눈멀게 했는지를 깊이 인식하셨기 때문이다.

> 어떤 사마리아 사람은 여행하는 중 거기 이르러 그를 보고 불쌍히 여겨(눅 10:33).

"어떤 사마리아 사람"이 다가와서 보았다. 그리고 보았을 때 그는 **느꼈다**. 그는 고통의 자리에 있는 그 사람을 긍휼히 여겼다. 우리는 다른 사람의 입장이 되어 보기 어려울 때가 종종 있다. 특히 그들이 우리와 다른 사람일 때는 더욱 그러하다. 우리와 같은 사람일 때는 동일시하기가 그나마 쉽다. 우리는 다른 사람들에게 긍휼한 마음을 가지도록, 나와 다른 사람들에 대한 무관심을 없애도록 자신을 훈련할 수 있다.

다른 사람들이 우리와 많은 감정을 동일하게 경험한다는 사실을 믿기 어려울 때가 종종 있다. 다른 인종이나 타 문화의 구성원인 경우, 우리는 그들이 우리와 같은 감정, 미덕 또는 성격을 갖고 있을 것이라 상상하기가 어려울 수 있다. 따라서 그들이 심하게 상처받은 것을 보고도, 쉽게 동일시하거나 긍휼한 마음을 느끼지 못한다.

기꺼이 들어가고자 하는 마음

예수님의 위대한 점 중 하나는, 모든 사람에게 긍휼을 나타내셨다는 것이다. 복음서를 읽다 보면, 우리는 다양한 사회적·인종적·문화적 배경을 가진 사람들에 대한 예수님의 긍휼을 반복해서 볼 수 있다. 예수님은 주로 자신을 받아들일 준비가 되어 있었던 유대 민족에게 초점을 맞추셨지만, 그들 외에도 만나는 모든 사람을 돌보셨다. 예수님은 그들의 고통을 직관적으로 느끼셨고, 하나님 나라 복음은 모든 사람에게 열려 있다는 것을 알고 계셨다.

우리의 영적 삶의 근본적인 시금석은, 나와는 다른 사람들을 얼마나 깊이 공감할 수 있는가다. 예수님의 위대한 계명인 "남에게 대접을 받고자 하는 대로 너희도 남을 대접하라"(마 7:12)는 말씀은, 우리가 다른 사람이 느끼는 것을 느낄 수 있기 전까지는 실제적인 의미가 없다. 우리가 그 입장이라면 무엇을 바랄지를 생각해 봄으로써, 그들이 우리에게 바라는 바를 어느 정도 짐작할 수 있다. 그 사마리아 사람의 핵심 속성은 다른 사람들과 함께 느낄 수 있었다는 것이다. 그는 자신의 종교나 의로움에 지나치게 얽매여 있지 않았기에 시간을 내어 살펴보고 도울 시간을 가질 수 있었다. 그의 마음과 손은 긍휼을 향해 열려 있었다.

월드비전을 설립한 밥 피어스는 "하나님의 마음을 아프게 하는 일들로 인해 내 마음이 아프게 하소서"라고 종종 기도했다.[1] 이 기도는 우리가 다른 사람들과 자신을 동일시하고, 그들과 함께 느끼고, 그들의 입장이 되어 보고, 그들과 같은 처지에서 행하는 것이 어떨지 상상하도록 도와준다. 그리스도의 마음과 생각을 나눈다는 것은, 그가 하셨듯이 사람들과 상황에 대해 느낄 준비를 하고 있다는 것이다. 만일 우리가 그렇게 한다면, 우리는 지금보다 훨씬 더 많이 울게 될 것이다. 또한 지금보다 훨씬 더 많이 웃게 될 수도 있다.

"즐거워하는 자들과 함께 즐거워하고 우는 자들과 함께 울라"(롬 12:15)는 권고는 다른 사람들을 위한 감정을 느낄 수 있어야 함을 강조한다. 바울은 "누군가가 기뻐하는 모습을 발견하면 '주님을 찬양합니다'라고 말하고, 우는 모습을 보면 그럴 기분이 아니더라도 약간 눈물을 흘리시오"라고 말하지 않았다. 그는 "가식적으로 행동하라"고 한 것이 아니라 "그들의 기쁨 속으로 들어가고, 그들의 슬픔 속으로 들어가라"고 한 것이다. 그 사마리아인은 다른 사람의 상황으로 들어갈 수 있는 능력이 있었으며, 이것은 하나님께서 우리에게 주실 수 있는 큰 선물이다.

'들어간다'는 생각은 우리를 주춤하게 하고 망설이게 하며 심지어 두려워하게 만들 수도 있다. 우리는 지나가다 마주친 모든 사람과 깊은 감정을 나눌 수는 없다고 생각할 수 있다. 그러다가는 하루 만에 완전히 지쳐 버릴 것이다! 하지만 그 일을 통해 오는 요구도 있지만, 그 안에는 힘의 원천 또한 있다. 그것은 주기만 하는 것이 아니라, 받는 것도 있는 삶이다.

우는 자들과 함께 울고 기뻐하는 자들과 함께 기뻐하는 것을 우리 자신에게 정기적으로 상기시켜야 할 필요가 있다. 우리의 잘 훈련된 굳은 윗입술과 '내 감정에 굴복하지 않겠다'는 사고방식을 깨뜨리기 위해서다. 우리는 예수님의 방식이 긍휼의 방식, 눈물과 미소의 방식임을 이해할 필요가 있다.

눈물을 두려워하지 말라. 만약 당신이 속한 교회가 눈물을 흘리지 않고 진정한 기쁨을 경험하지 못하는 교회라면, 여러분의 삶에 그런 것들이 전혀 없다면, 부지런히 그리고 뜨겁게 그것들을 추구하라. 하나님은 당신이 눈물과 기쁨을 갖기 원하신다. 그것들을 소유하기 전에는 당신은 살아 있는 것이 아니다. 눈물과 기쁨은 하나님이 우리에게 의도하신 온전한 삶의 일부다. 그리고 그는 우리가 다른 사람들과의 관계에서도 그것을 경험하도록 초대하신다.

긍휼을 따라 행하다

그 사마리아인은 긍휼을 느낀 다음에 행동했다. 그것이 바로 머리와 발, 손과 마음의 연결이다. 그는 보았고, 느꼈고, 행동했다. 그가 한 일은 단순한 것이었다. 그는 물러나 있지 않고 오히려 그 상황 속으로 들어갔다.

> 가까이 가서 기름과 포도주를 그 상처에 붓고 싸매고 자기 짐승에 태워 주막으로 데리고 가서 돌보아 주니라(눅 10:34).

그는 상처 입은 사람을 데리고 길을 따라 내려가서 주막에 방을 하나 얻었다. 그러고는 그를 돌보고, 그와 함께 머물며, 이마에 손을 얹고 열을 식혀 주었다. 밤새도록 머물며 필요한 부분을 채워 주었다. 다음 날이 되자 그는 상처 입은 사람을 돌볼 계획을 세웠다.

> 그 이튿날 그가 주막 주인에게 데나리온 둘을 내어 주며 이르되 이 사람을 돌보아 주라. 비용이 더 들면 내가 돌아올 때에 갚으리라 하였으니(눅 10:35).

그 사마리아인은 그 길을 정기적으로 통행하는 상인이었거나 그와 비슷한 일을 하는 사람이었을 것이다. 그는 주막 주인에게 자신이 돌아올 것을 확실히 알렸다. "내가 돌아올 때에……."

나는 이 행동의 단순함을 강조하고 싶다. 이것은 대단한 자기희생을 동반한 행동이 아니었다. 그는 "내 당나귀를 팔고, 회사를 담보로 돈을 빌려야겠군"이라고 말하지 않았다. 긍휼을 향한 우리의 움직임을 막는 것은 큰 희생이 아니라 작은 것들이다. 솔로몬의 아가서에 이런 구절이 있다.

우리를 위하여 여우
곧 포도원을 허는 작은 여우를 잡으라.
우리의 포도원에 꽃이 피었음이라(아 2:15).

이 구절의 화자는 포도원을 파괴하는 "작은 여우"를 쫓아내야 한다고 말한다. 종교적 분주함이라는 작은 여우가 제사장을 망치고, 청결이라는 작은 여우가 레위인을 망친 것처럼, 그 작은 여우가 우리 삶을 망친다.

사소한 일들

우리의 삶은 주로 작은 일들로 이루어진다. 바울은 에베소서 5:16에서 "시간을 구속하라. 때가 악하니라"(저자 사역)고 권고하는데, 작은 일들은 우리를 패배시키거나 우리의 시간을 구속할 수 있다. 아마도 제사장과 레위인은 '분명히 나에게는 또 다른 기회가 있을 것이다. 내가 도와야 할 다른 사람들이 있을 것이다'라고 생각했을 것이다. 그러나 우리가 날마다 그렇게 생각한다면, 나중에 돌아볼 때 우리의 삶이 놓친 기회로 가득 찬 것을 발견하게 될 것이다. "보라. 지금은 구원의 날이로다"라는 말씀은 우리 삶 전체를 포괄해 낸다(사 49:8; 고후 6:2).

무언가를 구속한다(redeem)는 것은 그것을 되찾아 온다는 의미다. 우리는 우리의 시간을 하나님의 삶 속으로 되찾아 와서 구속해야 하며, 그렇지 않으면 잃어버리게 된다. 바울은 골로새서 4:5에서 이 권고를 반복한다. 아쉽게도 오래된 성경 번역본에서만 구속이라는 개념을 사용하는데, 구속이 특별한 종류의 관계이기 때문이다. 오늘날 많은 성경 번역본들은 이것을 시간과 기회를 최대한 선용하라는 말로 번역한다. 하지만 구속과는 상당히 다른 개념이다. 우리의 시간은 이미 낭비될 준비가 되어 있다. 그것은 영혼의 전당포에 맡겨져 있다. 그것을 주도적인 조치를 통해 되찾아 와야만 한다.

우리의 시간을 구속하기

오늘 당신과 나에게 주어진 도전은, 우리의 시간을 채우는 모든 일을 하나님의 시간 속으로 능동적으로 다시 가져와서 하나님께 의미 있는 것으로 만드는 것이다. 하나님은 우리의 순간들 속에 계신다. 그곳에서 우리는 하나님을 만나고, 그곳에서 우리는 그와 함께 살아간다. 우리는 우리가 관여하는 모든 일이 하나님의 손안에 있다고 여김으로써 우리의 시간을 구속해야 한다. 다음은 우리의 시간을 구속하기 위한 몇 가지 실천적인 단계들이다.

- **감사하라.** 감사하지 않으면 큰 진전을 이룰 수 없다. 감사는 하나님과 함께하는 삶의 핵심적인 속성이다. 당신의 시간을 구속하고 싶다면, 당신 바로 앞에 있는 것에 감사하는 것으로부터 시작하라. 구속은 우리 삶 속의 사건들과 다른 사람들과의 관계 속에서 우리가 살아 내는 구체적인 경험이다. 감사는 하나님이 그곳에 계심을 인정하는 것이다.
- **삶을 하나님으로 채우라.** 우리 주위의 세상은 우리의 시간을 낭비하도록 프로그램되어 있다. 그리고 그 주된 전략은 우리가 하고 있는 일이 큰 가치가 없다고 확신하게 만드는 것이다. 우리는 종종 스스로 산만해지는 것을 허용함으로써 반응한다. 산만함은 사람의 영혼의 주요 적들 가운데 하나인데, 왜냐하면 중요하지 않은 일에 시

간을 투자하게 만들기 때문이다.

온유하면서도 끈기 있게, 의롭고 참되고 선한 일을 행하는 데 초점을 맞추라(엡 5:9). 이렇게 하려면 사랑·기쁨·평화를 비롯한 모든 성령의 열매를 나타내는 것들을 위해 우리의 장소와 시간을 제공하고, 그 순간들 안에 하나님을 모셔야 한다.

- **믿음으로 계획하라**. 우리에게 주어진 시간은 충분하지만, 시간을 솜씨 있게 관리하지 못하면 시간은 낭비된다. 하고 싶은 일을 하지 못할 것이고, 시간이 언제나 부족하다고 믿게 될 것이다. 물론 '시간이 없는' 것은 선택이다. 당신의 약속 일정을 관리하는 사람은 당신이지 하나님이 아니다. 현실은 이렇다. 시간을 만들기 위해 열심히 노력하지 않으면, 당신은 결코 시간을 '찾을' 수 없다.

  계획을 세우려면 '예'보다 '아니요'라고 말해야 할 것이 더 많다. 그래야만 끊임없이 쏟아지는 요구에 쫓기며 정신없이 뛰어다니는 것을 피할 수 있다. 윌리엄 마틴은 『목회의 기술』에서 이렇게 말한다. "긴 시간을 내어 기도하고 묵상하면서 당신의 달력을 들여다보라. 당신은 누구에게 잘 보이려 하고 있는가? 하나님인가? 그럴 리가 없다. 회중인가? 아마 그럴 수도 있겠다. 당신 자신인가? 빙고! 이제 가족, 휴식, 묵상, 기도, 꽃향기 맡기 등을 위해 한 주의 큰 덩어리를 잘라내 두라. 그렇게 하고 나면, 우리는 비로소 하나님께 가는 길에 대해 이야기를 나눌 수 있을 것이다."[2] 우리는 우리 앞에 놓아둔 일들을 하나님이 이루어 주실 것이라는 기대를 가지고 하나님을 의지하며 계획을 세워야 한다.

스스로 질문해 보라. 당신의 시간 중 어느 정도가 실제로 삶의 갱신과 발전에 집중되고 있는가? 당신의 시간 중 어느 정도가 그저 해야만 한다고 생각하는 **사소한 일들**에 소모되고 있는가? 이렇게 살면 시간을 구속하는 일에 실패하는 것이다. 또 다른 위험은, 우리가 시간을 구속하기 위해서는 종교적인 일을 해야만 한다고 잘못 믿는 것이다. **종교**는 아주 좋은 것일 수 있지만 결코 삶 자체는 아니다. 그러나 **구속**은 삶과 관련이 있다. 그것은 우리의 모든 순간, 우리의 모든 날, 그리고 우리가 다른 사람들과 맺는 관계와 관련이 있다. 구속이야말로 우리가 우리의 모든 시간을 하나님의 삶 속으로 다시 가져오고, 그 시간 위에 하나님의 복을 기대하는 방법이다.

영원한 보물

레프 톨스토이는 날마다 성경을 읽던 독실한 러시아인 구두 수선공 마르틴에 대한 멋진 이야기를 들려주었다.[3] 어느 날 마르틴이 성경을 읽는데 예수님이 그를 방문하실 것이라는 음성이 들려왔다. 그는 기대에 찬 마음으로 일어나 아침부터 구두를 만들었다. 마르틴은 작은 지하실에 살았는데, 창문을 통해 지나가는 사람들의 발이 보였다. 그래서 주님의 발을 찾아보았다. 그는 자신이 반드시 주님을 알아볼 수 있을 것이라고 생각했다.

정오가 되었는데도 아직 예수님은 오시지 않았다. 오후가 지나가고 있을 무렵 무일푼의 군인 친구 한 명이 들어왔다. 그들은 이야기를 나누었고, 남자가 떠날 때 구두 수선공은 거리에서 추위에 떨 것을 염려해 그에게 따뜻하게 입을 수 있는 외투를 주었다.

그 이후에 구두 수선공은 저녁에 먹을 빵을 사러 나갔다. 그는 길을 잃은 어린아이를 발견하고 아이를 어머니에게 데려다주었다. 그리고 마지막으로, 길거리에서 먹을 것이 필요한 한 할머니를 만났다. 그는 노인을 집으로 데려와 약간의 수프와 빵을 나누어 주었다. 하루가 다 지나갈 때까지 예수님이 오지 않으시자 그가 묻는다. "주님, 제가 틀렸나요? 하루가 다 지나갔는데 주님은 오지 않으셨네요." 그러자 그에게 말씀이 들려왔다. "너희가 여기 내 형제 중에 지극히 작은 자 하나에게 한 것이 곧 내게 한 것이니라"(마 25:40).

우리는 사람들에게 투자하고, 도움이 필요한 사람의 이웃이 되고, 하늘에 영원한 보물을 쌓아 둘 수 있는 기회를 많이 갖게 될 것이다. 우리 삶에 들어오는 사람은 우리가 통제하는 것이 아니라 하나님이 통제하신다. 하나님은 우리가 이웃이 될 수 있는 사람들을 우리에게 보내 주신다.

우리가 선한 사마리아인이라고 부르게 된 그 사람에게서 듣게 되는 메시지는, 하나님 나라의 종이 되어 우리의 시간을 구속하라는 것이다. 우리가 할 수 있는 일 중에 그보다 더 좋은 일은 없다. 매 순간들을 되찾아 오라. 하지만 그 순간들은 얼마나 빠르게 지나가는지!

기회들을 주시하라.

늘 준비하고 있으라.

하나님 나라에 관한 요점 정리

- 선한 사마리아인의 비유는 하나님 나라 말씀의 실천이 어떤 것인지 보여주며, 누구나 환영하고 접근하기 쉬운 하나님 나라에서 산다는 것이 무엇을 의미하는지 구체적으로 나타내 준다.
- 이웃이 되는 것은 하나님 나라에서 매일 만나게 되는 기회다. 하나님은 우리 삶 속에 사람들을 데려오셔서 우리로 하여금 "나는 누구의 이웃이 될 것인가?"라고 질문하게 하신다.
- 우리는 하나님 나라에서 우리가 사랑을 아주 풍성하게 받고 있음을 배우게 된다. 그 사랑으로 인해 우리는 자유롭게 긍휼의 사람이 될 수 있다.

- 이웃이 되는 것은 우리가 다른 사람과 함께하며 그들의 기쁨과 슬픔에 자유롭게 웃고 울 수 있는 것, 그리고 하나님이 우리 삶 속으로 데려오시는 다음 사람에게 자비를 베풀 수 있는 것을 의미한다.
- 우리의 시간을 구속하는 것은 하나님의 은혜를 힘입어 우리의 모든 순간을 하나님 나라로 끌어들이는 것이다.

맺음말

이 연구를 통해 예수님이 전하신 하나님 나라 비유에 대한 가르침 안에 있는 **그리스도의 메시지**를 깊이 이해하고, 하나님 나라 안에서의 삶에 관한 설득력 있는 비전을 발견하기를 바란다. 주님이 이런 것들을 당신 마음에 달고도 분명하게 깨닫게 하셔서, **그리스도의 믿음**을 당신의 것으로 받아들이게 되고, 항상 우리 가까이에 현존하는 하나님 나라의 실재 속으로 더 깊이 들어갈 수 있게 해주시기를 바란다.

그런 마음을 담아, 이 책을 읽는 모든 사람을 위해 나는 이렇게 기도한다.

> 은혜로우신 우리 아버지, 성령님, 주 예수님, 이 아름다운 이야기들을 통해 주님의 나라에 대해 말씀하신 내용을 탐구할 기회를 주셔서 감사합니다. 우리를 주님의 영으로 붙잡아 주시고 복을 부어 주셔서 주님의 소통과 인도하심, 사랑과 섬김의 관계 속에 항상 머물며 주님의 능력을 체험하게 하소서.
>
> 주님의 살아 있는 말씀의 씨앗을 마음 깊은 곳에 심어 주어 그 말씀

을 들을 때마다 우리 영혼이 견고히 세워지고 모두의 앞에 있는 하나님 나라의 일이 진전되게 하소서. 날마다 필요한 은혜를 받게 하시고, 하나님 나라의 말씀을 분명하게 보고 들어 그 말씀이 우리 삶의 토대가 되게 하소서.

생각과 마음의 모든 공간을 주님의 영으로 채워 주셔서 어떤 부분도 주님의 목적과 영광과 인격에 사로잡히지 않은 곳이 없기를 원합니다. 우리 삶의 모든 것 위에 높임을 받으시며, 주님을 알고 늘 찬양하도록 굳게 붙잡아 주소서. 주님의 잔치의 날이 우리를 기다리고 있음에도 우리는 얼마나 쉽게 하찮은 것들에 마음을 빼앗기고 산만해지는지 스스로 놀라울 따름입니다. 사랑하는 주님, 주님 나라의 달콤함을 우리에게 가르치소서. 그래서 우리가 내려놓은 것들, 희생처럼 보였던 모든 것이 주님의 나라에서 온전하고 자유로운 삶을 살 때 누리게 될 영광과 능력과는 도무지 비교할 수 없는 대가였음을 알게 하소서.

주님의 마음으로 우리의 마음을 만져 주소서. 주님의 생각으로 우리의 생각을 만져 주소서. 주님의 능력이 우리를 통과하게 하시고 주님 닮도록 변화시켜 주소서. 주님과 함께하는 모든 일에서 주님의 위엄과 영광을 볼 수 있는 눈을 주시고, 다른 사람들도 주님의 영원한 생명으로 인도하소서. 이 세상에서 주님의 형상을 닮아 가는 삶을 살며, 주위 사람들에게 온유함과 확신과 인내로 생명의 말씀을 전할 수 있도록 도와주소서.

우리 마음을 긍휼로 채워 주소서. 그리하여 아직 주님의 왕국에 속하지 않은 사람들, 길을 잃었거나 주님의 뜻과 목적에 완전히 복종하지 않은 사람들을 사랑으로 대하게 하소서. 우리가 명확하고 힘 있게 말하고 살도록 인도하셔서 다른 사람들도 와서 주님의 제자가 되게 하소서. 그들 앞에서 항상 주님과 동행하고, 주님이 비추신 빛 가운데 걸으며, 우리를 부르신 목적대로 주님을 따르게 하소서.

우리 삶을 이루는 작은 일들의 소중함을 늘 기억하게 하시고, 그 일들을 어떻게 주님의 나라로 가져올 수 있을지 가르쳐 주소서. 우리를 돌보시고 우리의 신실함에 복을 부어 주시는 주님을 날마다 점점 더 깊이 알아 가게 하소서.

이 세상을 사는 동안 주님 앞에서 살아가는 삶의 자유와 책임을 이해할 수 있도록 도와주소서. 우리에게 주신 소유와 물질을 청지기로서 관리하는 법을 배우게 하소서. 우리 삶을 항상 주님께 바치며 살게 하시고, 우리에게 큰 이익이 되는 자족과 경건의 기쁨을 알게 하소서.

내면의 귀와 눈이 항상 주님을 향해 열려 있게 하소서. 항상 준비되게 하소서. 깨어 있게 하시고, 매 순간을 어떻게 구속해야 하는지 가르쳐 주소서. 주님이 지금 당장 오시더라도 우리 삶 가운데 내려놓을 준비가 되지 않은 것이 하나도 없게 되기를 원합니다. 주님이 그렇게 속히 오신다면 우리는 기뻐할 것입니다.

주님의 길을 이해하고 그 안에서 성장할 수 있도록 도우소서. 주님의 말씀을 계속 공부함으로써 그 말씀이 우리 마음과 영혼의 가장 깊은 곳에서 번성하게 하소서. 사랑하는 주님, 우리 안에 주님의 길을 두시며, 우리의 생각을 가꾸어 주시고, 우리의 마음이 주님을 향해 늘 부드럽게 되게 하소서. 주님의 씨앗이 풍요롭고 비옥한 토양을 만나게 하시고, 주님의 목적에 꼭 맞는 주님 나라의 열매를 맺게 하소서. 이를 위해 각 사람의 마음과 생각에 복을 내려 주소서.

예수님의 이름으로 기도합니다. 아멘.

이 책이 나오기까지

베스트셀러 작가의 사후에 새로운 작품을 출판한다는 것은 그의 유산 관리인과 출판팀에게는 독특한 어려움이 따르는 과제였다. 이러한 프로젝트는 여러 가지로 잘못될 수 있으며, 성공할 수 있는 길은 단 하나뿐이다. 곧 작가의 성격, 목소리, 삶에 충실하면서 동시에 그의 작품 전집에 추가할 가치가 있는 신선한 것을 제시해야만 하는 것이다. 우리는 이 과업에 깊은 관심이 있으며, 달라스의 말과 작업들을 작품으로 만드는 일을 맡게 된 것을 큰 영광으로 생각한다. 따라서 이 책이 어떻게 만들어졌는지에 대해 관심을 가질 독자들을 위해 몇 가지 간단한 설명을 하고자 한다.

이 책의 대부분의 내용은 달라스 윌라드가 1983년에 13주 동안 진행한 "그리스도께서 직접 들려주시는 그리스도의 나라에 대한 비유 가르침"(The Parabolic Teaching about Christ's Kingdom by Christ Himself)이라는 연속 강연으로부터 나왔다. 그 강연 내용에 추가 설명이 필요한 부분을 보충한 자료는 달라스 윌라드의 다양한 미발표 설교와 글, 강연 그리고 몇몇 출판물에서 가져왔다. 특별히 그의 하나님 나라 신학과 관련된 자료는 그가 그 주제를 자세히 다루었던 『하나님의 모략』을 비롯한 이전 저작들로부터 가져왔다. 이전에 출판된 자료에서 가져온 개념은 출처를 표시했고, 독자에게 도움이 될 것이라고 생각한 부분에는 편집자 주를 추가했다.

우리는 수정을 최소화하려고 했으며 원활한 읽기를 위해 필요한 경우에만 단어나 문구를 추가하거나 생략했다. 이 모든 것이 결합된 작업을 하면서 우리의 목표는 달라스의 목회적 어조를 유지하고, 그의 해석과 사상을 방해받지 않도록 전달하며, 독자들에게 달라스와 함께 한 방에서 대화를 나눈 '동료 순례자'가 된 듯한 느낌을 주는 것이었다. 이 책이 하나님 나라의 경이로운 세계 속으로 더 깊이 들어가게 하는 데 도움이 되기를 기도한다. 예수님의 비유를 읽고 묵상하는 가운데, 당신을 알기 원하시며 당신에게 알려지기를 간절히 바라시는 하나님의 마음을 발견하게 되기를 기원한다.

편집자들과 달라스 윌라드의 유산 관리인

감사의 말

이 책이 나오기까지 많은 사람들이 팀을 이루어 수고해 주었다. 특별한 감사의 인사를 전한다.

제인 윌라드, 그녀가 없었다면 나도 이 책도 존재하지 않았을 것이다. 그녀는 오랫동안 이 강연 시리즈의 출판을 지지해 왔으며, 나의 아버지가 『하나님의 모략』과 관련해서 말했던 것처럼 이 책은 그녀의 책이다.

잰 존슨은 녹취 원고를 책의 모습으로 만들기 위해 1년 동안 나와 같이 협력해 주었다. 그리고 이 책과 함께 사용할 워크북을 써 주기로 약속했다. 달라스와 그의 가르침 전체에 대한 그녀의 지식은 장들을 구성하는 데 필수적이었고, 친구이자 스승으로서의 달라스에 대한 그녀의 경험은 작업 과정 내내 우리의 정신을 이끌었다.

통찰력 있고 완벽한 편집적인 검토를 해준 래리 버토프트, 그리고 특히 달라스의 마음과 작품에 대한 지식으로 이 자료를 다듬는 데 귀중한 도움을 준 빌 히틀리에게 감사한다.

이 작업의 다양한 측면에 참여해 준 자문가들과 동료들, 키스 매튜스, 제임스 캣포드, 그렉 힌클, 스티브 핸슬맨, 다라 존스, 글로리아 케첨, 테리 레이저, 존 윌라드, 키스 키슬러, 아론 프레스턴, 브랜든 리카보, 마이크 롭, 스티브 포터, 켄 럼리, J. P. 모어랜드, 제임스 허터에게 감사한다.

『하나님 나라의 스캔들』이 최종 형태로 완성되는 데 은사와 재능으로 기여해 준 폴 패스터, 디르크 부르스마, 그리고 존더반 출판사 팀원들에게 감사한다.

하버 처치(캘리포니아 하버 시티)의 '발견의 시간' 클래스의 학생들과 로저 마이너는 1983년에 이 시리즈 강연을 할 수 있도록 달라스를 초청해 주었다.

마틴 기독교 문화 연구소, 레노바레 연구소, 덴버 신학교, 더 네이버후드 이니셔티브, 풀러 신학교, 레노바레 코리아가 제공한 달라스 강연의 녹음 자료들은 주된 강의 내용을 보충하는 데 사용되었다.

달라스 윌라드 미니스트리팀과 우리 가족과 친구들이 이 모든 과정에서 격려하고 기도해 주었다.

우리의 가장 깊은 감사를 우리 주님이시고 구원자이신 예수 그리스도께 드린다. 그는 거꾸로 된 하나님 나라의 길을 가르쳐 주시기 위해 우리에게 오셨다. 그는 탕자의 아버지처럼 "돼지우리 냄새를 풍기는" 우리를 만나시려고 길로 달려 나오셨고, 우리를 환영하시며 집으로 인도해 주셨다.

이 책의 각 장에 뿌려진 씨앗들이 우리 마음의 비옥한 토양에 뿌리를 내려서 우리 삶의 모든 현실을 재구성할 수 있게 되기를 바란다.

달라스가 심었고, 우리는 물을 주었지만, 하나님께서 풍성한 열매를 맺게 하시기를 바란다.

레베카 윌라드 히틀리

주

서문

1. Elisabeth Kübler-Ross, *Death: The Final Stage of Growth* (New York: Scribner, 2009), 96. (『죽음 그리고 성장』 이레)
2. 히 11:38.
3. Dallas Willard, "Biblical and Theological Foundations for Spiritual Formation in Christ 2," Renovaré Institute, Atlanta, GA, October 11, 2011, https://conversatio.org/biblical-and-theological-foundations-for-spiritual-formation-in-christ-2.
4. Dietrich Bonhoeffer, *The Cost of Discipleship* (1959; repr., New York: Macmillan, 1963), 99. (『나를 따르라』 복 있는 사람)
5. 요 1:23.

1장 그리스도의 믿음

1. 이러한 헬라어 구조를 반영하는 다른 영어 번역본으로는 the 21st Century KJV와 특별판 Blue Red and Gold Letter Edition, Douay-Rheims 1899 미국판, Geneva Bible 1599판, JUB Jubilee Bible 2000, New Matthew Bible,

New Revised Standard Version: Updated Edition, Revised Geneva Translation, Wycliffe Bible, 그리고 Young's Literal Translation 등이 있다. 이것은 번역자들 사이에서 논란이 되는 문제다. 최근의 일부 버전은 이 표현을 "그리스도의 신실함"으로 번역한다[예를 들어, N. T. 라이트의 『하나님 나라 신약성경』(*The Bible for Everyone*, IVP), the Common English Bible, the New English Translation].

2. "Heaven," in John McClintock and James Strong, *Cyclopedia of Biblical, Theological, and Ecclesiastical Literature*, vol. 4 (New York: Harper Bros., 1891), 122-127을 보라.
3. 습 6:10, 7:12, 23; 느 1:5, 2:4; 단 2:28, 44에 언급되어 있다.

2장 예수님의 가르침 방식

1. 나의 책 *The Divine Conspiracy: Rediscovering Our Hidden Life in God* (San Francisco: HarperSanFrancisco, 1998), 146에서 이 여섯 가지 대조적인 상황들을 요약한 표를 보라. (『하나님의 모략』 복 있는 사람)
2. Philip P. Bliss, "Whosoever Will," 1870, published in 304 hymnals. Public domain.

3장 왜 비유인가?

1. 달라스는 마태복음 5-7장이 하나의 설교였으며 예수님의 말씀을 모아 놓은 것이 아니라고 생각했다. Dallas Willard, *Divine Conspiracy*, 132-134를 보라. (『하나님의 모략』 복 있는 사람)
2. 이 단어는 헬라어 '세메이온'(*semeion*)과는 대조되는 것이다. 세메이온은 분필 자국, 잉크 자국, 또는 소리와 같은 표시나 기호를 나타낸다. 사람들이 예수께 와서 "선생님, 우리에게 표적을 보여주십시오"라고 말했을 때, 그들은 세메이온을 요구한 것이다. 예수님은 여기서 표적(세메이온)에 대해 말하는 대신 로고스에 대해 말씀하셨다.
3. 의지에 대해, 그리고 의지가 우리의 생각들을 가지고 작동하는 방식에 대해 더 깊이 이해하려면, William James, *The Principles of Psychology* (New York: Holt, 1890)에서 "의지에 관한 더 큰 심리학"(Larger Psychology on the Will) 부분을 읽

어 보라. (『심리학의 원리』 아카넷)

4. C. S. Lewis, *The Screwtape Letters* (1942; repr., San Francisco: HarperSanFrancisco, 2001), 1-4. (『스크루테이프의 편지』 홍성사)
5. Mother Teresa, *A Simple Path*, compiled by Lucinda Vardey (New York: Ballantine, 1995), 79, 94. (『마더 데레사의 단순한 길』 사이)
6. 하나님과의 대화적 관계 속에서 살아갈 수 있는 방법과 이 책에 나오는 기도에 관한 주제들에 대한 더 자세한 내용은 나의 책 *Hearing God: Developing a Conversational Relationship with God*, rev. ed. (Downers Grove, IL: InterVarsityPress, 2012)을 보라. (『하나님의 음성』 IVP)

4장 하나님 나라의 비밀스러운 작용

1. 나는 *The Allure of Gentleness: Defending the Faith in the Manner of Jesus* (San Francisco: HarperOne, 2015. 『온유한 증인』 복 있는 사람), 104-109와 *The Divine Conspiracy: Rediscovering Our Hidden Life in God* (San Francisco: HarperSanFrancisco, 1998, 『하나님의 모략』 복 있는 사람), 4, "성경에 관한 나의 전제들"(My Assumptions about the Bible) 단락에서 성경의 영감과 무류성(inerrancy)에 대한 나의 견해를 설명하고 변호했다.
2. 이것이 교회의 복음이 된 이유는 사람들이 그 내용 안에서 하나님 나라 복음의 의미를 이해했기 때문이다. 이제 당신이 그것을 믿으면 죽을 때 천국에 갈 것이다. 그러나 우리는 죽어서 천국에 가기 전에 이 세상에서 해야 할 일이 훨씬 더 많다. 그리고 우리가 우리 주 예수 그리스도의 복음이 하나님 나라의 복음이라는 것을 이해하지 못하면, 우리는 신약성경이 말하는 구원의 의미가 무엇인지를 이해할 수 없을 것이다.
3. 여기서 열심(zeal)이란 올바른 인도함을 받지 못했거나 지식이 부족한 열정이나 에너지를 말한다.

5장 가장 위대한 기회

1. '은밀성 훈련'에 관한 자세한 내용은 나의 책 *The Spirit of the Disciplines: Understanding How God Changes Lives* (San Francisco: HarperSanFrancisco, 1988), 172-174를 보라. (『영성 훈련』 은성)

2. William R. Parker and Elaine St. Johns, *Prayer Can Change Your Life* (Carmel, NY: Guideposts, 1957), 40에서 재인용.
3. J. B. Phillips, *Your God Is Too Small: A Guide for Believers and Skeptics Alike* (1952; repr. New York: Simon & Schuster, 2004). (『당신의 하나님은 너무 작다』 아바서원)
4. 나는 이 개념을 *The Spirit of the Disciplines: Understanding How God Changes Lives*, 262-263, "비제자도의 대가"(The Cost of Non-Discipleship)라는 단락에서 언급했다.

6장 하나님 나라 안에서의 공존

1. 씨 뿌리는 자의 비유에서 씨앗은 하나님의 말씀이다. 자라는 씨앗의 비유에서 씨앗은 하나님의 나라다.
2. "Lord, I Want to Be a Christian," African-American spiritual (ca. 1754). Public domain.
3. "He's Got the Whole World in His Hands," African-American spiritual (1927). Public domain.
4. Erdmann Neumeister, "Christ Receiveth Sinful Men" (1718). Public domain.
5. 이런 생각들에 대해 더 깊이 탐구하려면, 나의 책 *Renovation of the Heart: Putting on the Character of Christ* (Colorado Springs: NavPress, 2002), 13장을 보라. (『마음의 혁신』 복 있는 사람)

7장 성장과 책임

1. 달라스는 1983년 비유 강의에서 달란트 비유를 포함하지 않기로 했는데, 그 이유는 달란트 비유가 너무도 자주 다루어진다고 생각했기 때문이다. 다행스럽게도 달라스는 다른 두 번의 강의에서 달란트(므나) 비유에 대해 깊이 있게 다루었다. "하나님이 지금 우리가 있는 곳에서 행하시는 일 속에서 우리의 자리 찾기"(Finding Our Place in What God Is Doing Now Where We Are, 1996)와 "당신은 누구이며 왜 여기에 있는가"(Who You Are and Why You Are Here, 1994)이다.
2. Steve Saint, *End of the Spear* (Wheaton, IL: Tyndale House, 2007), 184 [Jaime Saint의 이메일(October 19, 2023)에서 확인]. (『창끝』 쿰란출판사)

8장 리더십의 혁명

1. George Eldon Ladd, *The Gospel of the Kingdom: Scriptural Studies in the Kingdom of God* (Grand Rapids: Eerdmans, 1990), 71. (『하나님 나라의 복음』 서로사랑)

10장 길을 예비하라

1. G. Campbell Morgan, *The Parables and Metaphors of Our Lord* (Old Tappan, NJ: Revell, 1948), 146.
2. G. Campbell Morgan, *The Gospel according to Matthew* (Eugene, OR: Wipf & Stock Publishers, 2017), 288.
3. Morgan, *The Parables and Metaphors of Our Lord*, 26장, 특히 148.
4. 이에 대한 자세한 내용은 나의 책 *The Spirit of the Disciplines: Understanding How God Changes Lives* (San Francisco: HarperSanFrancisco, 1988), 151을 보라. (『영성 훈련』 은성)

11장 용서의 기적

1. 이 중요한 원칙에 대해서는 14장에서 더 자세히 논의할 것이다.
2. 한 데나리온은 한 사람의 하루 임금 정도의 가치였다. 한 달란트는 일용직 노동자의 20년치 임금의 가치가 있는 것으로 추정된다.
3. 더 자세한 내용은 나의 책 *Renovation of the Heart: Putting on the Character of Christ* (Colorado Springs: NavPress, 2002), 7장, 특히 118, 122, 137을 보라. (『마음의 혁신』 복 있는 사람)
4. 예수님은 누가복음 6:27-36에서 이에 대한 실질적인 조언을 주신다.

12장 하나님의 놀라운 긍휼

1. 원래 강의 시리즈에 이 장의 내용에 대한 녹음 자료가 없기 때문에 달라스가 만든 강의 개요를 활용하고, 그가 시간의 비유에 대해 가르쳤던 2012년 풀러 신학교 목회학 박사 과정 강의와 2010년과 2011년의 레노바레 연구소에서 행한 강

의 자료를 일부 참조하여 내용을 재구성했다.

2. 마 19:30, 20:16; 막 10:31; 눅 13:30.
3. "Back from the Ashes," *Hartford Courant*, November 13, 2005, www.courant.com/2005/11/13/back-from-the-ashes-2에서 재인용.
4. John Ruskin, *"Unto This Last": Four Essays on the First Principles of Political Economy* (London: Smith, Elder, 1862), 36. (『나중에 온 이 사람에게도』 아인북스)
5. 팔복에서 이 주제가 어떻게 전개되는지에 대한 더 자세한 연구는 나의 책 『하나님의 모략』 4장을 참조하라.
6. 에스겔 17:22-24과 누가복음 1:70-75 또한 반전 원리가 나타난 또 다른 예다.
7. Dietrich Bonhoeffer, *The Cost of Discipleship* (1959; repr., New York: Macmillan, 1963), 특히 1장을 보라. (『나를 따르라』 복 있는 사람)

13장 당신의 삶은 무엇인가?

1. Sheldon Harnick and Jerry Bock, "If I Were a Rich Man," *Fiddler on the Roof* (1964).
2. 잠언에는 이 주제에 대한 유용한 가르침이 담겨 있다.
3. F. F. Bruce, *The Book of Acts*, rev. ed. (Grand Rapids: Eerdmans, 1988), 77-78에서 인용. 인터넷 글들은 이 이야기를 종종 토마스 아퀴나스의 것이라고 말하지만 다른 자료들은 13세기의 가톨릭 설교자이자 수도사인 도미니크의 것이라고 본다. (『사도행전』 부흥과개혁사)
4. 웨슬리는 일할 때 하나님이 우리에게 주신 모든 이해력을 가지고 항상 부지런히 노력하되, 우리 자신이나 이웃의 영혼과 육체를 해치지 않는 범위 안에서 **이익**을 추구하라고 조언한다. 그는 어리석은 욕망을 채우는 데 쓰이는 모든 비용을 줄여서 **저축하라고** 조언한다. 다음을 보라. "Wesley's Sermon Reprints: The Use of Money," Christian History Institute, https://christianhistoryinstitute org/magazine/article/wesleys-sermon-use-of-money, 2024. 5. 2. 접속.

14장 성장의 전제 조건, 끈기

1. 기도하는 것과 말하는 것의 차이에 대한 좀 더 깊은 논의는 나의 책 *The Allure of*

Gentleness: Defending the Faith in the Manner of Jesus (San Francisco: HarperOne, 2015), 160-162를 보라. (『온유한 증인』 복 있는 사람)
2. 헬라어 단어는 '아나이데아'(*anaideia*)인데 KJV에는 "끈질긴 요구"(importunity)로, NKJV에는 "끈질김"(persistence)으로 번역되어 있다. 『테이어 헬라어 사전』(*Thayer's Greek Lexicon*)은 "수치를 모르는 태도, 뻔뻔함"으로 정의하고 있다.
3. W. W. Walford, "Sweet Hour of Prayer" (1845). Public domain.
4. 성경에서 빛은 보통 사랑, 능력, 진리를 상징한다.

15장 긍휼을 따라 행하다

1. "Let My Heart Be Broken by the Things That Break the Heart of God," Samaritan's Purse, January 25, 2020, www.samaritanspurse.org/article/let-my-heart-be-broken-by-the-things-that-break-the-heart-of-god에서 재인용.
2. William Martin, *The Art of Pastoring: Contemplative Reflections* (Pittsburgh: Vital Faith, 1994), 9.
3. Leo Tolstoy, "Where Love Is, God Is"(1885년에 처음 출간되었으며, "구두 수선공 마르틴"으로도 알려진 이야기다. 그의 다양한 전집에서 찾을 수 있다).